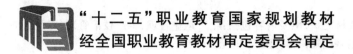

"十二五"职业教育国家规划教材
经全国职业教育教材审定委员会审定

Qiche Weixiu Yewu Guanli

汽车维修业务管理

(第三版)

交通职业教育教学指导委员会　组织编写
鲍贤俊　主　编

人民交通出版社
China Communications Press

内 容 提 要

本书是"十二五"职业教育国家规划教材之一,主要内容包括:生产运作管理、生产技术管理、零配件管理、设备管理和汽车维修质量检验等方面的基础知识,共计5个单元。

本书供高等职业院校汽车运用技术专业教学使用,也可作为相关行业岗位培训或自学用书,同时还可供汽车维修人员学习参考。

图书在版编目(CIP)数据

汽车维修业务管理 / 鲍贤俊主编. —3 版. —北京:人民交通出版社,2014.8

"十二五"职业教育国家规划教材

ISBN 978-7-114-11349-9

Ⅰ.①汽… Ⅱ.①鲍… Ⅲ.①汽车维修业 – 业务管理 – 高等职业教育 – 教材 Ⅳ.①U407.471.6

中国版本图书馆 CIP 数据核字(2014)第 068536 号

"十二五"职业教育国家规划教材

书　　名:汽车维修业务管理(第三版)
著　作　者:鲍贤俊
责任编辑:时　旭　戴慧莉
出版发行:人民交通出版社
地　　址:(100011) 北京市朝阳区安定门外外馆斜街 3 号
网　　址:http://www.ccpress.com.cn
销售电话:(010) 59757973
总　经　销:人民交通出版社发行部
经　　销:各地新华书店
印　　刷:北京市密东印刷有限公司
开　　本:787×1092　1/16
印　　张:11.75
字　　数:278 千
版　　次:2005 年 8 月　第 1 版
　　　　　2012 年 1 月　第 2 版
　　　　　2014 年 8 月　第 3 版
印　　次:2019 年 4 月　第 4 次印刷　总第 15 次印刷
书　　号:ISBN 978-7-114-11349-9
定　　价:27.00 元

(有印刷、装订质量问题的图书由本社负责调换)

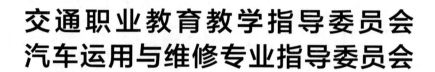

交通职业教育教学指导委员会
汽车运用与维修专业指导委员会

主 任 委 员：魏庆曜
副主任委员：张尔利　汤定国　马伯夷
委　　　员：王凯明　王晋文　刘　锐　刘振楼
　　　　　　　刘越琪　许立新　吴宗保　张京伟
　　　　　　　李富仓　杨维和　陈文华　陈贞健
　　　　　　　周建平　周柄权　金朝勇　唐　好
　　　　　　　屠卫星　崔选盟　黄晓敏　彭运均
　　　　　　　舒　展　韩　梅　解福泉　詹红红
　　　　　　　裴志浩　魏俊强　魏荣庆
秘　　　书：秦兴顺

第三版前言

根据教育部的《关于"十二五"职业教育国家规划教材选题立项的函》(教职成司函[2013]184号)的通知精神,人民交通出版社出版的教材《汽车维修业务管理(第二版)》符合"十二五"职业教育国家规划教材选题立项要求。

2013年10月,人民交通出版社组织十几所院校的汽车专业教师代表,在青岛召开了"十二五"职业教育国家规划教材汽车类专业立项教材修订会议。会议根据《教育部关于"十二五"职业教育教材建设的若干意见》(教职成[2012]9号)文件精神,经过认真研究讨论,吸收了教材使用院校教师的意见和建议,确定了立项教材的修订方案。

本书是在第二版的基础上,在会议确定的修订方案指导下完成的,教材的内容修订主要体现在以下几个方面:宣传国家新政,尤其是近两年有关汽车的安全、节能减排和"三包"等新举措,介绍我国汽车维修业内积极向上的服务质量、技术进步和信誉评价,适当引入了一些国际上代表汽车后市场趋势的内容,期望能帮助到学生开拓眼界、树立信心、学会业务运作管理。我国政府始终关心民生,为适应经济发展和汽车后市场增长水平不一情况,各地会及时调整政策和举措。因此希望读者、学员多关注政府信息,把握好机遇。

本教材的修订工作,由上海交通职业技术学院鲍贤俊负责,具体分工如下:单元一由上海市汽车运输科学技术研究所郑文庆修订,单元二由上海市汽车修理公司赵超、上海交通职业技术学院杨杰修订,单元三由上海交通职业技术学院鲍贤俊修订,单元四和单元五由上海交通职业技术学院杨洸修订。全书由鲍贤俊和杨洸统稿。

限于编者水平,书中难免有疏漏和错误之处,恳请广大读者提出宝贵建议,以便进一步修改和完善。

编　者
2014年1月

第二版前言

《汽车维修业务管理》第一版自2005年8月出版发行后,被全国多所高职院校选为汽车专业教学用书,受到广大师生的好评。该书至今已累计印刷8次。

本书第一版出版后,出版社和编者陆续收到了一些院校教师的信息反馈,他们对书中的内容提出了宝贵的意见和建议,并指出了一些错误。

2009年11月,人民交通出版社组织十几所院校的汽车系教师代表,在上海交通职业技术学院召开了高等职业教育汽车运用技术专业规划教材修订研讨会,对汽车运用技术专业规划教材进行了修订研讨,并确定了每本教材的修订方案。

本书的修订工作,就是在该书第一版的基础上,吸收了教材使用院校教师的意见和建议,在高等职业教育汽车运用技术专业规划教材修订研讨会确定的修订方案指导下完成的。此次修订,教材的修改主要体现在以下几个方面。

(1)按照企业生产实际,对本书单元一中汽车维修企业的生产流程进行了调整。

(2)单元二中增加了生产过程信息化管理的相关内容,并对汽车维修行业管理指标体系进行了修改。

(3)增加了一个新单元——"单元五 汽车维修质量检验"。

(4)书中涉及国家标准、行业标准的内容全部依据现行有效的最新标准进行了修改。

(5)各单元后的附录进行了修改或更新。

(6)各单元后的复习思考题随着正文内容的修订进行了相应修改。

本教材的修订工作由上海交通职业技术学院鲍贤俊院长负责,前四个单元的修订工作分别由原参编老师完成,上海交通职业技术学院的杨洸老师编写了单元五。全书由鲍贤俊和杨洸统稿。

限于编者水平,书中难免有疏漏和错误之处,恳请广大读者提出宝贵建议,以便进一步修改和完善。

编 者
2011年8月

第一版前言

为贯彻《国务院关于大力推进职业教育改革与发展的决定》以及教育部等六部委《关于实施职业院校制造业和现代服务业技能型紧缺人才培养培训工程的通知》精神,全面实施《2003—2007年教育振兴行动计划》中提出的"职业教育与培训创新工程",积极推进课程改革和教材建设,为职业教育教学和培训提供更加丰富、多样和实用的教材,更好地满足职业教育改革与发展的需要,交通职业教育教学指导委员会汽车运用与维修学科委员会组织全国交通职业技术院校的专业教师,按照教育部颁布的《汽车运用与维修专业领域技能型紧缺人才培养培训指导方案》的要求,紧密结合目前汽车维修行业实际需求,编写了高等职业教育规划教材,供高等职业院校汽车运用技术专业教学使用。

本系列教材符合国家对技能型紧缺人才培养培训工作的要求,注重以就业为导向,以能力为本位,面向市场、面向社会,为经济结构调整和科技进步服务的原则,体现了职业教育的特色,满足了汽车运用技术领域高素质专业实用人才培养的需要。

本系列教材在组织编写过程中,认真总结了全国交通职业院校多年来的专业教学经验,注意吸收发达国家先进的职教理念和方法,形成了以下特色:

1. 专业培养目标设计基本指导思想是以行业关键技术操作岗位和技术管理岗位的岗位能力要求为核心,确定专业知识和能力培养目标,对实际现场操作能力要求达到中级技术工人水平,在系统专业知识方面要求达到高级技师水平,并为毕业生在其职业生涯中能顺利进入汽车运用工程师行业奠定良好发展基础;

2. 全套教材以《汽车文化》、《汽车专业英语》、《汽车电工与电子基础》、《汽车机械基础》、《汽车发动机构造与维修》、《汽车底盘构造与维修》、《汽车电气设备构造与维修》、《汽车维修质量检验》八门课程搭建专业基本能力平台,以若干专门化适应各地各校的实际需求;

3. 打破了教材传统的章节体例,以专项能力培养为单元确定知识目标和能力目标,使培养过程实现"知行合一";

4. 在内容的选择上,注重汽车后市场职业岗位对人才的知识、能力要求,力求与相应的职业资格标准衔接,并较多地反映了新知识、新技术、新工艺、新方法、新材料的内容;

5. 本套教材将力图形成开放体系,一方面除本次推出清单所列教材之外,还将根据市场实际需求,陆续推出不同车系专门化教材;另一方面,还将随行业实际变化及时更新或改编部分专业教材。

《汽车维修业务管理》是汽车运用与维修专业领域技能型紧缺人才培养培训课程之

一,内容主要包括:生产运作管理、生产技术管理、零配件管理和设备管理,共计4个单元。

本书主编是上海交通职业技术学院鲍贤俊;参加本书编写工作的有:上海通运汽车综合性能检测站郑文清(编写单元一)、上海交通职业技术学院杨洸、吕坚(编写单元二)、鲍贤俊(编写单元三)、上海交通职业技术学院秦如刚(编写单元四)。全书由鲍贤俊、杨洸统稿。本书主审是上海市汽车维修管理处魏人杰。

限于编者经历和水平,教材内容难以覆盖全国各地的实际情况,希望各教学单位在积极选用和推广本系列教材的同时,注重总结经验,及时提出修改意见和建议,以便再版修订时改正。

交通职业教育教学指导委员会
汽车运用与维修学科委员会
2005 年 5 月

目 录

单元一　生产运作管理 1

1　车辆维修生产运作过程 1
1.1　维修服务流程 2
1.2　前台服务过程 2
1.3　后台生产过程 13
1.4　运作信息管理 15

2　车辆维修企业和客户关系 18
2.1　以客户为中心 18
2.2　客户满意战略 19
2.3　质量信誉考核 21

3　车辆维修生产计划管理 26
3.1　车辆维修生产计划的作用 26
3.2　维修生产计划的分类 26
3.3　编制维修生产计划 27
3.4　维修生产调度 29

4　车辆维修业务开发与设计 31
4.1　客户需求 31
4.2　市场细分 31
4.3　市场定位 33
4.4　业务开发 34

思考与练习 36

附录　机动车维修合同示范文本 38

单元二　生产技术管理 42

1　汽车维护技术管理 42
1.1　汽车维护制度 43
1.2　汽车维护生产工艺 47
1.3　汽车维护技术检验 54

2　汽车修理技术管理 60

2.1	汽车修理制度	60
2.2	汽车修理工艺	68
2.3	汽车修理技术检验	81

3 汽车维修常用考核指标 84
    3.1 汽车维护间隔里程 84
    3.2 汽车维护工时定额 84
    3.3 汽车维护与小修费用定额 84
    3.4 小修频率 85
    3.5 配件、材料消耗定额 85
    3.6 汽车大修间隔里程定额 85
    3.7 发动机总成大修间隔里程定额 86
    3.8 修理工时定额 86
    3.9 汽车大修平均在修车日 86
    3.10 汽车大修费用定额 86

4 车辆维修质量控制 86
    4.1 汽车修理质量检查评定 86
    4.2 质量保证期制度 97
    4.3 质量投诉处理规定 97

思考与练习 98

附录 机动车维修竣工出厂合格证式样 101

单元三 零配件管理 103

1 车辆零配件 103
    1.1 实用性分类 103
    1.2 外包装标识分类 105
    1.3 标准化分类 105
    1.4 汽车零部件编号 106

2 车辆维修企业的零配件管理 106
    2.1 零配件进货管理 107
    2.2 零配件库存管理 108
    2.3 零配件发货管理 111
    2.4 仓库条码管理系统 111

思考与练习 112

附录 汽车产品零部件编号中的组号和分组号 114

单元四 设备管理 126

1 车辆维修生产设备 126
    1.1 通用设备 126

  1.2 专用设备 127
  1.3 主要检测设备 128
 2 车辆维修企业的设备管理 129
  2.1 设备管理的内容 129
  2.2 设备使用技术经济分析 130
  2.3 合理使用 131
  2.4 设备维修 133
  2.5 设备更新与报废 138
 3 设备的寿命 139
  3.1 设备的三种寿命 139
  3.2 设备的两种磨损 140
  3.3 设备寿命延长 141
 思考与练习 142

单元五 汽车维修质量检验 144

 1 质量检验 144
  1.1 检验人员 144
  1.2 检验手段 150
  1.3 检验标准 151
 2 汽车性能检验 152
  2.1 汽车动力性能检验 152
  2.2 汽车安全性能检验 155
  2.3 汽车燃油经济性能检验 159
  2.4 汽车排放及噪声检验 159
  2.5 空调检验 161
  2.6 整车检验 164
 3 汽车主要零部件检验 165
  3.1 发动机检验 165
  3.2 底盘检验 166
  3.3 电器与电子设备检验 168
  3.4 车身检验 168
 思考与练习 169
  附录 汽车综合性能检测报告单式样 172

参考文献 174

单元一　生产运作管理

学习目标

知识目标
1. 简述企业生产运作管理内容；
2. 正确描述车辆维修企业的前台服务过程和后台生产过程内容；
3. 简述车辆维修企业的计划管理、客户管理、信息管理和业务开发等基本要求。

能力目标
1. 能解决车辆维修企业的客户预约、接车、诊断、估价、派工、结算、交车、跟踪服务等业务管理工作；
2. 会分析车辆维修企业的生产运作过程、管理制度和主要业务岗位之间的关系。

　　生产是人类最基本的活动,世界上绝大多数人都在从事生产活动。有生产活动就有生产管理,人类最早的管理活动就是对生产活动的管理,20世纪初的科学管理运动也始于生产管理。

　　生产是一个"投入——变换——产出"的过程,即投入一定的资源,经过一系列、多种形式的变换,使其价值增值,最后以某种形式的产出提供给社会的过程。也可以说,是一个社会组织通过获取和利用各种资源向社会提供有用产品的过程。有形产品的变换过程通常也称为生产过程；无形产品的变换过程有时称为服务过程,也称为运作过程。

　　汽车维修服务经营者(包括汽车整车维修企业,发动机、车身、电气系统、自动变速器等专项维修业户)要使企业生产运作趋于更合理、高效和经济,不仅要符合自身发展特点,而且要充分挖掘潜能,更好地满足客户的需求。生产运作管理就是一个涉及流程设计、客户关系、信息资源、计划管理和市场开发的系统工程。

1　车辆维修生产运作过程

　　车辆维修是车辆维修企业围绕客户及车辆所展开的各项技术服务工作,其中车辆是企业间接的服务对象,客户才是企业直接的服务对象。因而车辆维修企业的生产运作过程必须充分体现"以人为本"的特点,充分围绕客户这一中心展开各项服务活动。

1.1 维修服务流程

1.1.1 机动车维修服务流程图

根据交通运输行业标准 JT/T 816—2011《机动车维修服务规范》，维修服务经营者须建立规范的维修服务流程。图1-1所示为机动车维修服务流程，其中客户维修接待、进厂检验、签订合同、维修作业与过程检验、竣工检验、结算交车和跟踪服务七项活动是必不可少的核心内容。

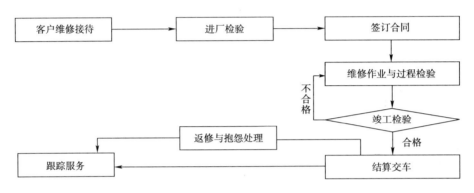

图1-1 机动车维修服务流程

1.1.2 汽车4S店的维修服务流程

现在有许多经营者还会依据自身规模、作业特点等建立适用于本企业的维修服务流程。这些企业的维修服务流程虽然各异，但其核心内容没变，只是更多呈现其品牌价值观而已。图1-2所示为某品牌汽车4S店的维修服务流程，呈现了"客户为中心"的价值观，采用"前台服务"和"后台生产"结合的方式。"前台服务"包括在维修前的预约、预约后工作、接待及签订合同，以及维修后的结算及交车、后续服务等活动；"后台生产"包括维修作业、质量检验等活动。

1.2 前台服务过程

前台服务包括企业代表与客户直接接触的各项服务流程，它是体现企业精神风貌、企业形象、企业服务理念、企业服务特色、企业服务能力的重要窗口。

1.2.1 预约

车辆维修企业通过客户预约工作可以有效地控制客户数量，防止生产失衡，并有足够的时间去清楚地了解客户的需求。在客户到达前做好相应的备件、场地、设备、人员的准备，监控和安排所有可使用的工作时间，有效处理"随到"客户和返修车辆。特别是针对车辆定期维护业务的周期性特点，如果预约工作能有效展开，将使企业的各工作环节的衔接变的有效平滑，工作效率大为提高，客户满意度得到有效提升。目前，预约已成为各大车辆维修企业普遍采用的服务方式。

1.2.1.1 预约的好处。车辆修理厂可能都有这样的经验：业务清淡时半天未进一辆车，而业务繁忙时可能半个小时进了十几辆车，忙都忙不过来。如果这种忙闲不均的情况经常出现,必定影响企业的经营效益。因为忙的时候如果人手不够,客户可能不愿等候而去光顾别的修理厂,生意因此就会流失;而如果按照业务繁忙的需求配备各种资源,则业务清淡时就会有很多人和设备等闲置,这种状况很是令人头痛。预约是国际上比较通行的解决这一问题的方法。预约服务对客户、维修企业和维修业务接待人员都有很多好处:它可使你按先后次序接待客户,还可使每日所维修的车辆数目达到均衡;相对可靠的工作量预测,可使你预先做好必要的准备工作。

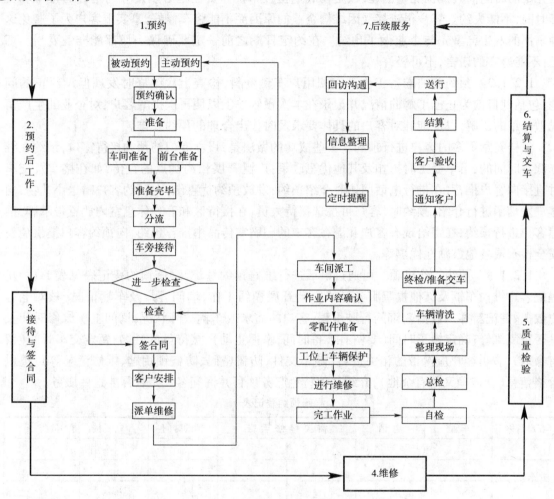

图 1-2　某品牌汽车 4S 店的维修服务流程

(1)预约对客户来说具有如下的好处:
①非维修等待时间大大缩短;
②服务接待人员与客户接触的时间充分,更利于沟通;
③交车时间更有保证;
④预约可采取电话联系方式,并预先告知故障现象,免去客户来回奔波之苦。
(2)预约对车辆维修企业具有如下的好处:
①错时服务能保证接待时间和接待质量;

②均衡生产能避免工作拥挤,维修业务的削峰填谷能保证修车时间、交车时间和维修质量;

③充分提高企业的场地、人员、设备的利用率,提高单车维修收益;

④井然有序的服务可减少客户的抱怨,从而提高客户满意度及信任度。

预约对维修企业来说既是机会也是责任。机会是让客户在某一个约定时间将车开来,有更充足的时间向其提供完整的建议、更彻底地检查车辆。责任是必须遵守约定好的接车和交车时间,不能失约。客户很难接受因维修企业的原因而不能将车修好,事实上客户为了避免这种事情的发生已事先与企业做了预约。在约定日期之前一定要确保一切都能准备妥当。切记:不能遵守的诺言,不可轻许!

1.2.1.2 预约前的准备工作。查阅用户车辆资料,检查上次维修时发现但没纠正的问题,包括到目前为止已了解的情况并记录在本次预约单上以便再次提醒客户;对企业的生产情况做仔细的了解,以便能针对客户的具体要求及时作出合理的预约安排。

怎样鼓励更多的客户进行预约?一些成功的做法是:设立专门的预约接待窗口;预约在维修低谷时间的,可享受工时折扣及其他优惠政策;广泛开展预约优点的宣传,如在接车及交车时直接向客户推荐,在进行电话回访时介绍预约;发放预约优惠卡,向预约客户赠送小礼物,向客户发信函进行介绍;预约时,客户可挑选接待人员,在接待区和客户休息室内放置告示牌,推荐客户进行预约;在寄给现有客户和潜在客户的印刷宣传品中推荐预约,向预约客户提供免费安全检查或其他鼓励性优惠等。

1.2.1.3 预约工作事项。可通过电话进行维修预约登记,维修预约登记表见表1-1。从提醒客户维护车辆及其他提醒服务开始主动开展预约工作,询问客户及车辆情况(核对老客户数据、登记新客户数据),询问行驶里程、客户的需求或车辆故障状况,询问上次维修时间及是否重复维修;确定接车时间(要留有准备时间,掌握主动)、接待员的姓名;暂定交车时间(留有余地)、告诉客户应携带的相关资料(随车文件、防盗密码、防盗锁钥匙、维修记录等);提供价格信息(既准确又留有余地),介绍其他特色服务项目并询问客户是否需要这些服务。

维修预约登记表　　　　　　　　　表1-1

客户名称	车型	电话	需要维修项目	预约时间	接待员
		MA:维护　GR:一般维修　UR:单件维修　BS:车身　QS:快修		合计	

根据2013年10月1日起施行的《家用汽车产品修理、更换、退货责任规定》的要求,在家用汽车产品包修期和三包有效期内,家用汽车产品出现产品质量问题或严重安全性能故障而不能安全行驶或者无法行驶的,责任方应当提供电话咨询修理服务;电话咨询服务无法解决的,应当开展现场修理服务,并承担合理的车辆拖运费。

1.2.2 预约后的工作

根据已掌握的情况,草拟维修预约表,以便节约接车时间;检查是否有重复维修项目,如果有则必须在订单上做好标记以便特别予以关注;提前通知车间、配件库和接待等有关人员做好准备;根据维修项目的难易程度合理安排技术人员,订好技术方案;提前一天落实场地、人员、备件、专用工具、设备、技术资料等;如准备工作出现问题,预约不能如期执行,要尽快告诉客户并重新预约。

预约后的注意事项:预约要有一定的硬件支持,如预约登记表、预约计划表、车间生产能力安排计划表(最好使用计算机,甚至在网站上发布可供预约的时间表);拥有足够的电话容量,以免客户电话联系时总是占线;分别提前1天和提前1h与客户电话联络,以确定是否能如约维修,如果客户不能来,应马上取消这次预约并及时通知相关部门,而且应及时联络其他待修客户寻求替代的可能性;一定要努力兑现对预约客户的所有承诺,否则将影响以后预约工作的开展和企业的信誉;客户无故超过预约时间30min还没到的,可以取消预约;如果因企业原因不能执行预约的,应提前通知客户,说明原因,致以歉意,并重新预约;为提高预约服务的计划性和有效性,要对预约服务的比例及预约服务的执行情况进行分析,总结经验,不断改进。

1.2.3 接待

接待工作对外是车辆维修企业给客户第一印象的窗口,对内是与生产车间、配件仓库等联系的中枢,是生产运作中非常关键的岗位。接待工作,要事先做好充分的准备,要能预测客户对信息、环境、情感等方面的需求,关注到客户的这些需求之后还必须去加以满足。以专业的方式接待客户来增加客户对企业的信心,在熟知本企业能力的基础上设法满足客户的期望。

1.2.3.1 业务接待部门。大型企业的业务部一般由业务部经理(可由副总经理或经理兼任)和业务接待员数人、结算1人、收银1人、公关接待和跟踪服务1人、送检1人(进厂检验,送车进车间,送车年审)等组成。中型企业的业务部一般由业务部经理(可由副总经理或经理兼任)和接待(兼生产调度)2人、收银(结算)1人、公关接待和跟踪服务1人、送检1人(进厂检验,送车进车间,送车年审)等组成。小型企业的业务部一般由业务部经理(或主管兼接车和送检)和生产调度(兼接待和跟踪服务)1人、收银(结算)1人等组成。

1.2.3.2 业务接待人员。客户来修车,第一步走进的是业务接待厅,第一个接触的是业务接待员,因此业务大厅和接待人员给客户的第一印象至关重要。

业务接待员在工作中必须遵守的道德标准和行为准则,主要包括真诚待客、服务周到、收费合理和保证质量等方面。业务接待员应具备的基本素质包括以下方面。

①文化素质要求:必须具有中职或高中以上的文化程度。

②业务素质要求:熟悉国家和行业管理有关的法律、法规和政策,对车辆维修专业知识有比较全面的了解,具有初步财务知识,懂得车辆维修结算收费流程、车辆维修费用和成本构成等,要有接待客户的技巧(如会开车、会操作计算机、能运用相关软件辅助管理工作)。

③思想素质要求:具备高度的工作责任感和事业心,有良好的职业素养、爱岗敬业、秉公办事、团结协作、诚信无欺。

1.2.3.3 业务接待工作内容。接待客户,受理客户的维修项目;与技术部联系,检测诊断、确定维修项目;确定维修工期和费用、零配件供应方式及价格(自供、厂购);做好车辆交接登记,受理客户的附加要求,填写维修单,并及时传递到维修车间;负责追加项目和更换零配件时同客户的联系;负责车钥匙的保管和传递登记手续;负责完工车辆的出厂验收和客户交接;负责与工期将止的客户联系,一般小修提前1h,大修提前1天通知客户;负责客户结账、收款工作,按期上报营收统计表;建立客户档案,负责客户的跟踪服务,填写跟踪服务表;建立业务档案,负责填写各种业务报表。表1-2是业务接待时填写的"入厂检测诊断报告单",表1-3是某品牌4S店的接车检查单。

入厂检测诊断报告单　　　　　　　　　　　　　　　　　表1-2

编号 No.

车牌号		车型		年份		行驶里程	
发动机号		底盘号					

检测类型	故障检测诊断□		免费检测诊断□	
检测方法	仪器设备□	路试□		经验判断□
故障现象				

检 测 诊 断 项 目	维 修 建 议
检测点火系统□ 检测油压系统□ 检测故障系统□ 检测加速性□ 检测四轮定位□ 检测ABS系统□ 检测悬架系统□ 检测起动系统□ 检测充电系统□ 检测真空系统□ 检测电脑控制□ 检测元件□ 检测进气系统□ 其他□	检验员签名
	客户认同 检测时间

1.2.4　签订合同

根据汽车维修行业管理要求,遇下列情况时承、托修双方必须签订合同:汽车大修、主要总成大修、二级维护、维修预算费用在1000元以上的。凡属于规定应签而不签合同的,主管部门可对维修业户予以警告和罚款,并责令其整改。在承、托修双方签订服务合同之前,接待人员还必须对维修所需的费用作一个估算,以作为客户决定是否托修的参考依据。

现代汽车维修有3种估价方式:

①现象估价:按故障发生的现象一次彻底维修的收费。适应于疑难杂症,别的厂修过且未修好的故障。风险在于:判断要绝对准确,否则可能会发生亏本,影响效益。

②系统估价:按故障牵连的系统所需进行的检查、诊断和维修收费。这是一般通用的估价方式,是使用最多、准确性最有保障的估价方法。

接 车 检 查 单　　　　　　　　　　　　　　　　　　　　　　表1-3

接 车 检 查 单

客户姓名/单位		车牌号		行驶里程	km
客户描述	保　养：首次保养 □　　小保养 □　　常规保养 □　　验车保养 □　　换机油机滤 □ 　　　　　换三滤机油 □　换机油 □ 发动机：发不出 □　　抖或啄 □　　加速不良 □　　动力不足 □　　油耗高 □ 　　　　　易熄火 □　　怠速不稳 □ 异　响：发动机 □　　底盘 □　　行驶 □　　变速器 □　　制动 □ 　　　　　仪表台 □　　座椅车门 □ 灯　亮：机油黄灯 □　机油红灯 □　水灯 □　　ABS □　　气囊 □ 　　　　　转向机灯 □　EPC灯 □ 空　调：不制冷 □　　异响 □　　有异味 □ 漏　水：冷却液 □　　车身 □　　天窗 □ 漏　油：发动机 □　　变速器 □　　制动 □　　汽油 □ 事　故：保险事故整形油漆 □　　局部整型补漆 □ 其　他：_____				

随车物品	1		备胎检查	是□ 否□	燃油存量检查	0　1/2　1/1
	2					
	3		是否洗车	是□ 否□		
	4	(提醒用户妥善保管好车上的贵重物品)				
是否需要送车	是□　否□　送车地址：					
是否需要带走旧件	是□　否□　放置地址：					

车辆外观检查　　　　　　　　　　　　　　　　车辆内饰检查

▼ 凹凸□　　▲ 划痕□　　◆ 石击□　　● 油漆□

▽ 污漆□　　△ 破损□　　◇ 色斑□　　○ 变形□

进一步检查□　　　　　　　　　　　　　　　　预检□

检查结果	
维修方案	

日期：　　　　　服务顾问签字：　　　　　客户签字：　　　　　打印经销商/维修站名称

交车检查结果	车辆外观□　车内无零件/工具遗漏□　内饰(音响、空调、收音机、功能开关)□ 发动机舱(清洁、液位)□　后备箱□　维修表单□　旧件□

③项目估价:按故障维修实际工时来收费。一般是个别的、客户指定要的、非电控的维修项目估价。

以上3种估价方式在实际运用中要灵活掌握,在估价的过程中既要维护企业的利益,更要顾及客户的感受,要在具体的工作中向客户多作解释,以在统一认识的基础上达成双方都能接受的估价方式,作出合理的维修估价,使客户有一个明白消费的感觉。

维修估价时,应明确维修配件是由厂方还是由客户提供、用正厂件还是副厂件,并应向客户说明:凡客户自购配件或坚持要求关键部位用副厂件的,厂方难以保证技术质量。此处,要在进厂维修单上写明该情况,并由客户签字确认。表1-4所示为车辆维修估价单。

车辆维修估价单　　　　　　　　　　　　　　　　　表1-4

维修站标识　　　　　　　　　　　　　　　　　　　　业字003　No.00001

客户资料	名称		客户代码	
	地址		车牌号码	
	电话		车型	
	联系人		车辆出厂号码	

序号	维修项目	项目收费	序号	零件名称	单价	金额
1	二级维护					
2	检修发动机					
3	检修进气系统					
4	检修电脑控制系统					
5	故障码清除					
6	检修自动变速器					
7	检修离合器					
8	检修SRS系统					
9	检修灯光系统					
10	检修空调系统					
11	全车车身整形油漆					
合计			合计			

总计	(维修费　材料费　其他　)
预交定金	元　　　　　　　收取定金人签名　　年　月　日
报价时间	预计完成时间
制单人签名	客户签名
说明:1.本估价单有效期为10天。2.报价内容供参考,结算以实际费用为准。	

签订汽车维修合同(或维修服务委托书)是业务流程中的一项重要而又细致的工作,汽车维修合同(或维修单)是汽车维修企业经营活动的主要依据和出发点,是维护消费者和维修企业合法权益的法律凭证,同时它也是企业生产系统的输入指令。精准的维修合同信息是达到"一次修复"的基础,是提升客户满意度的重要环节。表1-5是某品牌4S店的维修服务委托车,汽车维修合同样张见本单元后附录。

表1-5

维修服务委托书

托修方信息
客户名称
客户地址
送修人　　　　　送修人电话　　　　　送修人手机　　　　　车牌号
VIN　　　　　　发动机号　　　　　　车型描述
购车日期　　　　行驶里程　　　　　　车辆使用对象
承修方信息
委托书号码　　　开单日期　　　　　　维修类型
服务顾问　　　　上次维修日期　　　　预计交车时间　　　　变更流水号
【质检】　【终检】　【1】　【2】　【3】　【4】　【5】　【6】　【7】　【8】　【9】　【10】

用户故障描述		故障检查报告	

备注

维修项目
序号　维修类型　维修项目代码　维修项目名称　项目序号　自检

预计总金额：

友情提示
1. 随车贵重物品客户自行保管，如有遗失，承修方不承担任何责任。
2. 托修方同意承修方依据本维修服务委托书之维修项目进行诊断或维修，同意在交车前支付相关工时、零件、税务等费用。相关费用按照实际发生额进行结算，谢绝欠款。
3. 预计交车时间仅供参考，如需延长，承修方将另行通知（口头通知，电话通知等）。

打印日期：　　　服务顾问：　　　托修方：　　　签字日期：

每份合同在向客户作出承诺之前应进行评审，必须使企业的实际能力完全满足合同规定的要求，确保合同的各项条款能得到完全履行。

①合同的评审应以客户的具体维修要求为依据。企业通过对维修合同评审活动的控制，确保对客户的服务质量。

②维修项目和要求确定后，企业应根据配件库存情况、场地及设备周转情况、维修工的技术能力和工时费、配件费用、金额预算、维修周期、客户的辅助要求等内容进行合同评审。

③合同评审的结果应及时与客户进行沟通，以求达成共识。

④合同评审中出现的问题由服务经理复审和协调，重大问题则由企业负责人进行复审和

协调。

⑤合同评审过程中对维修质量进行承诺的同时,应向客户介绍企业承诺质量保证的具体规定。在承诺交车时间时,必须掌握企业现时生产情况下交车时间的可能性,特别要考虑车辆配件供应的情况,并留有一定的余地,不可有失信于客户的心态与行为。

⑥合同评审记录应妥善保管,维护工作结束后应归档保存。

⑦当合同需要修订时,由要求修订的一方提出,并征得另一方同意后进行修订。当必要的维修项目客户不认可时,接待人员或服务顾问应在合同书上记录说明,并由客户签名确认。

汽车维修合同(或维修服务委托书)签订后,接待人员应将合同的一份副本交给客户保管,作为双方车辆交接的凭证。接待人员应尽快与客户办理交车手续:接收客户随车证件并审验其证件的有效性和完整性,如有异常应予说明,并作相应处理。对接收的车辆,应仔细检视其外观、内饰、仪表和座椅等,如有异常,应予注明。

交车送修手续办完后,接待人员应礼貌告知客户"手续已全部办完"。若客户要离去,接待人员应起身致意送客,或送客户至出口,并致意"请走好,恕不远送"。若客户愿意在现场等候,要妥善安排客户休息。现在不少维修企业都很注重为客户提供各种各样附加服务,比如阅览室、网吧、茶室、游乐室等,有些企业还为客户准备可租用的代步工具等。

接待人员应及时处理维修业务统计报表,通知车间派单维修车辆,将车辆送入维修车间交接,并请车间接收人签名和记录时间,记录时间一般要求精确到10min内。

1.2.5 结算与交车

1.2.5.1 通知客户取车。车辆维修完成后,车间交出竣工并验收合格的车辆,接待人员或服务顾问要对车做最后一次清理工作,如清理车厢内部,查看外观是否正常,清点随车工具和物品,并放回车上。交还给客户的应是一辆烟灰缸被清理了的、时钟调整好的、内外擦洗过的、干净的车辆。结算员应收齐车间与配件部有关单据,列出清单,做好全部单据的汇总核算。一切准备工作完成之后,应提前1h(工期在两天之内)或提前4h(工期在两天以上包括两天)通知客户准时来接车,并致意"谢谢合作!"。如不能按期交车,也要按上述时间或更早些时间通知客户,说明延误原因并表示歉意,争取客户谅解。

1.2.5.2 结算前准备。在客户到来前进行最后检查是维修业务接待中的重要一环,不仅可提高工作质量,还会直接影响到客户满意程度。其中的要点有:①业务接待人员须提前确认最终检验已经实施并已合格,至少在客户到厂2h确认;②对照修理单检查完工项目;③写好作业项目说明,以便客户理解并接受,并列出下次维修项目的建议;④检查车辆内外清洁,将倒车镜、座椅、音响等恢复原位;⑤为客户开列帐单,查看实际费用和估计费用的差异。如出入较大,则应做出合理解释。

在客户到来时,接待人员应主动起身迎候,不要让客户长时间等候才看见其车辆;根据结算情况,解释修理内容及必要性,有必要应向客户出示维修换下的零部件;如客户无异议,应指导客户办理结算手续。

1.2.5.3 与客户结算。客户来到结算台时,结算员应主动招呼客户台前就座,以示尊重并将结算单呈交客户。结算人员应认真、仔细地为客户做好结算项目的解读工作,使客户明明白白消费,进而提升客户对企业的信任度。表1-6所示为某品牌4S店机动车维修结算单。

机动车维修结算清单

表1-6

承修方(盖章):				防伪码:
地　　　址:		电　话:		传　真:
开户银行:		E_mail:		
帐　　　号:		网　址:		

托修方:		送修人:	联系电话:	
施工编号:	进厂日期:	出厂里程:	工时定额:	□ 行业
车牌号码:	出厂日期:	分类代号:	执行标准:	□ 制造行业
合同编号:	合格证号:	厂牌型号:		

一、结算价格　（单位:元）

序号	名称	金额	备注
1	工时费		
2	材料费		
3	外加工费		
4	其他		
5	合计		
	销售收入	税前销售额	销项税额

二、工时费

项目序号	作业项目	工时定额	工时单价	金额	备注
		打折前合计		打折后合计	

三、材料费

配件编码	配件名称	计量单位	数量	单价	金额	配件类型
		打折前合计		打折后合计		

四、质量保证期

机动车维修质量保证期车辆行驶_____公里或_____日。
机动车维修质量保证期，从维修竣工出厂之日起计算。保证期中行驶里程和日期指标,以先到达者为准。

五、托修方支付费用更换的旧配件

□旧配件已确认,并有托修方收回；　□旧配件已确认,托修方声明放弃；　□ 无旧配件；

结算员签名:	客户签名:	结算日期:

六、折扣信息

工时折扣金额:	材料折扣金额:	工时券折扣金额:	材料券折扣金额:
去零金额:	龙卡抵扣金额:		

七、会员信息

会员编号:			
使用前积分余额:	使用积分:	赠送积分:	积分余额:

八、委托书信息

维修开始时间:	维修竣工时间:	使用性质:
底盘号:	发动机号:	购车发票日期:
专属服务顾问:	本次服务顾问:	维修类型:
收费对象:	地址:	电话:
行管类型:	结算编号:	结算方式:
打印时间:	收款类型:	收款人:

备注说明:
整车与配件的质量担保规定详见＊＊＊＊＊的质量担保条例。
友情提示:
请你在＊＊＊＊年＊＊月＊＊日左右到本站进行＊＊＊＊公里保养,保养规格为＊＊＊＊＊＊。

结算单是根据所发生的人工、材料等按具体的收费标准打印生成的。结算价格＝工时单价×结算工时定额＋材料进价×(1＋进销差率％)＋外加工费。其中的维修项目的工时定额，按照交通行政主管部门和物价部门联合发布的《结算工时定额》执行。若客户提出打折或其他要求时，结算员可引领客户找业务主管处理。

1.2.5.4　向客户交车。结算后应即刻开具车辆"出厂通知单"，连同该车的维修单、结算单、质量保证书、随车证件和车钥匙一并交给客户；请客户清点随车工具和物品；如无异议，则请客户签收。此时，接待人员应向客户提示所换配件的使用寿命及下次年检和保养周期的公里数，并送客户出厂，同时致意："请走好"、"祝一路平安！""欢迎下次光临！"

整个结算与交车过程要简练，不要让客户觉得拖拉繁琐。根据2013年10月1日起施行的《家用汽车产品修理、更换、退货责任规定》的规定，修理者应当建立并执行修理记录存档制度。修理记录应当一式两份，一份存档，一份提供给消费者。修理记录内容应当包括送修时间、行驶里程、送修问题、检查结果、修理项目、更换的零部件名称和编号、材料费、工时和工时费、拖运费、提供备用车的信息或者交通费补偿金额、交车时间、修理者和消费者签名或盖章等。修理记录应当便于消费者阅或复制。

1.2.6　后续服务

1.2.6.1　客户档案。客户进厂后，业务接待人员当日要使用标准登记格式，为其建立客户档案卡或登入客户档案库，以便于跟踪服务。客户档案主要有客户信息、车辆信息、维修情况、结算情况和投诉情况等。建立档案要细心，不可遗失档案所需的资料，不可随意乱放，应放置在规定的档案柜内，由专人保管。建立客户档案应采集基本信息：

①个人的姓名、地址、性别、年龄、收入、家庭成员、工作类型、生活方式、对产品或服务的偏好、特殊爱好、过去服务的记录、服务频率、平均维修金额、喜爱的媒介（如杂志、电视频道等）、曾有的问题和不满、信用卡号和货款限额、对其他服务的偏好等。

②企业的名称、地址、主要沟通人的姓名（头衔、性别）、顾客状况（现实还是潜在）、过去服务记录、平均服务量、关键的决策者、信用的情况、曾有的不满问题、对新产品的倾向、员工人数、公司的报价情况、公司的评价等。

1.2.6.2　回访客户

(1)回访客户的目的：

①征求客户满意程度，表达感谢之意，转达企业领导关心之情；

②提高企业自身形象，培养忠实客户群体；

③对客户不满意的情况应及时沟通、消除分歧，赢得理解并予以足够的重视，及时地整改，避免由此造成客户的失望和流失，影响企业的声誉。

(2)电话回访是一种常用方法，应注意的事项有以下几个。

①打电话时为避免客户误解其车辆有问题，建议使用标准语言及标准语言顺序，发音要自然、友善。

②回访者要懂基本维修常识，具有沟通和语言方面的技巧，语速不要太快，一方面给没有准备的客户以时间回忆细节，另一方面避免客户觉得唐突。

③不要随意打断客户谈话，注意记下客户的评语（批评、表扬）。

④必须在交车一周之内（最好在3天内）打电话回访客户，征询客户的满意程度，若存在

某些令人不满意的地方,必须马上设法纠正,并将信息及时反馈给有关部门。

⑤回访对象必须包括各种类型的客户,对象越多越有代表性。

⑥回访活动要尽量躲开客户的休息、会议、活动时间,建议在9:00~11:00和16:00~18:30比较合适。

⑦如果客户有抱怨,不要找借口搪塞,而要告诉客户已记下其反映的情况,并让客户相信:如果其愿意,有关人员会与其联系并解决问题。有关人员要及时对回访中的客户抱怨进行分析、整改,并记录在"客户(服务)抱怨及返修的记录"中,及时(1~3天内)给客户以回复。整改情况应与技术总监进行沟通,并对整改、返修后的质量进行检验合格后交付,按规定再次对客户进行电话回访或由服务经理在交付时进行回访。

⑧对客户的不合理要求,要进行耐心、合理的解释,并明确地予以拒绝,但态度要婉转。

⑨对回访的情况要进行分析,并不断采取改进措施。

⑩回访客户的比例应不少于50%。

(3) 客户回访的其他方式有以下几种。

①定期由客户服务经理带队,选择一定比例的客户进行上门访问。

②利用维修档案,通过电话、信件、电子邮件等方式提醒客户做车辆定期维护,顺便进行客户回访,并做好详细记录,一般应提前3周进行首次通知,并在日期将至时再次通知。

③可以采用意见征询表、座谈会等多种形式与客户定期保持联系,询问车辆使用情况、对维修企业的意见和建议,或向客户介绍新的服务项目等。

1.2.6.3 处理客户投诉

服务没有一个硬性的标准,同样的服务但得到的评价会因人而异。由于车辆维修服务所涉及的环节较为复杂,持续时间长,因此遭遇投诉的风险是很高的。因此曾有一些咨询机构将"汽车维修"列为仅次于医院治病救人这一最难于精确评估的服务项目。既然投诉不可避免,就要正视这一问题,想办法妥善处理好,甚至有可能将坏事变成好事,这是不乏其例的。国外有关研究机构发现,客户的回头率与投诉的处理之间存在着比较有趣的关系:有投诉但获得圆满解决的,回头率在82%以上;有投诉而未获得圆满解决的,回头率尚有19%~54%;有不满却不投诉的,回头率只有0~9%。这一关系表明:遇有客户不满却不投诉时,他们极有可能已转移光顾其他公司了;反之若客户愿意投诉,就算未能获得圆满解决,将来再次光顾的机会也比较高。当然,若问题得到圆满解决,该客户多数会再次光顾,甚至成为企业的忠诚客户。

因此我们要欢迎客户投诉并重视妥善解决客户的投诉。客户投诉说明还存在解决问题的希望,客户投诉实质上是给一次与客户沟通的机会,若处理得好,其好处不亚于作了一次广告。

1.3 后台生产过程

后台生产是车辆维修企业内部运作的主要内容,是企业提高维修质量、提高运作效率的主要舞台,因而必须予以足够的重视。

1.3.1 调度与维修

车辆维修企业生产系统的良好运行,需要有准确的生产计划和合理的现场调度。调度是现场管理,派工、作业、换件、检验等均要维持清洁、高效、有序的工作环境,记录零配件的供应同步情况和现场可用工时数,关注作业人员的工作状态,既要监控生产现场各环节,也要关注维修单在业务部门的流动情况,优先对待返修客户和等待中的客户。

  1.3.1.1 作业现场管理。管理作业现场,控制生产进度,也就是生产调度是车辆维修运作重要环节之一。在大、中型车辆维修厂,此任务可由车间主任或调度员来担任;若是小型维修厂,可由业务接待人员或业务经理来负责。按照"维修施工单"上的项目及要求,根据车间实际生产情况和前后施工秩序及时安排维修人员作业,并根据车间的生产均衡情况及时调度,这就是调度员的主要工作职责。

  1.3.1.2 维修作业事项

  ①维修前,应对顾客财产进行保护,如实行"三件套"防护。

  ②维修工应按"维修施工单"上的要求进行作业,并在各已完成的作业项目前打"√"确认。

  ③维修作业必须按照规定的技术标准和规范进行,完成后应将结果——调整后所测的符合规定要求的数据——填入维修单。

  ④维修工在进行作业时,应选用合适的工具和设备,防止野蛮施工,做到油、水、配件、工具不落地,保持场地整洁、文明施工。

  ⑤如遇到疑难技术问题,应及时寻求技术支援直至技术总监的技术指导或实行技术会诊,绝不能拖延不报延误工期。

  ⑥当维修项目需要调整时,维修人员应立即征求客户的意见,向客户说明维修中发现的问题、调整修理项目的必要性,并由接待人员或服务顾问与顾客就维修项目、维修费用、交付时间的调整情况进行沟通,得到顾客确认后,进行合同修订,然后再继续施工。

  ⑦在客户取车前,维修工应妥善保管更换下的配件,以备客户检查或交给客户。

  1.3.2 维修质量检验

  好的质量才会让客户满意,质量是企业的生命。试想一下,如果客户一而再、再而三地为同一故障来回奔波,能对企业的服务感到满意吗?因而,加强对维修质量的控制,提高车辆维修质量是维修企业必须高度重视的问题。

  车辆维修质量是客户最关心的问题之一,客户希望维修作业的各工序严格按照技术要求和操作规程进行,使用的原材料及零配件符合标准,按规定进行严格检验测试,使车辆故障完全排除,功能完全恢复,使用寿命得以延长等。

  控制维修质量的目标是确保客户的车辆能被"一次修复",减少返修和投诉的发生,增加客户的满意度和企业员工的满意度。

  1.3.2.1 三级检验制。现代汽车维修企业一般采用维修作业的自检、过程检验、最终检验的三级检验模式。

  ①自检:维修工必须自觉提高质量意识,严格按照技术要求和操作规程进行施工,并对自己的施工质量把好关。维修工完成"维修施工单"中的维修项目后,必须在相应的作业项目栏前面打"√"并进行自检,自检合格后在"维修施工单"的维修工种一栏签上工号,并交给检验员复检。

  ②过程检验:一般由检验员或车间主任负责对车辆维修过程检验,它位于各工序的连接环节,确保上一工序的施工质量对下一工序负责,从而减少不必要的返工,确保维修的质量和维修如期完工,在提高企业运作效率的同时提高客户的满意度。例如,当钣金工序完成焊接项

目,自检合格并在"维修施工单"的钣金工自检栏内签上工号后,将车辆移交给油漆工序前应由车间主任或检验员进行过程检验,检验合格并在"维修施工单"上加盖过程检验合格章后,才能将车辆移交下一工序继续施工。

③最终检验:一般由专职检验员或车间主任负责最终检验工作,它是企业质量控制的最后屏障,因此必须从严把关。最终检验将对车辆的维修项目和整体性能作出鉴定,检验合格的维修车辆,签发维修合格证,准予出厂;检验不合格的维修车辆,则应将不合格项目记录在案,并及时通知车间进行返工;返工维修后须经检验员重新检验,直至合格。最终检验的质量抽查由技术总监负责,并在合格车辆交付客户之前进行抽查。

1.3.2.2 质量保证期。行业管理要求汽车维修实行竣工出厂质量保证期制度,汽车维修质量保证期,从维修竣工出厂之日算起。汽车维修经营者应当公示承诺的汽车维修质量保证期(所承诺的质量保证期不得低于规定的标准),在承诺的质量保证期内,汽车因维修质量原因造成汽车无法正常使用的,汽车维修经营者应当及时无偿返修。根据2013年10月1日起施行的《家用汽车产品修理、更换、退货责任规定》的要求,在家用汽车产品包修期内,因产品质量问题每次修理时间(包括等待修理备用件时间)超过5日的,应当为消费者提供备用车,或者给予合理的交通费用补偿。

1.3.2.3 车辆维修档案。汽车维修经营者对汽车进行二级维护、总成修理、整车修理的,应当建立车辆维修档案,通常是"一车一档"。车辆维修档案主要包括:维修合同、维修项目、具体维修人员及质量检验人员、检验单、竣工出厂合格证及结算清单等。企业建立档案以便今后客户的车辆再次来维修时能有助于对故障的分析和诊断,一旦出现返修或质量纠纷也有据可查。

1.4 运作信息管理

现代车辆维修企业面对的是车辆、客户、人员、设备、配件、资金等的管理;面对的是维修调度、配件采购和库存、质量控制、客户档案及各部门之间的协调等过程的管理;面对的是从预约、接待、估价、维修、检验、结算直至后续服务的全过程的数据处理和传递。针对其业务过程复杂、数据信息量大的特点和客户资料庞大、维修记录繁多、零配件种类繁杂、财务往来头绪复杂的状况,传统的操作速度慢、资料零乱、效率低的人工管理方式已越来越难以适应。事实上,由于车辆维修行业业务过程复杂、数据信息量大,仅仅依靠人力,往往难以对维修、配件、客户档案、车辆档案、员工及各部门工作进程的监督、企业经营数据进行准确的统计和分析,而运用计算机管理,速度快、时间短、资料全、效率高。一个30人的维修企业的月度工时统计,如采用人工计算,需要一个统计员1~2天的时间,采用电脑进行统计仅仅需要几秒钟,效率提高何止几千倍。运用操作简便、资料归类准确、统计查询便捷、效率高的信息化管理技术已势在必行。

1.4.1 业务报表

企业具有履行统计调查和报送统计资料的义务,所有报表应署明填报人、单位负责人、报送日期并加盖单位公章后报交通行政主管部门。统计资料是对企业运作情况的原始数据的归纳,是管理者决策的依据,同时也是行业管理部门实行行业调控、行业规划、管理的依据。统计数据必须真实、完整、准确,并按时上报。按规定日报表当日下班前完成,周报表周末日下班前完成,月报表月末日下班前完成。统计要及时、准确和完整,不得估计、漏项。每周和每月的维修车辆类型、数量、营业收入等统计报告由业务部门完成,并按时提供给财务部门和经理,以便管理层的分析决策和按时上报行业主管部门。

1.4.2 维修资料

维修资料应该是对具体车型及其所有系统准确、完整的技术数据。判断哪些维修资料是有实用价值的资料,能够帮助维修厂解决技术困难,提高维修效率并不是简单的问题。

1.4.2.1 资料分类。目前国内市场维修资料的来源多种多样,按照不同的媒体划分,主要包括:原厂维修手册和技术资料、正规出版的车辆维修书籍、专业杂志和报纸、维修资料数据库光盘、互联网(internet)查询的数据库。可以看出,维修资料的种类繁多,维修资料市场很杂乱,令人无从选择。其实每一种形式的维修资料都有其特点和市场定位。

一般来讲,应选择系统的、准确的、有升级保障的维修资料,维修资料应该与维修工具和设备一样作为车辆维修企业的必备物质条件。准确、完善的资料保障可以给企业的生产和经营带来巨大变化:一方面,资料可以提高诊断和维修效率;另一方面,准确的数据也能够充分保证企业的维修质量。

1.4.2.2 数据库。随着车型的增多,维修厂已经不可能收集所需的所有车型的维修资料。一方面,车辆技术含量越来越高,维修资料的内容也越来越多,如雷克萨斯 LS 430 车型的维修手册就多达 5 册共 2 万多页;另一方面,随着经济的发展,车型也越来越多,最新数据显示,全世界保有的车型共计 5000 多种,这么多的维修资料是任何一个维修企业都不可能收集全的。因此,使用电子化的维修资料将成为车辆维修行业技术发展的必然结果。

维修数据库具有资料容量大,数据齐全、准确等优点,是专业的印刷形式维修资料的电子产品。数据库内容包括:车辆每个系统全部的结构、诊断检测和维修数据,而且精确地将资料定位到车辆的年款,基本达到了《原厂手册》的详细程度。由于资料用计算机存储,数据更新十分容易,目前,越来越多的"原厂手册"已经开始向电子化方向发展。

计算机技术的应用彻底改变了维修资料收集、存储和查询的方式。专业的汽车信息提供商将所有车型的整套维修资料以数据库形式存储,维修人员只要通过电脑的简单操作就可以查询到各种车型的资料,并能够实现打印、搜索等功能。近年来,在国际范围内,基于计算机的维修信息逐渐占据了主导地位。从 2000 年开始,维修资料的查询已经从光盘(CD、DVD)转移到互联网资料库的形式。与光盘存储形式相比,网络化的资料具有更新快、成本低、使用方便、服务质量高的特点。

1.4.3 管理软件

随着汽车维修行业的崛起,汽车维修企业在管理软件方面的需求也已渐渐成为软件开发商关注的焦点之一,各类专门为汽车维修企业量身定制的管理软件相继问世。

如何在众多管理软件中,选择一个既适合自身又能够充分发挥效率优势的系统,是摆在欲跨入信息化门槛的企业管理者面前的实际问题。汽车维修企业进行信息化管理系统的选型一定要从系统的功能、质量保障、操作的便捷及售后服务等方面作综合权衡,同时还要根据自身企业的规模、特点来选择适用的软件系统。

1.4.4 网络平台

随着互联网技术发展和现代信息平台的产生,网络通信的便捷已深入到了社会的各个方面,现代汽车维修业也不例外。一些骨干企业很早就建起自己的品牌网站,各种社会团体、专业人士,甚至车主个人也纷纷"建站开博"。通过网络平台,汽车维修业态正悄悄地发生着变化。

  1.4.4.1 企业网站。企业网站使企业扩大社会影响力有了更为快捷的途径,同时网站的即时互动功能也使企业与客户之间的即时沟通变得更为便捷,因而也使企业对客户服务的迁移和后续变得更为现实。此外,通过这一平台,企业还可以及时地把近期的便民、特色服务项目和时间安排告知广大客户,使有需求的客户能及时获知相关信息,及时预定,更多地享受到企业的优质服务,为培养企业的忠诚客户群提供必要的信息服务。

  ①服务迁移:现代汽车维修企业为均衡生产,最大限度地提高生产效率,缩短客户的等候时间,提高服务质量和客户满意度,广泛地采用了预约维修的方法。预约服务除了过去所使用的电话方式外,网络预约则显得更为直观、便捷,客户也能在了解更多相关信息的前提下,确定所需要的服务和具体的时间节点,从而使企业对客户的服务推移到客户进厂(站)之前的这项工作变得更为快捷、有效。

  ②服务后续:为能最大限度地提高客户的满意度,及时了解维修质量和客户的意见和建议,目前许多企业都建立了跟踪回访制度,即在客户来厂维修后的3天至1周内,对客户进行回访(以电话或网络方式),并将其作为企业进一步提高工作质量和客户满意度的重要依据。

  此外,针对目前广大私家车主在车辆专业知识和日常使用、维护知识方面的欠缺而带来的一些困难和问题,部分企业则充分利用企业网站这一信息平台,提供相应的知识介绍和解答,对客户进行积极的指导和帮困答疑,从而在不受时间限制的情况下保持企业和客户之间的即时沟通,为客户提供全天候的服务。

  随着网络信息技术的日益普及,企业的专业技术人员还能在网上为客户提供远程的故障诊断和维修方面的专业技术指导。

  1.4.4.2 社会服务网。随着我国机动车辆进入家庭步伐的不断加快,机动车辆售后服务社会化的特点日益显现,已日益成为社会关注的焦点之一。各种与汽车产业链相关的民间组织、社会团体纷纷建立,他们也利用网络信息平台这一有效的工具,对所属的会员和非会员等服务对象开展服务,建立了各种相关的网站。

  ①社会团体网站:在现代汽车产业链的各个环节都成立有相应的行业协会,如汽车销售行业协会、汽车维修行业协会、汽车配件行业协会等。各个行业协会也把网站作为协会与各会员单位和社会各界联络的桥梁,通过发布行业管理信息、行业动态、企业评优、品牌企业推荐、处罚公告等形式,来推进行业的自律和发展等工作。

  国外,如新加坡的事故车维修协会,则把网络平台用作管理和监督的工具。他们把事故车的维修单位用网络串联起来,进行网上定损、网上理赔、网上管理。通过网络,管理者可以随时了解维修的情况,实时监督维修的状况,因而有效地杜绝了各种虚报、骗保情况的发生。车主也可以通过该网络,及时了解车辆的维修进度和维修情况,从而进一步增加了车辆维修的透明度。

  ②服务互助网站:汽车服务互助网是专为驾车人士、维修人员提供道路紧急救援、汽车维护、修理、行车导向服务,以及交通旅游、车辆保险、宾馆酒店、餐饮娱乐等多种行业、优惠服务的机构。其目的是为车主解决开车烦恼,为修理人员解决资料和经验不足的苦恼,节约驾车和

修车费用。汽车服务网络是一种新兴的服务行业,起始于20世纪70年代初,由美国汽车行业协会和驾驶员协会发起,英文名"American Automobile Association",简称"AAA"服务网。随着汽车技术飞速发展,现代汽车已成为机械和电子构成的高科技集成物,汽车出现故障,车主毫无办法,排除汽车故障,修理人员因资料缺乏、经验不足而束手无策。汽车服务网为车主、维修人员解决难题已成为车主和修理人士的必需品。由于汽车数量日益增多,档次越来越高,这种需求也越来越强烈,越来越迫切。国际互联网的诞生,为满足这种需求提供了可靠的资讯条件,汽车服务网诞生并发展起来。由于发展需要,服务网已扩大、延伸到各种服务行业。

互助网站实行会员制管理,采取辐射式、覆盖型互助网络服务。服务网络涉及面广、行业多,主要有:汽车资料查询、道路紧急救援、加油、车辆保险、旅游观光、航空航运、餐饮娱乐、商场购物等服务。目前全世界拥有"AAA"制会员4000多万个,是世界上拥有会员最多、管理机构最完善、服务行业最齐全、服务涉及面最广、服务水平最高的汽车服务网络。

2 车辆维修企业和客户关系

以客户为中心的新企业运作模式正在得到广泛的认同,在设计企业的营运模式时,过去比较重视从企业内部的优势出发,先考虑自己有什么长处;但新的模式会鼓励企业从客户的需求出发,考虑如何通过努力来提高服务能力,以更好地满足市场的需求(客户的需求)。以客户为中心的运作模式蕴含着许多新的思想、新的做法、新的系统,创造着新的商机。

2.1 以客户为中心

明智的经营者会运作客户资源,灵活机智、反应迅速,让客户需求得到快速响应和优先满足,同时也让自己得到最大利润。让我们先来认识一下在汽车维修服务邻域的经营者和客户吧。

2.1.1 机动车维修经营者

根据JT/T 816—2011《机动车维修服务规范》给出的术语和定义:机动车维修经营者,是指向客户提供机动车维护和修理及相关活动的总称,包括汽车整车维修企业和发动机、车身、电气系统、自动变速器专项维修业户,以及其他的机动车维修企业,均称之为机动车维修经营者。

在市场经济下,从事商品经营或者营利性服务的法人、其他经济组织和个人均是经营者。经营者通过向消费者提供其生产、销售的商品或者提供服务,实现营利为目的。经营者必须遵循市场经济法则行使权利和履行义务。例如《消费者权益保护法》规定了10种经营者的义务:

①履行法律规定或合同的约定义务;
②听取意见和接受监督的义务;
③提供安全商品和安全服务的义务;
④提供真实情况的义务;
⑤标明名称和标记的义务;

⑥出具购货凭证和服务单据的义务；
⑦保证质量的义务；
⑧承担"三包"责任及其他责任的义务；
⑨不得用格式合同等损害消费者合法权益；
⑩尊重消费者人格的义务。

2.1.2 客户

根据 JT/T 816—2011《机动车维修服务规范》给出的术语和定义：客户，是指接受机动车维修服务的组织或个人。

在市场经济下，客户是付钱购买经营者所提供生产、服务或商品的组织或人。对经营者而言，客户是最重要的消费者，是赖以生存的衣食父母，是抵御市场竞争风浪的基石；获取利润则是满足客户需求后的一个结果。对于从事汽车维修服务的经营者亦是如此，必须从提供技术服务为主转向一切"以客户为中心"，全面围绕满足客户需求，要让客户乘兴而来、满意而归。

"以客户为中心"是一种市场导向的经营观念，由此引发了不少颇具创新意义的理论和实践，诸如客户关系管理（也称 CRM）、客户满意度（也称 CSR）、服务质量指数等。以一些汽车4S店运用客户关系管理的理论和实践为例，将售后服务客户按其忠诚度可分为忠诚客户、新车销售转化客户、吸附客户三类，目标是通过各项客户满意服务战略把新车销售转化客户、吸附客户提升为忠诚客户。

2.1.2.1 忠诚客户。它指一年内来店维修保养车辆 2~3 次及 3 次以上的客户，此类客户通常对该店的服务、质量及价格非常满意且来店方便，一般在车辆使用中遇到的问题第一时间会想到该店，是该店客户资源的重要保证。

2.1.2.2 新车销售转化客户。它指在该店购置新车后在该店完成首次保养或维修的新客户，此类客户通常对该店的新车销售服务比较满意且来店方便，一般对此类客户在首次和二次保养维修服务中使其感到满意，很容易提升为该店的忠诚客户，提升此类客户是4S店保证售后客户增长率的有效途径。

2.1.2.3 吸附客户。它指通过市场活动、广告宣传、口碑传递等营销策略从周边维修企业吸附到该店完成维修保养业务的新客户，一般此类客户认为该店有特殊的服务优势或对原维修店的服务感到不满，只要使其感受到本店承诺的特殊服务优势或比其他店有更好的服务，其一般也会留下来。

2.2 客户满意战略

客户满意战略的指导思想是：企业的全部经营活动都要从满足客户的需要出发，以提供客户满意的服务为企业的责任和义务；把客户的需要和满意放到一切考虑因素之首。

2.2.1 客户满意度

客户满意度，是对服务性行业的顾客满意度调查系统的简称，是一个相对的概念，是客户期望值与客户体验的匹配程度。换言之，就是客户通过对一种产品或服务可感知的效果与其期望值相比较后得出的差距。实际情况是企业对于客户期望值的理解和所提供的服务与客户自己对于服务的期望值存在着某种差距，而这种差距是可以衡量的，这就是客户满意度。

运用计量经济学理论和科学的调查及统计分析方法，来测评满意度，量化显示客户对产品或服务的满意程度。有市场咨询公司研究认为,通过顾客满意度专项调查、投诉和建议处理机制、神秘顾客、研究流失的顾客等方法可以有效测评客户满意度。

2.2.1.1 顾客满意度专项调查。这是指定期的调查,其一般原则与市场调查的一般方法一致。通常情况下,维修站或汽车制造商在现有的顾客中随机抽取样本,可采取顾客在维修等待中向其发送问卷或维修服务后的电话回访,以了解顾客对公司及其竞争对手在运营中的各方面的印象。

顾客满意度专项调查的问题类型通常采取等级型封闭式问题,例如:请问您对本公司的维修速度是否满意?(选项为完全不满意,不满意,尚可,满意,完全满意;也可用 1~5 分来表述。)

2.2.1.2 投诉和建议处理机制。维修站为顾客抱怨、投诉和建议提供一切可能的渠道,做法各异。有些维修站向顾客提供不同的表格,请顾客填写他们的喜悦和失望;有些则在公共走廊上设建议箱或评议卡,并出钱雇用第三方向顾客收集抱怨;有些汽车制造商为提高其授权维修服务站的服务质量还通过热线电话或投资建设功能强大的呼叫中心来询问或接受顾客的投诉电话,并且通过反映迅速的更正系统从这些电话中找到产品(或服务)改进或市场开拓的机会。

2.2.1.3 神秘顾客。有些维修站或汽车制造商花钱雇用一些员工(这些人往往是后台工作人员,他们与前台工作人员互不相识)、老顾客或是其他消费者,他们装扮成本次进站接收服务的顾客,亲身经历一般顾客在消费中所需要经历的全部过程,然后得出其竞争产品(或服务)所具有的优点和缺点。这些神秘顾客甚至会故意提出一些问题,以测试维修站的前台服务人员、质量控制人员和抱怨处理人员能否作出适当的处理。

2.2.1.4 研究流失的顾客。顾客之所以会离开维修站,除了一些诸如搬家、突然遭遇经济上的变化等客观原因之外,大多数的情况是因为顾客对维修站服务的不满,或是顾客不认为存在什么非得到该维修站长期维修保养的理由,与其竞争对手相比,在留住顾客的努力上几乎没有什么特别之处,而将其顾客吸引走的那家维修站则具备更为独到的做法。维修站不仅要和那些离去的顾客对话,而且还必须想办法控制顾客流失率,这些办法就来自于与流失的顾客的访谈之中。

2.2.2 服务质量指数

服务质量指数是由上海质量管理科学研究院自主研发的重要成果之一,为企业评估服务质量水平、提升质量竞争力提供了有效工具。专家认为:对服务质量的评价通常从顾客的主观感受程度,采用 SEVEQUAL、顾客满意度等方法。但是,对服务质量的提供过程和提供能力涉及不够,而这些因素是决定服务质量水平的前提,通过对这些要素进行综合测评,才能准确、客观地体现服务质量的水平。

服务质量指数是以顾客为中心,对服务全过程提供了框架性描述,涵盖服务质量能力、服务质量过程、服务质量绩效等。该模型以顾客需求为输入,以顾客对所接受服务的感知作为输出。管理者对顾客需求进行识别和认知后,进行相关服务资源的配置;然后通过服务过程,提供顾客所需求的服务质量,顾客在接受服务后形成感知,并与其期望值相比较,对服务质量进行评价。

曾经有美国企业对零售、制造、保险、服务维修等多个行业进行深入调研,发现一个可以衡量客户服务质量的 RATER 指数。RATEP 指数是五个英文单词的缩写,分别代表的是信赖度(Reliability)、专业度(Assurance)、有形度(Tangibles)、同理度(Empathy)、反应度(Responsiveness)。

2.2.2.1 信赖度。它指一个汽车维修服务企业是否能够始终如一地履行自己对客户所做出的承诺,当企业和员工真正做到这一点的时候,就会拥有良好的口碑,赢得客户的信赖。

2.2.2.2 专业度。它指汽车维修服务企业的人员所具备专业知识、技能及提供优质服务的能力,也包括对客户的礼貌和尊敬、与客户有效沟通的技巧和规范的职业素质。

2.2.2.3 有形度。它指有形的服务设施、环境、服务人员的仪表以及服务对客户的帮助和关怀的有形表现。服务本身是一种无形的产品,但是整洁的服务环境和科学布置的维修工位、设置提供茶水饮料、午餐、上网、影音服务的客户休息室、带领小朋友载歌载舞玩乐的服务小姐与儿童游乐设施等等,都能使服务这一无形产品变得有形起来。

2.2.2.4 同理度。它指服务人员能够随时设身处地地为客户和客户的车辆着想,真正地同情理解客户的处境、了解客户的需求。

2.2.2.5 反应度。它指服务人员对于客户的需求给予及时回应并能迅速提供服务的愿望。当服务出现问题时,马上回应、迅速解决能够给服务质量带来积极的影响。作为客户,需要的是积极主动的服务态度。

然而在实际工作中我们又发现客户认为这五个服务要素中信赖度和反应度是最重要的,这说明客户更希望企业或服务人员能够完全履行自己的承诺并及时地为其解决问题;而企业则认为这五个服务要素中有形度是最重要的,这正表明企业管理层对于客户期望值之间存在着差距。至此,可以看出作为汽车维修服务企业或者员工需要站在客户的角度不断地完善服务质量的五大途径,来提升自己所提供服务的质量,只有企业所提供的服务超出客户的期望值时,企业才能获得持久的竞争优势。

2.3 质量信誉考核

为加强机动车维修市场管理,加快机动车维修市场诚信体系建设,建立和完善优胜劣汰的市场竞争机制及退出机制,引导和促进机动车维修企业依法经营、诚实守信、公平竞争、优质服务,我国政府对机动车维修企业实行质量信誉考核。根据交公路发[2006]719号《机动车维修企业质量信誉考核办法(试行)》的定义,质量信誉考核,是指在考核周期内对机动车维修企业的从业人员素质、安全生产、维修质量、服务质量、环境保护、遵章守纪和企业管理等方面进行的综合评价。

2.3.1 考核指标和记分标准

机动车维修企业质量信誉考核实行计分制,考核总分为1000分,加分为100分。考核指标包括以下内容。

①从业人员素质指标:涉及维修技术人员获取从业资格证件情况,考核占100分。
②安全生产指标:涉及安全生产制度实施情况及安全生产状况,考核占150分。
③维修质量指标:涉及质量保证体系建设和实施情况,考核占200分。
④服务质量指标:涉及服务公示情况、有责投诉次数、服务质量事件和用户满意度,考核占200分。
⑤遵章守纪指标:涉及守法经营和违章情况,考核占150分。
⑥环境保护指标:涉及环保设施设备技术状况和运用情况,废气、废水、废油以及空调制冷剂等维修废物回收处理情况,考核占150分。

⑦企业管理指标:涉及质量信誉档案建立情况,考核占50分。
⑧加分项目指标:涉及企业形象、获奖情况、连锁经营等情况,考核占100分。

表1-7所示为一、二类汽车维修企业质量信誉考核记分标准,三类汽车维修企业及一、二类摩托车维修企业和其他机动车维修企业的质量信誉考核记分标准由省级道路运输管理机构参照一、二类汽车维修企业质量信誉考核记分标准统一制订。

一、二类汽车维修企业质量信誉考核记分标准　　　　表1-7

考 核 项 目		分值(分)	评 分 标 准
一、从业人员素质		100	
从业人员获取从业资格证件比例	(1)技术负责人员和质量检验人员	50	经全国统一考试合格人数占总人数比例100%起,每降低5%,扣4分
	(2)其他维修技术人员	50	经全国统一考试合格人数占总人数比例100%起,每降低5%,扣3分
二、安全生产		150	
1.安全生产制度		60	无安全生产责任制或安全应急预案的,不得分;制度不健全或执行不到位的,扣10分/项
2.安全保护措施和消防设施		30	不符合要求的,扣10分/项
3.安全事故		60	发生生产安全责任事故,造成人员住院的,扣30分/起;造成人员死亡的,扣60分
三、维修质量		200	
1.质量保证体系		40	质量保证体系建设不完善或执行不到位的,扣10分/项
2.维修配件	(1)采购登记	20	采购的维修配件未按要求进行登记的,扣5分/件
	(2)旧件处理	20	换下的配件、总成未交托修方自行处理的,扣5分/件
	(3)配件明示	20	未将原厂件、副厂件、修复件分别明码标价的,扣5分/件
3.质量保证		50	未按规定执行机动车维修质量保证制度的,扣10分/辆次
4.出厂合格证		50	未按规定签发出厂合格证的,扣10分/辆次
四、服务质量		200	
1.服务公示		20	未公示服务机构、流程、监督台(包括服务人员照片、工号、监督电话)以及投诉程序的,扣5分/项
2.维修透明度		40	维修项目未与车主沟通的,扣10分/辆次;修车现场不可视的,扣10分
3.用户满意度		30	用户满意度100%起,每降低5%,扣3分
4.有责投诉		60	扣30分/次,被媒体曝光,经查实存在严重损害维修行业信誉行为的,扣60分/次
5.服务质量事件		50	发生重大服务质量事件的,扣50分/起
五、遵章守纪		150	
1.未将机动车维修经营许可证件和《机动车维修标志牌》悬挂在经营场所的醒目位置的		10	扣10分

续上表

考 核 项 目	分值(分)	评 分 标 准
2.变更名称、法定代表人、地址等事项,未按规定备案的	10	扣10分
3.未按规定公布机动车维修工时定额和收费标准的	15	扣15分
4.机动车维修工时单价未按规定备案的	10	扣10分
5.只收费不维修或者虚列维修作业项目的	20	扣10分/辆次
6.未使用规定的结算清单格式的	10	扣5分/辆次
7.未按规定报送统计资料的	10	扣10分/次
8.伪造、倒卖或转借机动车维修合格证的	25	扣5分/张
9.未按照有关技术规范进行维修作业的	15	扣5分/辆次
10.非法转让、出租机动车维修经营许可证件的	25	扣25分
六、环境保护	150	
1.环保设施设备	30	环保设施设备技术状况不能满足要求的,扣10分/台(套)
2.维修废物	80	废气、废水、废油、空调制冷剂、废蓄电池、废轮胎及垃圾等有害维修废物回收处理不符合要求的,扣20分/项
3.厂区环保	40	通风、吸尘、净化、消声效果不符合要求的,扣10分/项
七、企业管理	50	
1.质量信誉档案建立	50	未建立,扣50分,建立不完善,扣30分
八、加分项目	100	
1.企业形象	30	员工统一标志并示证上岗的,加30分
2.连锁经营	20	连锁经营超过3个网点的,加20分
3.市厅级以上集体荣誉称号	50	获得市、厅级的,加20分,获得省、部级以上的,加50分

说明:1.所有项目的考核分,不计负分,扣完本项目规定分数为止。

2.连锁经营是指企业总部按照统一采购、统一配送、统一标识、统一经营方针、统一服务规范和价格的要求,建立连锁经营的作业标准和管理手册,并由企业总部对连锁经营服务网点经营行为实施监管和约束。

2.3.2 质量信誉等级

机动车维修企业质量信誉等级,由道路运输管理机构按照下列条件进行考核,分为优良、合格、基本合格和不合格,分别用 AAA 级、AA 级、A 级和 B 级表示。

(1)AAA级企业,须符合以下全部条件:

①考核期内未发生一次死亡1人及以上的安全生产责任事故和重大、特大恶性服务质量事件;

②考核期内未出现超越许可事项或使用无效、伪造、变造机动车维修经营许可证件,非法

从事机动车维修经营的违法违章行为;

③考核期内未出现使用假冒伪劣配件维修机动车、承修已报废的机动车、擅自改装机动车或利用配件拼装机动车的违法违章行为;

④考核总分和加分合计不低于850分,且企业从业人员素质、安全生产等考核分数在该项总分的80%以上。

连续三年考核为AAA级的机动车维修企业,在许可证件有效期届满时,申请继续经营的,可由作出原许可决定的道路运输管理机构直接办理换证手续。鼓励AAA级的机动车维修企业投资参股(股比超过50%)或以特许经营、品牌连锁等形式扩大维修网点,维修网点可享用原企业的质量信誉等级。

(2) AA级企业,须符合以下全部条件:

①达到AAA级企业的考核条件;

②考核期内未发生一次死亡1人及以上的安全生产责任事故和重大、特大恶性服务质量事件;

③考核期内未出现超越许可事项或使用无效、伪造、变造机动车维修经营许可证件,非法从事机动车维修经营的违法违章行为;

④考核期内未出现使用假冒伪劣配件维修机动车、承修已报废的机动车、擅自改装机动车或利用配件拼装机动车的违法违章行为;

⑤考核总分和加分合计不低于700分,且企业从业人员素质、安全生产等考核分数在该项总分的65%以上。

(3) A级企业须符合以下全部条件:

①未达到AA级企业的考核条件;

②考核期内未发生一次死亡1人及以上的安全生产责任事故和特大恶性服务质量事件;

③考核期内未出现超越许可事项或使用无效、伪造、变造机动车维修经营许可证件,非法从事机动车维修经营的违法违章行为;

④考核期内未出现使用假冒伪劣配件维修机动车、承修已报废的机动车、擅自改装机动车或利用配件拼装机动车的违法违章行为;

⑤考核总分和加分合计不低于600分,且企业从业人员素质、安全生产等考核分数在该项总分的60%以上。

(4) B级企业,考核期内有下列情形之一的,质量信誉等级为B级:

①发生一次死亡1人及以上的安全生产责任事故或特大恶性服务质量事件;

②出现超越许可事项或使用无效、伪造、变造机动车维修经营许可证件,非法从事机动车维修经营的违法违章行为;

③出现使用假冒伪劣配件维修机动车、承修已报废的机动车、擅自改装机动车或利用配件拼装机动车的违法违章行为;

④考核总分和加分合计低于600分或者企业从业人员素质、安全生产等考核分数在该项总分的60%以下的。

⑤不按要求参加年度质量信誉考核或不按要求提供质量信誉考核材料,且不按要求补正的;

⑥在质量信誉考核过程中弄虚作假,隐瞒情况或提供虚假材料的;

⑦未按要求建立质量信誉档案,或在质量信誉考核过程中不配合,导致质量信誉考核工作无法进行的。

重大恶性服务质量事件是指由于企业原因,对社会造成不良影响,而受到市级交通主管部门或者道路运输管理机构通报批评的服务质量事件;特大恶性服务质量事件是指由于企业原因,对社会造成恶劣影响,而受到省级以上交通主管部门或者道路运输管理机构通报批评的服务质量事件。

机动车维修企业质量信誉等级为B级的,道路运输管理机构应当责令其进行整改,实施重点监管,整改不合格且存在重大安全隐患或者因维修质量问题造成一次死亡3人以上道路交通事故的,由作出原许可决定的道路运输管理机构予以通报。

2.3.3 质量信誉档案

机动车维修企业应当建立质量信誉档案,并及时将相关内容和材料记入质量信誉档案。主要内容包括:

①企业基本情况,包括企业名称、法人代表名称、机动车维修经营许可证件、工商执照、分公司名称及所在地、从业人员情况等;

②安全生产事故记录,包括每次事故的时间、地点、事故原因、死伤人数、经济损失及处理情况;

③服务质量事件记录,包括每次事件的时间、原因、社会影响、通报部门或机构;

④违章经营情况,包括每次违章经营的时间、责任人、违章事实、查处机关、行政处罚和通报情况;

⑤投诉情况,包括每次投诉的投诉人、投诉内容、受理部门、投诉方式、曝光媒体名称、社会影响及处理等情况;

⑥企业管理情况,包括质量信誉档案建立情况、连锁经营情况、服务人员统一标志及示证上岗情况,以及获得市厅级以上集体荣誉称号的情况。

2.3.4 诚信档案

道路运输管理机构应当通过企业上报、行政执法、纠纷调解、受理投诉和社会举报等多种渠道,收集并汇总有关信息,建立包含机动车维修企业各年度质量信誉考核表及考核结果为主要内容的机动车维修企业诚信档案,并将相关信息存入机动车维修企业管理信息系统。

省级和设区的市级道路运输管理机构应于6月30日前在当地主要新闻媒体、本机构网站或本级交通主管部门网站上公布上一年度机动车维修企业质量信誉考核结果,并在网站上建立专项查询系统,方便社会各界查询机动车维修企业历年的质量信誉等级。

道路运输管理机构应当加强对机动车维修企业质量信誉的宣传工作,引导客户优先选择质量信誉等级高的机动车维修企业,运用市场机制鼓励机动车维修企业注重质量、维护信誉。机动车维修企业可以使用其质量信誉等级进行新闻宣传或者从事相关的商业活动。

道路运输管理机构可以根据机动车维修企业质量信誉等级的高低,推荐企业参加政府采购招投标、重大事故车维修、加入全国机动车维修救援网络等激励措施。

3 车辆维修生产计划管理

计划就是现在对达成未来目标的详细规划,它是一种创新的思维活动。企业管理就是通过计划、组织和控制等职能不断循环、不断改善的过程。计划是为了使企业内部的管理系统与外部市场环境相适应,与企业的经营目标、策略相适应,是运用脑力制定政策、方针、方案、程序及细则的过程,就称为计划。计划职能是经营目标和经营策略的具体化,同时又为组织职能提供要求,为控制职能提供检查的标准,没有计划也就不存在组织与控制。

车辆维修生产计划就是由生产管理部门编制的关于承担车辆维修作业的人员、物料和时间等的安排,是企业组织生产的依据,也是进一步编制车辆维修工艺卡等技术文件的依据。

3.1 车辆维修生产计划的作用

车辆维修生产计划能从时间上保证客户的维修车辆按期出厂,为客户节约时间,为企业增加信誉。科学合理的维修生产计划还可以提高人员、设备、场地、资金等的利用率,减少浪费,做到过程连续,生产均衡,质量保证。

3.2 维修生产计划的分类

车辆维修生产计划按所辖范围,可分为维修厂(站)或车间的生产计划、单台车辆或单台总成的维修生产计划:厂(站)或车间的计划主要是为经营管理者掌握和分析未来时段的维修业务情况的,用于资源调配、流程安排、风险控制的;单台车辆生产计划主要用于维修站服务顾问在维修前告知客户维修计划等待时间和车间工位、维修工的计划安排;单台总成的维修计划主要用于车间维修协作配合的依据,比如自动变速器总成的维修主要依托外部变速箱专业维修单位或厂(站)内总成维修车间完成,那么我们就需要协调好维修站与专业维修厂或总成维修车间送修时间安排,否则难以完成与安排整车竣工交车时间。同时也可按计划的时期可以分为长远计划、年度计划、月度计划、日计划:长远计划主要是由行业、维修站经营者、投资人研究与分析维修行业或维修长远发展、目标、管理革新的依据和打算,一般为5年计划;年度计划主要是维修站经营管理者制定的年度经营预算目标的展开,用于车间、人力、配件资源调配、服务流程的安排、相关营销促销服务计划的制定,年度计划的核定是按上年本店(4S店参照)或该区域(单一维修站参照)新车销售辆次、原有老客户辆次、新增周边吸附客户辆次的总和为依据的;日计划主要针对预约维修客户所制定的日服务计划,用于调配安排车间设施、配件库、服务人员,使预约顾客尽可能在预约时间到店后即可有专人接待,并立即安排车辆维修施工,让客户不需排队等候。表1-8所示为各种生产计划之间的关系。

各种生产计划之间的关系 表1-8

类 别	维修项目	计划时间	备 注
长远计划	维修厂(站)计划	5年	
年度计划	维修厂(站)/车间计划	保养、维修、事故	1年	采用滚动计划方式
月度计划	维修厂(站)/车间计划	保养、维修、事故	1月	
日计划	单台车辆/单台总成计划	总成或预约项目	1~3天	

3.3 编制维修生产计划

制订计划的第一步就是要搞清楚自己的目标,没有目标就没有方向,无论是个人还是企业都是如此。车辆维修企业的目标就是满足客户需求,利润只是满足客户需求的副产品而已。计划就是朝向自己的目标而确定的行动路线与步骤。

3.3.1 编制生产计划的依据

生产计划的依据应该是企业根据客户资料统计的维修量和预计的维修增量、季节性的维修需求、阶段性的活动安排、突发性的事件处理等对不同维修工种的工作量的需求,以及对企业的场地、人力、设备、设施和各工种的实际生产能力的需求。

由于车辆维修是多工种综合作业,所以在编制维修生产计划时,要注意各工种(环节)之间的"动态平衡",同时遵循以下原则:

①严格遵守维修工艺规程,保证维修质量,不得擅自变更和省略规定的工艺程序;
②压缩车辆维修在厂车日(或在厂车时),尽量妥善安排平行交叉作业;
③充分利用资源(人力、场地、设备设施),提高维修生产效率和效益;
④便于生产调度,以应对多种因素(如待料、停电、故障和意外损坏等)对生产计划的影响。

3.3.2 编制月度维修生产计划

编制厂或车间的维修生产计划,要根据车辆运输企业提供的车辆维修计划和市场预测,要考虑车辆维修企业的生产能力等因素,经综合平衡后确定。维修生产计划要按照一定的表格形式,有生产指标和作业形式等内容。表1-9 为一份车间月度生产计划表。

车间月度生产计划表　　　　　　　　　　　　　　　　　　表 1-9

　　　　　月份工作　　　　　　天

No.	车辆类别	维修项目名称	数量	金额	维修车间(工位)	开工	完工	预定出厂日期	备注

由专业人员在一定的时间内制订出相应的符合企业实际的生产计划,要交给班组长、车间主任(主管)、业务经理(主管)认真讨论和审议后,报厂长(总经理)批准贯彻执行。

3.3.2.1 编制维修生产计划应考虑的因素:

①各种生产形态(订单维修生产与预约维修生产或小修、维护、大修等);
②当地过去5 年的车辆销售量(保有量)和销售量(保有量)增长率;
③当地未来3 年预计的车辆销售量(保有量)和销售量(保有量)增长率;
④本企业去年的维修量和维修项目结构;
⑤本企业的作业工位数量、场地面积、工具设备和检测仪器的种类和数量;
⑥车间、部门、班组人员的结构,管理人员和技师、技工的数量以及技能状况;

⑦员工的工作时间和工作效率,客户送修车辆车况和需要维修作业的时间;

⑧季节性的维修需求、时段性的活动安排、突发性的事件处理等对各工种的不平衡需求。

3.3.2.2　车辆维修生产能力。车辆维修生产能力是指维修企业在计划期内可以提供的有效生产工时量,计算方法如下:

①按车辆维修计划列出作业次数 a;

②根据作业定额规定列出工时定额 b;

③根据本厂自制配件和修理旧件的计划工时及机具维修、革新计划等工时列出修旧革新工时 c,一般为所担负车辆维修作业总工时计划的 18%~20%;

④作业总工时按作业范围分工种计算,作业总工时等于 a、b 两项乘积再与 c 之和;

⑤根据作业总工时计算应有生产人数,计算方法如下:

需要生产工人数 = 作业总工时/每个生产工人年有效工时

每个生产工人年有效工时 = (365 - 节假日数) × 工作制时间 × 工时利用率

需要生产工人数若等于或小于现有维修工人数,则说明维修能力足够或有余,原则上应提请劳动工资部门列入劳动工资计划予以调整。

3.3.3　编制日预约维修计划

编制日预约维修生产计划,主要是根据客服专员与客户通过电话约定来店日期的方式计划每日来店预约客户数,同时通过预约也能确定一天中预约维修车辆数、每车来店时段、型号及维修服务项目。客服专员与客户预约沟通中,将根据客户的要求综合分析预约车辆维修项目的工时定额、工艺过程、作业方法、配件等待以及车间其他生产计划等相关情况,与客户确定预约维修的时间,形成预约单如表 1-10 所示,交服务前台、车间协调、配件库等相关部门确认,并各部门做好客户来店前的准备工作,另外在预约时间的前一至二天还需制作出日预约汇总表如表 1-11 所示,此表就是每日预约维修计划。

预　约　单　　　　　　　　　　　　　　　　　　　　表 1-10

委托书号:＿＿＿＿＿　　　　　　　　　　　　　　预约日期:＿＿＿年＿＿月＿＿日

顾客姓名/单位名称:＿＿＿＿＿;联系电话:＿＿＿＿＿;牌照号:＿＿＿＿＿;
车型:＿＿＿;颜色:＿＿＿;发证日期:＿＿＿;公里数:＿＿＿;发动机号:＿＿＿;车架号:＿＿＿
□是否需要代用车;　□是否需要取送车;　取送地点:＿＿＿＿＿;取送时间:＿＿＿＿＿; 　　　　　　　　　　　　　　　　送车地点:＿＿＿＿＿;送车时间:＿＿＿＿＿
顾客描述(故障描述):
预期的工作范围:
申请预留配件: 　　　　　　　　　　　　　　　　　　　　　　　　　　　配件部确认:＿＿＿＿
申请预留(或指定): 　　　修理工:＿＿＿;　工作:＿＿＿;　　　　　　　　　　　　车间确认:＿＿＿＿
预约时间:＿＿＿;　取车时间:＿＿＿;　服务顾问姓名:＿＿＿;　预计金额:＿＿＿ 预约登记人:＿＿＿;　再次确认(变更)预约时间:＿＿＿;　再次确认服务顾问:＿＿＿;　备注:＿＿＿

日 预 约 汇 总 表　　　　　　　　　　　　　　　　表 1-11

预约时间	车牌号	车型	客户姓名	联系电话	预约项目	服务顾问	进站时间(门卫填写)

3.4 维修生产调度

生产调度就是组织执行生产进度计划的工作。生产调度以生产进度计划为依据，生产进度计划要通过生产调度来实现。一个生产环节的变化，会引起一连串的问题（如后续工序待工、友邻工种待料等），因此设计一个有效的调度系统是生产计划顺利执行的重要保证。

3.4.1 调度的作用

调度就是根据某一预定目标，在组织实施过程中按照预想计划，随时掌握动态变化，集中控制关键和主要环节、协调平衡上下左右相关各方达到衔接一致，保证预期目标的实现。调度在企业生产运作中具有组织、指挥、控制、协调等四大基本作用。

3.4.1.1 组织作用。调度就是把生产经营活动的各种要素和各个环节以及各个方面尽可能地从空间上和时间上有机地组织起来，发挥最大的作用。其内涵主要有三个方面：一是建立合理的调度管理组织体系。按照"人"是管理的主体，"物"的管理的物质基础，"信息"是管理的依据，"时间"是管理的条件，"环境"是管理的结合要素，全面系统地建立生产经营活动的职责权限，从中理清生产调度管理系统与各个专业管理之间的关系。二是建立健全调度系统岗位结构的组织设置。把专业调度和综合调度及其有关岗位的合理配置，在明确职责权限的基础上，形成调度组织系统的整体优化。三是组织生产经营活动。做到组织生产经营作业计划的制定，按照确定的生产经营作业计划组织供、产、销、运等工作，使生产经营活动有效进行。

3.4.1.2 指挥作用。调度在生产经营活动中及时有效地处理各种问题，领导和调度各级各类人员按照生产经营目标协调配合。其主要内容：一是在随时随地收集信息和掌握进度与情况的基础上，对调度系统网络进行分层分级的权威指挥。二是在组织实施生产经营活动中进行有效交流。三是善于运用坐台调度、现场调度、口语指挥、书面指挥等多种方式方法。

3.4.1.3 控制作用。就是按照既定目标和标准对生产经营活动所进行的监督和检查，掌握信息,发现偏差,找出原因,采取措施,加以纠正,保证预期目标实现。

3.4.1.4 协调作用。就是维护动态平衡,消除动态不平衡,保证生产经营系统内部各个环节的畅通,保证所有生产经营组成部分同步运行,这是调度所发挥的中心作用。

3.4.2 调度系统

因为汽车维修的过程有消费同步性、不可储存性和顾客参与性等特征,所以其调度系统面临不确定因素会比其他生产更多,对调度人员和机构的要求也会更高。

3.4.2.1 调度人员。为保证调度工作的顺利进行和管理目标的实现,每个调度人员须注意工作作风。

①处理问题"严、细、快",多谋善断,善于用科学方法解决问题。

②深入实际,了解生产情况,勤于思考,虚心学习,掌握规律,做到指挥生产心中有数,决不瞎指挥。

③有组织观念和纪律观念,遵守规章制度做表率,工作不拖拉、不推诿、有条理。

④实事求是,反映情况和问题要符合实际。

⑤办事认真,做到"事事有着落,项项有回音,条条有记录"。

⑥尊重群众,善于把调度意图转变为职工的实际行动。

3.4.2.2 调度机构。调度机构设置属于管理架构设计,会影响维修体系整体运营效率与维修质量。客户仅能抱怨一个独立事件,但究其祸源却是企业管理架构上的缺陷。

①传统做法:调度隶属维修车间管辖。业务部门在与客户的服务合同生成之后,其作业内容转交维修车间实施。但是调度不受业务部门所管,会有服务进程与客户需求出现脱节。具体表现在以下的三个方面:一是协调与沟通成为日常工作或管理会议的主要内容;二是需要承担相关责任时,各部门自我保护意识过强;三是工作摩擦经常与工作计划的推进成正比。

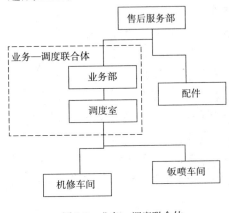

图 1-3 业务-调度联合体

②现在做法:业务-调度联合体,将调度室从维修车间中实施分离,并纳入业务部门的管辖范围。这将有利于业务部直接掌控维修进程与维修系统的人力资源。并优先安排在场等候客户与返工车辆的维修,使车辆维修进程更加合理有序,并更加贴近客户的需求。使企业在运营中不断放大自己的利润附加值成为可能。其管理架构如图1-3所示。

③调度室:对企业而言在维修现场进行组织与管理,并使之提高工效、提高利润附加值与提高客户满意度的职能部门是调度室。对售后服务体系三大部门(业务部门、零件部门与维修部门)在运营中的信息处理,就成为调度室所应负的重任。比如,业务、零件与维修部门互交式的信息都需要根据现场需求的优先级而进行重新排序,排序的速度与质量,以及对信息收发与处理的及时性也就成为了三大部门对调度室工作满意度的评判标准之一,如图1-4所示。

综上所述,调度室就应当成为企业日常运营与管理的唯一枢纽。以改变部分企业以售后服务体系主要管理干部为中心的调度模式。

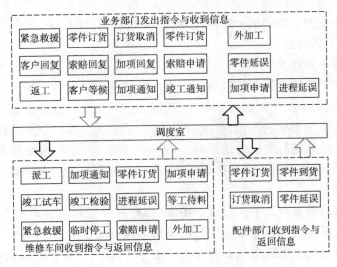

图 1-4 调度室与三大部门关系

4 车辆维修业务开发与设计

汽车维修企业既不生产汽车,也不生产配件,其产品就是无形的服务,每一次服务都是以客户是否满意来判断质量是否合格,并尽量感动客户。企业能够持续运转的原动力,其实就是客户的需求。

4.1 客户需求

汽车维修,表面上是修理汽车,其实质是服务于客户。汽车维修企业绝不能只重视维修质量而忽略了服务质量,必须以市场需求为导向、以满足客户需要为目标,一切围绕服务客户这一中心展开工作。

客户的需求总的来说主要有4点:

①真诚的服务(Cordial);

②准确可靠的维修(Accurate);

③合理的收费(Reasonable);

④快捷高效(Efficient)。

这4点需求英文单词的头字母正好组合成一个英文单词 CARE(关怀),号称"经营之神"的松下幸之助曾说过这样一句话:当你在经营上没有什么奇妙策略时,记住一条就行了,那就是:诚心诚意对待客户!

4.2 市场细分

要制订企业的经营策略,就要研究市场,而研究市场首先就要研究客户的需求,研究需求的第一步就是进行市场细分。所谓市场细分,并不是为产品分类,而是指企业根据客户对同类产品的需求所表现出来的差异性,将客户划分成若干个群组。因此,市场细分实质上是对客户的需求进行细分,就是指企业将同质需求的整体市场,根据客户需求的差异性划分成若干个子市场的过程,即企业按照消费者的一定特性,把原有的市场分割为两个或两个以上的子市场,以便用来确定目标市场的过程。

4.2.1 市场细分的作用

4.2.1.1 有利于发现市场营销机会。运用市场细分可以发现市场上尚未满足的需求,并从中寻找适合本企业去开发的产品与服务,从而抓住市场机会。这种需求往往是潜在的,一般不容易发现,而运用市场细分的手段,就能够发现这类需求,从而使企业抓住市场机会。

4.2.1.2 能有效地制订最优营销策略。市场细分是目标市场选择和定位的前提,企业营销组合的制定都是针对所要进入的目标市场的,离开目标市场的特征和需求的营销活动是无的放矢,是不可行的。

4.2.1.3 能有效地参与竞争。通过市场细分,有利于发现目标消费者的需求特性,从而使服务更有针对性,甚至可以在一定的细分市场形成经营的优势。

4.2.1.4 能有效地扩展新市场。通过市场细分,企业可以先选择最适合自己占领的某些子市场作为目标市场,当占领这些子市场后,再逐渐向外推进、拓展,从而扩大市场的占有率。

4.2.1.5 有利于企业扬长避短。企业必须将整体市场细分,确定自己的目标市场,这一过程正是将企业的优势和市场需求相结合的过程,有助于企业集中优势力量,开拓市场。

4.2.2 市场细分的基本原则

4.2.2.1 可衡量性。用以细分市场的特征必须是可以衡量的,细分出的市场应有明显的特征和区别。

4.2.2.2 可进入性。要根据企业的实力,量力而行。

4.2.2.3 有适当盈利。在细分市场中,被企业选中的子市场必须具有一定的规模,既有充足的需求量,又能使企业有利可图,可实现预期利润目标。

企业要在细分市场中获得盈利,除了考虑市场的规模外,还要考虑市场上竞争对手的情况,如果该市场已经有大量竞争对手,而企业又没有明显的优势,同样不适宜进入该市场。

4.2.2.4 有发展潜力。企业选择的目标市场不能已经处于饱和或者即将饱和状态。

4.2.3 选择细分市场

企业在对不同细分市场评估后,就必须对进入哪些细分市场和为多少个细分市场服务做出抉择。企业可考虑的目标市场模式有五种,即密集单一市场、有选择的专门化、市场专门化、产品专门化和完全市场覆盖。

4.2.3.1 密集单一市场。这是指企业选择一个细分市场集中营销,不是把目标放在整体市场上,而是使目标市场更加集中,选择一个或几个细分化的专门市场作为营销目标,然后集中企业的总体销售优势开展营销和服务,也可以称作集中性目标市场策略。例如,豪华轿车"劳斯莱斯"的生产厂家采用的就是这种策略,将目标市场固定在"有很高的社会地位,追求享受,并且将汽车作为身份地位象征的顾客"这一专门的细分市场上。

一般来说,这一策略适合实力有限的中、小企业,当企业的实力扩大后,采用这一策略的风险就比较大,一旦该细分市场的消费者改变了消费习惯或者出现不景气的情况时,就会使企业无法生存。

4.2.3.2 有选择的专门化。选择若干个细分市场,其中每个细分市场在客观上都有吸引力,并且符合企业的目标和资源,但在单个细分市场之间很少有或者根本没有任何联系。这种方法可以看作是密集单一市场的扩展,这种多细分市场的优势在于,它可以分散企业的风险,即使某个细分市场失去吸引力,企业仍可继续在其他细分市场获取利润。

4.2.3.3　产品专门化。集中提供一种服务,企业向各类客户推销这种服务项目。企业通过这种战略,可以在某项服务方面树立起很高的声誉。一般来说,这种战略适合小型企业。

4.2.3.4　市场专门化。市场专门化是指专门为满足某个客户群的各种需要而开展服务,这种方式的缺点同样在于受该客户群消费习惯的影响过大。

4.2.3.5　完全市场覆盖。完全市场覆盖是指企业用各项服务满足各种客户群体的需求,实力显著的大企业会采用这种市场策略。大企业可采用两种主要的方法,即通过无差异市场营销或差异市场营销达到覆盖整个市场的目的。

4.3　市场定位

市场定位是指企业的服务以一个什么样的形象展现在目标市场中的客户面前,也就是说你的服务与别人不同的地方在哪里,客户为什么要你提供服务而不是别人。市场定位是在细分市场的基础上,确定企业发展的目标市场的过程。确定目标市场时有以下3种策略可供选择:无差异市场营销策略、差异性市场营销策略和集中市场营销策略。

4.3.1　市场定位的原则

并非所有的服务差异化都是有意义或者是有价值的。汽车制造厂可以设计一种豪华轿车,可以供乘客在车厢中收看卫星电视——这是一种差异化,但是未必能让所有消费者感兴趣。每一种差异都可能增加企业的成本,当然也可能增加客户利益。有效的差异化应满足以下7个原则。

①重要性。该差异化能向相当数量的消费者让出较高价值的利益。

②明显性。该差异化是其他企业所没有的,或者是该企业以一种突出、明晰的方式提供的。

③优越性。该差异化明显优越于通过其他途径而获得相同的利益。

④可沟通性。该差异化是可以沟通的,是客户看得见的。

⑤不易模仿性。该差异化是其竞争者难以模仿的。

⑥可接近性。买主有能力购买该差异化。

⑦盈利性。企业将通过该差异化获得利润。

4.3.2　汽车维修企业市场定位

汽车维修企业可以在维修项目、服务、人员、渠道、时间和形象6个方面提供差异化服务。

4.3.2.1　维修项目差异化。并不是每一项服务都有明显的差异化,但是,几乎所有的服务都可以找到一些可以实现差异化的特点。汽车维修是一种可以高度差异化的服务产品,例如:

①特色项目。特色是指基本维修功能的某些增补,要注意的是,并不是每一个特色都值得企业去推行,特色必须是有价值的。同时,企业在为自己的服务设计特色的时候,除了考虑这个特色是否有价值外,还要考虑增加该特色的成本和客户愿意为这项特色多付的费用,比如免拆养护、快速修补、抗磨修复添加剂等。

②性能质量。性能质量是指汽车维修项目的可靠性,这是指在一定时间内汽车将确保使用的可能性。客户一般愿意为维修的可靠性付出高价。由于汽车属于耐用商品,因此维修的

可靠性和耐久性是汽车消费者非常重视的指标。

③保修期。耐用性是衡量一个维修项目在正常使用条件下的预期使用寿命。一般来说，消费者愿意为耐用性较长的服务支付更高的费用。所以，虽然交通主管部门规定的总成大修质量保证期仅为3个月或10000km，但深圳地区各修理厂都做出了高于交通主管部门所规定的保修期限的承诺，大部分厂规定为6个月或15000km，部分厂承诺保修1年，甚至承诺保修3年，当然保修是有条件的，不是无条件的。

4.3.2.2 服务差异化。除了维修项目差异化以外，企业也可以对其所提供的服务实行差异化。汽车维修服务的重要性正日越为汽车维修企业所重视，并且成为决定业绩的一项重要因素，特别是当维修质量较难差异化时，在竞争中取得成功的关键常常有赖于服务的增加和服务的质量。在汽车维修服务中，服务差异化主要体现在：预约方便性、客户培训、技术咨询、上门接送车和后续服务等。

①预约方便性是指如何使客户以最为便捷的方式向维修厂预约维修时间，以提高维修的速度以及修理厂资源的利用率。网络的普及和电子商务的产生为客户提供了一种随时随地可以预约的方式，这种便捷的预约方式已经被广泛采用。

②客户培训是指汽车维修企业对客户进行汽车构造原理以及正确安全使用等知识的培训，比如高速公路安全驾驶、开车如何省油、如何延长汽车使用寿命、如何正确养护爱车等。

③技术咨询是指汽车维修企业为客户无偿地提供车辆维修技术资料与信息，提出维护的建议，车辆交易与更新的顾问等服务，例如：有些厂要求接待人员提醒消费者按时享受企业所承诺的免费走合维护，提醒消费者注意某些常规使用规范等。

④其他服务是指公司还能找到许多方法，提供各种服务来实现服务差异化，比如：客户等候提车时，可到企业专为他们设置的网吧或休息室，儿童可到游乐室玩耍。总之，舒适、便利、无微不至的服务是永远挖掘不尽的。

一般来说，企业在市场定位时必须避免下列两种误区：一是定位混乱，造成客户对企业的维修服务特色模糊不清。这种混乱可能是由于主题太多所致，也可能是由于市场定位变换太频繁所致。二是定位怀疑，客户在汽车实际维修过程中可能发现很难相信该企业在维修特色、服务、人员、价格等方面的所做的一些相关宣传，也就是企业可能没有凸显出其所选择的定位。

市场定位对于企业的意义不仅是寻找细分市场中的空白点，还使其所提供的服务具有竞争优势，以及在消费者心目中树立在某方面"第一"的印象。一旦定位后，其维修项目到促销策略都将围绕着这个定位展开。

4.4 业务开发

企业的经营者和市场开发人员必须具有市场洞察力、政策敏感性、信息捕捉能力，特别是在市场细分后，有利于我们发现市场潜在的需求。所谓潜在需求就是那些客户说不清楚或无法明确表达同行也不知道的客户需求，企业若能及时发现和捕捉这样的市场需求，并使之转化为企业的市场营销机会，企业就能不断发展壮大并获取可观的经济效益。某种需求如果同行都不知道，则表示市场上没有竞争者，谁发现了这种需求，谁就好比发现了一项经营专利。

4.4.1 主业开发

主业是企业某一阶段生产的主要物质商品或服务项目，是企业生存和谋求发展的基础。对汽车维修企业来说，汽车维修就是当仁不让的主业。

4.4.1.1 新维修车种的开发。 随着汽车工业的高速发展，车种更新、技术含量提高，已是汽车制造企业迎合客户个性化消费和提高市场竞争力的主要手段。新车型推出的频率越来越高，汽车维修企业应予高度关注。在具体的维修业务开发过程中，企业应该充分考虑本地区某车型的保有量与实际维修能力之间的平衡关系，考虑保有量的增长趋势，考虑开发该车型维修在技术力量、设备等方面的投入是否可以承受，是否受场地的限制，配件的供货渠道是否畅通，技术资料是否有保障等问题，绝不能仓促上马，以免造成生产经营活动的被动，造成客户的不满意，给企业造成不利的影响。

4.4.1.2 新业态的开发。 一个多元化和国际化的汽车维修市场，其市场化运作的特性决定了其经营业态也绝不可能是一成不变的，汽车维修企业必须以市场需求为导向，唯有适应汽车大市场的需求才能在激烈的市场竞争氛围中立稳脚跟和谋求发展。

以市场需求为导向，在对市场进行分析的同时还应充分分析和研究客户的意见和建议，如从客户的难点、抱怨等方面着手挖掘。近年来在国内汽修市场兴起的汽车快修站就是这方面的一个很好的例子。

随着我国国民经济和汽车工业的高速发展，特别是随着我国人民生活水平的不断提高，汽车进入家庭成为人们的代步工具的趋势正在加快，汽车维修业的服务主体已逐渐向私家车转变。多数私家车主对汽车专业知识相对缺乏，他们在遇到各种汽车故障时束手无策，因而迫切希望得到专业化、规范化、个性化的售后服务，对汽车维护的需求主要体现在"优质、快捷、实惠"3个方面。优质，即服务人员素质好、业务精、维修和服务质量有保证；快捷，即维修网点密度大能就近维修，维修程序简便；实惠，即维修价格要适宜，防止垄断价格的出现。我国汽修业长期以来形成的"特约店＋大型综合维修厂＋低档路边店"为主的产业格局已不能满足市场的需求，这就要求维修企业必须在体制、理念上求新，通过实行成本领先战略、差异化战略、专一化战略来谋求企业在细分市场中的新定位。为此，通过借鉴国外同行的成功经验，为满足客户"优质、快捷、实惠"的维修需求，一个以"短（路程短）、平（价格平）、快（速度快）"为标志的汽车快修站（汽车快修站即指设立在公路、城市道路沿线或社区、商业聚集区周边，从事汽车快速维修项目作业，并实行24h承诺维修服务的营业性汽车维修企业）的新业态便在市场的呼唤中应运而生了。

自2001年开始，在上海、深圳、北京、沈阳等大中城市，一批以统一企业标识、统一品牌形象、统一识别服、统一采购与配送、统一服务项目、统一服务程序的汽车快修连锁店悄然出现在公路、城市道路沿线或社区、商业聚集区周边，如美国德科、德国博世及中国强生快车手、中车快修、新焦点、百援等一批知名的汽车快修连锁集团在短短的几年里迅速发展和壮大了起来。上海市和浙江省还先后出台了《上海市汽车快修站开业条件》和《浙江省汽车快修（连锁）业户经营条件》等地方性标准和地方性法规，积极引导快修新业态走专业化连锁经营的道路，以此来加速汽车维修行业的集约化、专业化、规模化建设。

4.4.2 相关延伸业务开发

相关延伸业务是汽车维修企业为促进维修主业的发展，围绕着提高客户满意度这一中心，从便利客户、为客户提供超值服务或解决客户在送修过程中的难点问题而开展的一系列服务。它是维修活动中的辅助工作,但也是提高企业市场竞争力的有效手段之一。

4.4.2.1 相关延伸业务开发原则。相关延伸业务的开发必须坚持以"客户为中心"的原则,以解决客户的热点、难点问题为突破口,以有利于促进维修主业的发展,有利于培养忠诚客户,有利于提高客户的满意度,有利于提高企业自身的形象为出发点,要充分挖掘企业的长处、发挥企业的特点,也要认真考虑企业的承受能力,切忌盲目仿效、虎头蛇尾。

企业的市场开发人员应该在日常的工作中做个有心人,注意观察和搜集客户在平时的交谈或抱怨中所反映出来的愿望、无奈和难处,培养敏锐的市场嗅觉和信息捕捉能力,并从客户的角度出发,运用市场调查、分析、研究的方法从中提炼出真正的市场需求,并结合企业自身的特色开发出客户感兴趣的服务项目。

4.4.2.2 相关延伸业务开发案例。目前,汽车维修市场中比较成功的相关延伸业务有:维护验车一条龙服务,代客户接送车服务,抛锚救援服务,代交各种费用服务,提供代用车服务,维护提醒服务等。

思考与练习

一、简答题

1. 什么是企业的生产与运作?
2. 简述车辆维修企业的前台服务和后台生产过程。
3. 汽车维修企业应如何对待客户的投诉?
4. 企业的生产调度对现场运作有哪些作用?
5. 汽车维修企业应该怎样在市场中定位?

二、选择题

1. 现代汽车维修一般采用"以_____为中心"的七步法的典型服务流程。
   A. 质量　　　　B. 客户　　　　C. 业务　　　　D. 效益
2. 汽车维修企业通过客户预约工作可以有效地控制_____,防止生产失衡。
   A. 时间　　　　B. 设备的使用　　C. 客户数量　　D. 备件数量
3. 环车检查法是_____的一种方法。
   A. 初步检查　　B. 质量检验　　C. 质量控制　　D. 过程检验
4. 服务顾问从客户预约、进厂直到客户离厂实行_____的跟踪服务。
   A. 优质　　　　B. 热情　　　　C. 友好　　　　D. 全程
5. 合同评审应在_____之前进行。
   A. 接待客户　　B. 向顾客作出承诺　C. 维修竣工　　D. 投入生产
6. 质量是使客户满意的_____。
   A. 前提　　　　B. 条件　　　　C. 基础　　　　D. 渠道
7. 计划就是现在对达成未来目标的_____,它是一种创新的思维活动。
   A. 一种展示　　B. 详细规划　　C. 一种描述　　D. 估计

8.市场细分实质上是对客户的_____进行细分。
   A.需求　　　　B.种类　　　　C.消费水平　　　　D.表现

三、判断题
1.现代汽车维修企业一般采用"以客户为中心"的六步法服务流程。（　　）
2.汽车维修企业通过客户预约工作可以有效地控制客户数量,防止生产失衡。（　　）
3.环车检查法是质量控制的一种方法。（　　）
4.服务顾问从客户预约、进厂直到客户离厂实行全程的跟踪服务。（　　）
5.合同评审应在维修竣工之前进行。（　　）
6.汽车维修质量保证期,应从车辆进入维修之日算起。（　　）
7.有无品牌意识,是现代企业与传统企业的一个主要区别之一。（　　）
8.推行客户满意战略,首先必须确立"客户第一"的观念。（　　）

四、思考题
1.为什么汽车维修企业要开展预约服务?
2.为什么要进行合同评审?
3.为什么要对维修工作进度进行控制?
4.为什么汽车维修企业要实行"客户满意"战略?
5.为什么说通过网络平台,汽车维修业态正悄悄发生着变化?

附录 机动车维修合同示范文本

合同编号：

甲方(承修方)：　　　　　　　乙方(托修方)：
　　　　　　　　　　　　　　乙方营业执照号(组织机
　　　　　　　　　　　　　　构代码或个人身份证号)：

甲方联系方式：　　　　　　　乙方联系方式：
合同签订地点：

　　甲、乙双方本着平等自愿、等价有偿原则，根据《中华人民共和国合同法》、交通部2005年第7号令《机动车维修管理规定》等有关内容，经诚信协商，签订以下机动车维修合同。

一、有关维修的约定

1. 托修车辆基本信息

车牌号码		号牌颜色		品牌型号	
车架号/VIN				发动机号码	
行驶里程(km)		注册登记日期		车身颜色	

2. 托修车辆维修项目：_____
_____。

3. 配件提供方式。车辆维修需更换配件的，由_____提供。配件选用_____（原厂配件、副厂配件、旧配件、修复配件）。如甲乙双方混合提供或混合选用，附清单说明。

4. 甲、乙双方约定维修工时费收费标准按下列第____种方法计算。
（1）工时单价为_____元/工时。
（2）维修工时费为_____元。
（3）混合采用上述两种计算方法(附具体维修项目和对应收费标准)。
预计维修费总金额为人民币(大写)_____元，乙方预付金额为人民币(大写)_____元。甲方在维修过程中，确需增加维修项目，扩大维修范围的，应事先征得乙方同意并签订补充维修合同。补充维修合同与本合同具有同等法律效力。
上述费用为概算费用，结算时凭结算清单，按实际发生金额结算。

5. 自合同签订之日起____日内，乙方应将车辆送至甲方维修。维修期限自车辆进厂办理完交接手续之日起____日内，若配件由乙方自备，则维修期限应从乙方向甲方交付自备配件之日起计算。维修期限届满或在维修期限内经甲方通知，乙方应在_____日内到甲方处验收车辆。验收标准为_____，验收方式为_____。验收合格，乙方结清费用后接车。

6. 结算方式为_____。结算期限为乙方验收合格之日起_____日内。

7. 维修车辆的质量保证期为_____km或____日。质量保证期从维修竣工交付之日起计算,以行驶里程或日期指标先达到者为准。本合同约定的质量保证期可以高于,但不得低于有关法规、规章规定的机动车维修竣工出厂质量保证期。

在质量保证期内,车辆因同一故障或者维修项目经两次修理仍不能正常使用的,甲、乙双方应协商确定其他机动车维修经营者进行修理,相应修理费用由甲方承担。

8. 甲方或乙方委托代理人签订维修合同的,应出具授权委托书,写明委托事项及代理权限。

9. 甲、乙双方协商约定,若乙方未在规定的时间内结清维修费用,甲方对该修竣车辆____(享有,不享有)留置权。若甲方享有留置权,则乙方未在规定的时间内支付维修费用,并经甲方催告后自支付期限届满之日起____个月(至少两个月)内仍未支付维修费用的,甲方有权就该送修车辆与乙方协议折价,或将该送修车辆拍卖或变卖后优先受偿维修费用。该送修车辆折价、拍卖或变卖后,其价款超过维修费用部分归乙方所有,不足部分由乙方继续清偿。

乙方可在签订机动车维修合同过程中,与甲方约定排除甲方对该送修车辆享有留置权。

二、双方权利义务

甲方权利义务

1. 甲方应按照国家有关维修标准和规范或双方约定的其他质量要求维修车辆。

2. 甲方不得使用假冒伪劣配件维修车辆,使用旧配件或修复配件维修车辆的,该配件应达到相关产品的质量标准,并征得乙方书面同意。因甲方提供的配件原因造成车辆维修质量问题的,甲方应承担损害赔偿责任。

3. 若配件由乙方提供,对无配件合格证明或配件有表面瑕疵的,甲方应拒绝使用,并要求乙方尽快重新提供配件。维修期限自乙方提供合格的自备配件之日起开始计算。

4. 未经乙方同意,甲方不得擅自更换由乙方提供的配件。对于不需要更换的零部件,甲方不得更换。

5. 甲方应妥善保管送修车辆及乙方提供的配件。因保管不善造成配件损伤、毁坏、灭失的,甲方应承担相应的赔偿责任。

6. 甲方向乙方交付修竣车辆时,应向乙方提供结算票据、维修结算清单和维修记录,车辆进行二级维护、总成修理、整车修理的,甲方还需建立维修档案并向乙方提供《机动车维修竣工出厂合格证》。

7. 甲方应以自己的设备、技术和人员维修车辆。若甲方将车辆交由第三人维修,应经乙方书面同意。未经乙方同意,甲方将车辆交由第三人维修,乙方有权解除合同,由此产生的法律责任由甲方承担。无论乙方是否同意,甲方均应承担由该第三人维修车辆所产生的法律责任。

8. 甲方收取维修费用不得超过经当地道路运输管理机构备案并对外公示的维修收费项目及收费标准。

9. 甲方有权要求乙方支付维修费用。

乙方权利义务

1. 乙方应在规定的时间内向甲方交付维修车辆、提供自备配件、验收修竣车辆并接车。因乙方迟延验收车辆或迟延接车,车辆因不可抗力毁损灭失的风险由乙方自行承担;甲方因乙方迟延而保管车辆产生的合理费用由乙方承担。

2. 车辆经验收合格的,乙方应按约定向甲方支付维修费用并接车。

3. 送修车辆为事故车,乙方应向甲方提供事故责任认定书或事故调解协议等有效证明。

4. 乙方自备配件的,应当提供配件合格证明。因自备配件原因造成车辆维修质量问题的,乙方应自行承担责任。乙方支付费用更换的配件,有权要求取回旧配件。

5. 车辆进行二级维护、总成修理、整车修理的,若甲方未签发《机动车维修竣工出厂合格证》,乙方有权拒绝支付维修费用。

6. 甲方不出具规定的结算票据、维修结算清单和维修记录的,乙方有权拒绝支付维修费用。

7. 甲方在维修过程中需要乙方提供协助的,乙方应当履行协助义务。

三、其他条款

1. 维修合同签订后,任何一方不得擅自变更或解除。因擅自变更或解除合同使一方遭受损失的,除依法可以免责外,应由责任方负责赔偿。

2. 甲、乙双方因不可抗力不能履行合同的,可部分或者全部免除责任。当事人迟延履行后发生不可抗力的,不能免除责任。

3. 双方约定的违约金为预计维修金额的_____%。

4. 双方因履行合同产生的争议可由双方协商解决,也可由双方共同向有关部门申请调解。双方还可约定以下第____种方式解决合同争议:
①向_____申请仲裁;②向法院起诉。
合同成立或生效与否以及合同的变更与解除,均不影响本争议解决条款的效力。

5. 双方约定的其他条款。

(1)有关燃、润料提供方式及由此产生责任归属的约定:

(2)有关甲方逾期修竣车辆赔偿及是否提供代用车辆的约定:

(3)有关维修车辆其他质量要求的约定:

(4)其他：

6.本合同正本一式两份，甲、乙双方各执一份。合同经甲、乙双方签章后生效。

甲方：(签章)   乙方：(签章)
法定代表人：   法定代表人：
代　理　人：   代　理　人：
日　　　期：   日　　　期：

说　　明

一、凡本合同所附的配件选用情况清单、维修项目及收费标准清单和双方约定的其他条款均为合同组成部分。

二、机动车维修实行竣工出厂质量保证期制度。汽车和危险货物运输车辆整车修理或总成修理质量保证期为车辆行驶20000km或者100日；二级维护质量保证期为车辆行驶5000km或者30日；一级维护、小修及专项修理质量保证期为车辆行驶2000km或者10日。摩托车整车修理或总成修理质量保证期为摩托车行驶7000km或者80日；维护、小修及专项修理质量保证期为摩托车行驶800km或者10日。其他机动车整车修理或总成修理质量保证期为机动车行驶6000km或者60日；维护、小修及专项修理质量保证期为机动车行驶700km或者7日。质量保证期中行驶里程和日期指标，以先达到者为准。机动车维修质量保证期自机动车维修竣工出厂之日起计算。如甲方对外承诺的质量保证期高于上述标准，则应当执行甲方承诺的质量保证期。

单元二　生产技术管理

学习目标

知识目标

1. 简述我国现行的车辆维修制度，汽车维修技术管理的相关规章制度和常用技术经济指标；
2. 正确描述汽车维修的分类、维护周期、修理方法、作业方式等；
3. 正确描述汽车日常维护、一级维护、二级维护和走合期维护的主要内容和工艺流程；
4. 正确描述汽车修理的主要生产过程、零件修复方法、技术检验标准等；
5. 正确描述汽车维修的质量控制、竣工验收的方法和要求；
6. 简述汽车维修企业建立健全内部质量保证体系，开展全面质量管理活动的意义和效果。

能力目标

1. 能解决典型汽车各级维护作业项目的安排问题；处理汽车二级维护的质量控制和竣工检验结果；
2. 会做汽车典型零件技术检验，能解决典型零件可用、可修或不可修的区分问题；
3. 会分析汽车修理质量检查评定的结果，熟悉"三单一证"在汽车维修过程中的作用。

生产技术管理是企业管理的一个重要组成部分，是企业通过各种技术手段（包括计划、组织、协调和控制等）对生产业务的运作过程进行管理，以达到生产合理、准确、及时、有序、安全和有效的目的。企业的生产技术管理不仅要有管理者、各级领导的作用，也需要全体员工的积极参与。在此主要介绍汽车维护技术管理、汽车修理技术管理、汽车维修技术经济指标和汽车维修质量控制等运作过程。

1　汽车维护技术管理

汽车维护技术管理的目的是保持车辆技术状况良好，保证安全生产，充分发挥运输汽车的效能和降低运行消耗，以取得良好的经济效益、社会效益和环境效益。汽车经使用一定的行驶里程或时间间隔后，根据汽车维护技术标准，按规定的工艺流程、作业范围、作业项目、技术要求所进行的预防性维护作业就是汽车维护。

1.1 汽车维护制度

随着汽车技术和质量水平的提高,汽车维护的重要性越显突出。汽车通过有效维护,汽车修理工作量的逐渐减少,维护的工作总量已大于修理量。汽车维修的重点已转移到维护工作上,维护已重于修理。

1.1.1 实行汽车维护的重要性

汽车作为机械产品,随着其运行里程的增加,技术指标会不断变差,只有通过维护,才能使其恢复完好状态。在二级维护制度中汽车维护的指导原则是"预防为主、定期检测、强制维护",即二级维护前通过检测,准确地判定故障部位,进行技术评定,有针对性地进行总成修理,它是状态检测下的维修制度。

二级维护制度的理论基础是零件的磨损规律,加上可靠性工程和数理统计理论,也就是说,二级维护制度,不仅考虑了磨损零件的情况,而且考虑到一些老化、变质、变形、蚀损等,即全面考虑了汽车在使用过程中的变化情况。这样,实施汽车二级维护制度对延长汽车的使用寿命、保证汽车安全性、降低排放污染、提高经济效益具有巨大作用。

实行"预防为主、定期检测、强制维护"的重要性主要体现在以下一些方面。

1.1.1.1 汽车构成比例变化和汽车技术发展的要求。当今世界汽车技术日新月异,新结构层出不穷,特别是电子技术等在汽车上的广泛采用,使汽车维修行业面临着不断变化和发展的新形势,我国在用汽车已普遍采用电控燃油喷射系统、防抱死制动系统、自动变速系统、电控悬挂装置等先进技术和设备。为适应这些现代车辆维修的需要,迫切要求与现代车辆维修相适应的检测设备和技术,也迫切需要与现代车辆维修相适应的汽车维护、检测、诊断技术规范。

1.1.1.2 保护大气环境的要求。我国汽车排放控制的核心是在用车的排放控制。新车转化为在用车之前,可以通过严格的法律法规和具体的行政手段,使其排放指标得到有效控制;对于没有利用价值和将要或必须报废的车辆,也不存在排放控制的现实问题;而在用车随着车况变化,排放污染则将逐渐加剧。因此,对汽车排放污染的控制,主要是控制在用车的排放污染。

实践证明,国内外治理在用车排放污染,采用加强在用车的检查/维护(I/M)制度,是目前最科学、合理、经济、有效的汽车排放污染控制途径。

I/M制度就是通过对在用车进行检查,确定其技术状况,特别是确定排放污染严重的原因后,有的放矢地采取维护措施,最大限度地降低排放污染物。我国GB/T 18344—2001《汽车维护、检测、诊断技术规范》,通过不解体检测诊断,确定附加作业项目,进行强制维护,保证车辆技术状况,对治理在用车排放污染有一定成效。《汽车维护、检测、诊断技术规范》在体现I/M制度,考虑安全性的同时,强制所有在用车进行二级维护,建立控制在用车污染物排放强制维护制度。

1.1.1.3 与国际接轨的要求。我国已加入世界贸易组织(WTO),进口汽车大量涌入,汽车维修市场势必更加开放,我们必须加快技术法规建设的步伐,这是培养和发展统一、开放、可控、自主、有序的汽车维修市场的根本保障。我国汽车维修行业投身到国际汽车维修市场中去,是世界经济一体化和贸易全球化的必然趋势,因此我国汽车维护与修理必须与国际接轨,汽车维修标准也必须与国际接轨。

1.1.2 汽车维护的原则

根据交通部的《汽车运输业车辆技术管理规定》,汽车维护应贯彻预防为主、定期检测、强制维护的原则,即汽车维护必须遵照交通运输管理部门规定的行驶里程或间隔时间,按期强制执行,不得拖延,并在维护作业中遵循汽车维护分级和作业范围的有关规定,保证维护质量。

汽车维护是预防性的,保持车容整洁,及时消除发现的故障和隐患,防止汽车早期损坏是汽车维护的基本要求。汽车维护的各项作业是有计划的、定期执行的,其内容是依照汽车技术状况变化规律来安排的,并做在汽车技术状况变坏之前。

定期检测是指汽车在进行二级维护前必须用测试仪器或设备对汽车的主要使用性能和技术状况进行检测诊断,以了解和掌握汽车的技术状况和磨损程度,并作出技术评定,根据结果确定该车的附加作业或小修项目,结合二级维护一并进行。

强制维护是在计划预防维护的基础上进行状态检测的维护制度。汽车的维护工作必须遵照交通运输管理部门或汽车使用说明书规定的行驶间隔里程或间隔时间,按期执行,不得任意拖延。

因此,坚持预防为主、定期检测、强制维护的原则,做好汽车维护工作并按照《汽车维护、检测、诊断技术规范》的要求定期进行,是有效保持汽车良好技术性能的唯一途径。

1.1.3 汽车维护的分别

1.1.3.1 汽车维护分级。在汽车的使用过程中,由于汽车的新旧程度、使用地区条件的不同,在各个时期对汽车维护作业项目也不同。根据《汽车维护、检测、诊断技术规范》有关规定,汽车维护分为日常维护、一级维护、二级维护三种级别。维护作业以清洁、检查、补给、润滑、紧固和调整为主,维护范围随着行驶里程的增加逐步扩大,内容逐步加深。

①日常维护是驾驶员为保持汽车正常工作状况的经常性工作,其作业的中心内容是清洁、补给和安全检视,通常是在每日出车前、行车中和收车后进行的车辆维护作业。

②一级维护是对经过较长里程运行后的汽车,由维修人员对汽车安全部件进行的检视维护作业。其作业中心内容除日常维护作业外,以清洁、润滑、紧固为主,并检查有关制动、操纵、灯光、信号等安全部件。

③二级维护是由维修企业负责执行的汽车维护作业,其作业中心内容除一级维护作业外,以检查、调整为主,并拆检轮胎,进行轮胎换位。这是汽车经过更长里程运行后,必须对车况进行较全面的检查、调整,以维持其良好的技术状况和使用性能,确保汽车的安全性、动力性和经济性等达到使用要求。

④根据汽车有关强制维护管理方面的规定,在汽车维护作业中除主要总成发生故障必须解体外,不得对其他总成进行解体。为减少重复作业,季节性维护和维护间隔较长的项目(指超出一、二级维护项目以外的维护内容),可结合一、二级维护进行。在汽车二级维护前应进行检测诊断和技术评定,根据结果确定附加作业或小修项目,结合二级维护一并执行。

1.1.3.2 各级维护周期。汽车日常维护通常是在每日出车前、行车中和收车后进行。汽车一级和二级维护周期的确定,一般根据车辆使用说明书的有关规定,或是依据汽车使用条件的不同,由省级交通行政主管部门规定汽车行驶里程。对于不便用行驶里程统计、考核的汽车,可用行驶时间间隔确定汽车一、二级维护周期。其间隔时间(天)应依据本地区汽车使用强度和条件的不同,参照汽车一、二级维护里程周期,由各地自行规定。

由于引进车型的维护规定与我国汽车强制维护规定的内容有所不同,为保证汽车的合理使用,在汽车实际维护工作中应以厂家规定内容为准。

汽车强制维护周期的长短虽然各车型产品要求不一,但从作业的深度来看,都基本上分为两级,相当于《汽车维护、检测、诊断技术规范》中提出的一级维护和二级维护。表2-1所示为上海大众特约服务站执行的帕萨特轿车保养单。按规定帕萨特轿车保养分为新车首次保养(7500km)和常规保养(15000km)。通常保养周期和内容与汽车的结构、里程、强化程度和使用条件等有关。4S店及授权维修服务站主要根据制造商提供的汽车使用说明书、维修手册和维护保养单来确定保养周期和内容。

1.1.3.3　汽车维护周期的确定举例。上海市道路运输管理部门核发道路运输证的二级维护周期以行驶里程13000 km为基本依据,采用时间间隔来确定维护周期。在上海市从事货运的车辆,二级维护间隔时间为6个月;从事跨省旅客运输的客运车辆二级维护间隔为4个月,其中9座以下客运车辆二级维护间隔为3个月。使用期在7年以内(含7年)的进口汽车可以按原厂说明书的规定执行。

1.1.4　汽车维护主要内容

汽车维护的主要工作内容有清洁、检查、补给、润滑、紧固和调整等。

1.1.4.1　清洁工作。清洁工作是提高汽车维护质量、防止机件腐蚀、减轻零部件磨损和降低燃油消耗的基础,并为检查、补给、润滑、紧固和调整工作做好准备。其工作内容主要包括对燃油、机油、空气滤清器滤芯的清洁、汽车外表的养护和对有关总成、零部件内外部的清洁作业。

1.1.4.2　检查工作。检查工作是汽车维护的重要工作之一,通过对汽车的检查,能确定零部件的变异和损坏。其工作内容主要是检查汽车各总成和机件是否齐全,连接是否紧固;是否有漏油水、漏油、漏电和漏气等现象;利用汽车上的指示仪表、警报装置等随车诊断装置,检查各总成、机构和仪表等技术状况,对影响汽车安全行驶的转向、制动、灯光等工作情况应加强检查;汽车拆检或装配、调整时应检查各主要部分的配合间隙。

1.1.4.3　补给工作。补给工作是指在汽车维护中,对汽车的燃油、润滑油料及特殊工作液体进行加注补充;对蓄电池进行补充充电、对轮胎进行补气等作业。要使汽车得到良好润滑,必须选用合适的品种,并及时正确地添加或更换润滑油料。

1.1.4.4　润滑工作。润滑工作是为了减少有关摩擦副的摩擦力,减轻机件的磨损。其工作内容包括按照汽车的润滑图表和规定的周期,用规定牌号的润滑油或润滑脂进行润滑;各油嘴、油杯和通气塞必须配齐,并保持畅通;发动机、变速器、转向器、驱动桥等应按规定补充、更换润滑油。

1.1.4.5　紧固工作。紧固工作是为了使各部机件连接可靠,防止机件松动的维护作业。汽车在运行中,由于振动、颠簸、热胀冷缩等原因,会改变零部件的紧固程度,以致零部件失去连接的可靠性。紧固工作的重点应放在负荷重且经常变化的各部机件的连接部位上,以及对各连接螺栓进行必要的紧固和配换。

1.1.4.6　调整工作。调整工作是保证各总成和机件长期正常工作的重要一环,调整工作的好坏,对减少机件磨损、保持汽车使用的经济性和可靠性有直接的关系。其工作内容主要是按技术要求,恢复总成、机件的正常配合间隙及工作性能等作业。

帕萨特轿车维护保养单

表 2-1

维修站代号:743_____ 委托单号:_____ 车牌号:_____ 发动机号:_____
底　盘　号:_____ 行驶里程:_____ 送修日期:_____ 交车日期:_____

7500	15000	25000	35000	45000	55000	65000	75000	85000	95000	105000	115000	125000	135000	145000	155000	165000	175000	185000	195000	205000	215000	225000	235000	245000

保养类型	保养内容	保养检查情况		
		正常	不正常	已调整
15000km 之后的每 10000km 常规保养 / 15000km 常规保养 / 7500km 首次保养	1 车身内外照明电器,用电设备检查功能: (1)组台仪表指示灯,阅读灯,化妆镜灯,时钟,手套箱照明灯,点烟器,喇叭,电动摇窗机,电动外后视镜,暖风空调系统,收音机 (2)近光灯,远光灯,前雾灯,转向灯,警示灯 (3)驻车灯,后雾灯,制动灯,倒车灯,车牌灯,行李箱照明灯 2 自诊断:用专用诊断设备 VAS 505X 读取各系统控制器内的故障存储信息 3 安全气囊和安全带:目测外表是否受损,并检查安全带功能 4 多功能转向盘,检查各按键的功能 5 驻车制动器:检查,必要时调整 6 前风窗玻璃落手槽排水孔:清洁 7 雨刮器/清洗装置:检查雨刮片,必要时更换;检查清洗装置功能,必要时调整并加注清洗液 8 发动机舱:检查燃油管路、真空管路、电气线路、制动管路、ATF 油冷却器管路是否存在干涉或损坏,必要时调整 9 发动机机油及机油滤清器:更换(行驶里程较少的车辆建议每 6 个月更换)(注:如拆卸机油底壳放油螺栓,必须更换)选择机油类型:□专用机油 □优选机油 □高端机油 10 冷却系统:检查冷却液点数值____℃,检查系统是否泄漏,必要时补充原装冷却液(G12++或 G0)(标准值:-35℃,极寒地区低于 -35℃)。请使用折射计 T10007 检测冷却液冰点数值 11 空气滤清器:清洁罩壳和滤芯 12 蓄电池:观察蓄电池上电眼,必要时使用 MCR 341V 检测蓄电池状况,检查正负极连接状态 13 前照灯:检查灯光,必要时调整(若配备大灯清洗装置检查功能,必要时调整) 14 助力转向系统:检查是否泄漏,检查转向液液面,必要时加注 15 转向横拉杆/稳定杆/连接杆:检查是否有间隙,连接是否牢固 16 车身底部:检查燃油管,制动液管是否干涉以及底部保护层是否损坏,排气管是否泄漏,固定是否牢靠 17 底盘螺栓:检查并按规定力矩紧固 18 制动系统:检查制动管路是否泄漏,检查制动液液面,必要时补充 19 轮胎/轮毂(包括备胎):检查轮胎磨损情况,必要时进行轮胎换位,同时校正轮胎气压 20 车轮固定螺栓:检查并按规定力矩紧固 21 试车:性能检查 22 保养周期显示器:复位 23 空调系统冷凝排水:检查,必要时清洁 24 灰尘及花粉过滤器:更换滤芯(行驶里程较少的车辆建议每 12 个月更换) 25 空气滤清器:更换滤芯(行驶里程较少的车辆建议每 12 个月更换) 26 活动天窗:检查功能,清洁导轨,涂敷专用油脂 27 车门限位器,固定销,门锁,发动机盖/行李箱盖铰链和锁扣:检查功能并润滑 28 散热电子风扇线束线接插座:检查 29 手动变速箱/自动变速箱/传动轴护套:检查有无渗漏和损坏,连接是否牢固			
其他保养项目	30 发动机燃烧室和进气道:用内窥镜检查积碳情况(首次 25000km,之后每 30000km),必要时请使用上海大众专用汽油清净剂 31 火花塞:更换(首次 25000km,之后每 30000km) 32 楔形皮带:检查(首次 25000km,之后每 30000km),必要时更换;更换(首次 115000km,之后每 120000km) 33 凸轮轴齿形皮带:检查(首次 55000km,之后每 30000km),必要时更换;更换(首次 115000km,之后每 120000km) 34 齿形皮带张紧轮:检查(首次 55000km,之后每 30000km),必要时更换;更换(首次 115000km,之后每 120000km) 35 活动天窗排水功能:检查(首次 25000km,之后每 30000km),必要时清洁 36 制动盘及制动摩擦片:检查厚度及磨损情况(首次 25000km,之后每 30000km),必要时更换 37 手动变速器:检查变速箱齿轮油液位(首次 55000km,之后每 60000km),必要时补充或更换 38 自动变速器:检查变速箱 ATF 油液位(首次 55000km,之后每 60000km),必要时补充或更换 39 燃油滤清器:更换(首次 55000km,之后每 60000km) 40 尾气排放:检测(首次 25000km,之后每 30000km)			
特殊项目	41 制动液:更换(每 24 个月或每 50000km,以先到者为准)			

第一联 维修站存档联　第二联 客户联

说明:1)本表的保养内容适用于上海大众生产的帕萨特 2.0/1.8T/2.8V6 车型。保养项目需根据车型的不同配置进行选择。
2)本表的保养内容和周期是根据汽车在正常行驶情况下制定的。对于使用条件比较恶劣的车辆,特别是经常停车/起动以及常在低温情况下使用的车辆,应经常检查机油液面,并建议每 5000km 更换机油和机油滤清器。
3)在灰尘较大环境里行驶的车辆,应缩短空气滤清器和空调滤清器花粉过滤器的保养间隔(如每 5000km 更换)。注:花粉过滤器滤芯脏污将影响空调制冷效果,空气滤清器滤芯脏污可能导致涡轮增压器损坏,请注意检查并及时更换。
4)每次保养时请在表格上方的里程表相应的空格位置内打勾。
5)本表内容将根据车辆技术状态变化进行调整,请以最新版本为准。

检修工签字(日期):_____　检验员签字(日期):_____　客户签字(日期):_____

1.2 汽车维护生产工艺

1.2.1 日常维护技术规范

日常维护是保持汽车正常状况的基础工作,由驾驶员负责完成。日常维护的好坏,直接影响到行车的安全。为了预防事故和保证行车安全,驾驶员必须了解和掌握汽车的技术状况,汽车在使用时,必须坚持进行日常维护。

1.2.1.1 日常维护作业的工艺流程如图2-1所示。

1.2.1.2 日常维护作业内容与要求。日常维护是属于预防性的维护作业,是驾驶员的一项重要职责,也是车队的一项经常性的技术工作。因此,必须强制执行汽车的日常维护工作,坚持出车前检查、行驶中检查和收车后检查的"三检制度";检查传动、行驶机件和操纵机构的可靠性;维护整车和各总成件的清洁;紧固松动的连接件等。

1.2.2 一级维护技术规范

1.2.2.1 一级维护作业的工艺流程如图2-2所示。

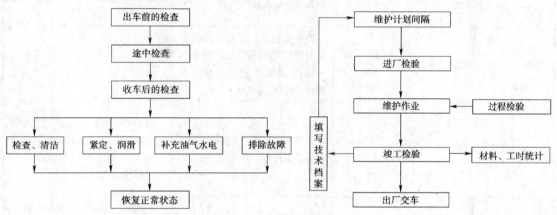

图2-1 日常维护作业的工艺流程图　　　　图2-2 一级维护作业的工艺流程图

1.2.2.2 一级维护作业内容与要求。汽车一级维护是二级维护的基础,由专业维修人员负责执行。汽车一级维护作业的中心内容除日常维护作业外,以清洁、润滑、紧固为主,并检查有关制动、操纵等安全部件。具体作业项目与汽车结构形式有关,主要根据汽车使用说明书、维修手册推荐或有关的汽车维护技术标准的规定而确定。汽车一级维护作业项目及技术要求见表2-2。

汽车一级维护作业项目及技术要求　　　　表2-2

序 号	项 目	作业内容	技术要求
1	点火系	检查,调整	工作正常
2	发动机空气滤清器、空压机空气滤清器、曲轴箱通风系空气滤清器、机油滤清器和燃油滤清器	清洁或更换	各滤芯应清洁无破损,上、下衬垫无残缺,密封良好;滤清器应清洁,安装牢固
3	曲轴箱油面、化油器油面、冷却液液面、制动液液面高度	检查	符合规定

续上表

序号	项目	作业内容	技术要求
4	曲轴箱通风装置、三元催化转换器	外观检查	齐全、无损坏
5	散热器、油底壳、发动机前后支垫、水泵、空压机、进排气支管、化油器、输油泵、喷油泵连接螺栓	检查校紧	各连接部位螺栓、螺母应紧固,锁销、垫圈及支垫应完好有效
6	空压机、发电机、空调机胶带	检查胶带磨损、老化程度、调整胶带松紧度	符合规定
7	转向器	检查转向器液面及密封状况,润滑万向节十字轴、横直拉杆、球头销、转向节等部位	符合规定
8	离合器	检查调整离合器	操纵机构应灵敏可靠;踏板自由行程应符合规定
9	变速器、差速器	检查变速器、差速器液面及密封状况,润滑传动轴万向节十字轴、中间轴承,校紧各部连接螺栓,清洁各通气塞	符合规定
10	制动系	检查紧固各制动管路,检查调整制动踏板自由行程	制动管路接头应不漏气,支架螺栓紧固可靠;制动连动机构应灵敏可靠、储气筒无积水,制动踏板自由行程符合规定
11	车架、车身及各附件	检查、紧固	各部螺栓及拖钩、挂钩应紧固可靠,无裂损,无窜动,齐全有效
12	轮胎	检查轮辋及压条挡圈;检查轮胎气压(包括备胎)并视情况补气;检查轮毂轴承间隙	轮辋及压条挡圈应无裂损、变形;轮胎气压应符合规定,气门嘴帽齐全;轮毂轴承间隙无明显松旷
13	悬架机构	检查	无损坏,连接可靠
14	蓄电池	检查	电解液液面高度应符合规定,通气孔畅通,电桩夹头清洁、牢固
15	灯光、仪表、信号装置	检查	齐全有效,安装牢固
16	全车润滑点	润滑	各润滑嘴安装正确,齐全有效
17	全车	检查	全车不漏油、不漏水、不漏气、不漏电、不漏尘,各种防尘罩齐全有效

注:技术要求栏中的"符合规定"指符合实际使用中的有关规定。

1.2.3 二级维护技术规范

汽车二级维护是新的汽车维护制度中规定的最高级别维护,其目的是为了维持汽车各总成、机构的零件具有良好的工作性能,及时消除故障和隐患,保证汽车动力性、经济性、排放净化性、操纵性及安全性等各项综合性能指标满足要求,确保汽车在二级维护间隔期内能正常运行。

按照"技术与经济相结合"原则,汽车维护实行状态检测下的二级维护制度,即:二级维护前应进行检测诊断和技术评定,根据结果,确定附加作业或小修项目,结合二级维护一并进行,以消除故障和隐患,保持汽车完好技术状态,确保真正达到汽车维护应有的目的。为此,汽车二级维护的工艺过程较一级维护工艺过程增加了维护前检测诊断和技术评定,确定附加作业项目的内容。

1.2.3.1 二级维护作业的工艺流程如图2-3所示,对此工艺过程的具体阐述如下。

①汽车二级维护时首先要进行检测,汽车进厂后,根据汽车技术档案的记录资料(包括汽车运行记录、维修记录、检测记录、总成修理记录等)和驾驶员反映的汽车使用技术状况(包括汽车动力性、异响、转向、制动及燃、润料消耗等)确定所需检测项目。

②依据检测结果及汽车实际技术状况进行故障诊断,从而确定附加作业项目。

③附加作业项目确定后与基本作业项目一并进行二级维护作业。

④二级维护过程中要进行过程检验,过程检验项目的技术要求应满足有关的技术标准或规范。

图2-3 二级维护作业的工艺流程图

⑤二级维护作业完成后,应进行竣工检验,竣工检测合格的汽车,由维修企业填写《汽车维护竣工出厂合格证》后方可出厂。

1.2.3.2 二级维护检测与诊断。汽车二级维护检测项目共有13项,按检测目的和范围可理解并归纳为以下7个方面,如表2-3所示。

(1)发动机动力性能检测(表2-3第1项)。确保发动机动力性能达到良好技术状态是汽车维护的重要内容,在二级维护时,通过不解体检测发动机功率和汽缸压力等技术参数,主要判断汽缸密封性和磨损状况,以及发动机工作性能,确定是否需要对影响发动机动力性的有关工作部件进行检修或更换,或进行发动机解体维护(如换活塞环、磨气门),或总成大修。

(2)排放净化性能检测(表2-3第2项)。汽车排放污染物是大气污染的主要污染源之一,确保汽车排放净化性能,满足国家环境保护的要求是汽车维修业义不容辞的责任。在二级维护时,通过对汽车排放污染物的检测,掌握汽车排放净化性能是否符合有关标准,判断发动机工作状况和三元催化转化器等排放净化装置的技术状况,以确定对发动机和排放净化装置的维护作业项目。

(3)电控燃油喷射系统检测(表2-3第3项)。随着汽车技术的发展和环保要求的不断严格,电控燃油喷射系统发动机(俗称电喷发动机)在现代汽车上得到了广泛应用。电喷发动机结构复杂,在实际工作中不解体检测电控燃油喷射系统工作性能主要有两方面的要求:一是通过故障自诊断系统故障信息存储(故障代码)的查询、电控燃油喷射系统各部件的相关工作参数(数据流)来判断系统工作状况,确定传感器或执行元件是否需要检修;二是通过检测燃油喷射系统工作压力,确定燃油泵、燃油压力调节器、喷油器和燃油管道等是否完好、密封、工作正常,是否需要进行拆检、清洗或更换。

汽车二级维护检测项目　　　　　　　　　表2-3

序　号	检　测　项　目
1	发动机功率,汽缸压力
2	汽车排气污染物,三元催化转化装置的作用
3	电控燃油喷射系统
4	柴油车检查供油提前角,供油间隔角和喷油泵供油压力
5	制动性能,检查制动力
6	转向轮定位,主要检查车轮定位角和转向盘自由转动量
7	车轮动平衡
8	前照灯
9	操纵稳定性,有无跑偏、发抖、摆头
10	变速器有无泄漏、异响、松脱、裂纹等现象,换挡是否轻便灵活
11	离合器有无打滑、发抖现象,分离是否彻底,接合是否平稳
12	传动轴有无泄漏、异响、松脱、裂纹等现象
13	后桥主减速器有无泄漏、异响、松动、过热等现象

(4)柴油车工作性能检测(表2-3第4项)。柴油发动机目前在国内主要配置在载货车和大客车上,轿车上配置柴油发动机在国外已呈一定的发展趋势。因此,标准强调了对柴油车工作性能检测的要求,要求在二级维护时,通过对柴油机供油提前角、供油间隔角和喷油泵供油压力的检测,判断柴油机供油系统的工作状况,确定是否需要对喷油泵进行拆卸维护和调试,输油泵是否需要拆检,喷油器是否需要拆洗并检测喷油雾化状况。

(5)安全性能检测(表2-3第5、8项)。一是制动性能检测,在汽车二级维护时,为保证制动性能,对制动器有拆检的要求,这是在新的以不解体为主导的维护技术规范中,特别强调要解体作业的内容。但对于制动控制系统(气压控制或液压控制系统)的技术状况,必须通过制动力、制动力平衡和制动协调时间等制动性能参数的检测来予以判断,以确定是否需要拆检维护有关部件。如液压控制系统的制动主缸、制动轮缸、制动助力器;气压控制系统的空气压缩机、制动阀、制动气室等,保证汽车制动性能。二是前照灯检测,通过对汽车前照灯发光强度和光轴照射位置的检测,确定是否需要进行灯光调整或部件更换,保证行驶安全性。

(6)操纵和行驶系统检测(表2-3第6、7、9项)。一是通过对前轮定位角的检测,判断汽车前轴和传动杆系是否变形,是否需要校正,主销衬套或转向节等是否损坏需要更换。二是通过对转向盘自由转动量的检测,判断转向器和转向轴的技术状况,确定是否需要进行转向器总成拆修。三是通过对车轮动不平衡量的检测和调试,找到其动不平衡产生的原因,确定车轮检修方案,确保不会因车轮不平衡质量在旋转时产生离心力,而引起车轮的振动和摇摆,影响汽车的操纵性能,加剧轮胎的磨损。四是通过对操纵稳定性的路试,观察行驶时有无跑偏、转向盘发抖或摆头等现象,确定是否需要进行操纵系统拆检。

(7)底盘传动系统技术状况检测(表2-3第10~13项)。检查离合器、变速器、传动轴和后桥主减速器、差速器等的技术状况,检视有无渗漏、异响、连接松脱和裂纹等,齿轮油有无过热现象,判断各总成工作是否良好,确定是否需要进行调整或总成拆修。

随着现代汽车技术的发展,其结构越来越复杂,新装置越来越多,技术含量越来越高,在维护前和维护过程中需要通过不解体检测来进行分析诊断的情况也越来越多。因此,汽车二级维护检测项目并不受上述标准给出的内容所限,在维护执行过程中应以"及时消除故障和隐患,保证汽车完好技术状态"为目标,结合实际需要进行合理安排。

从汽车维护检测项目来看,有性能参数的检测(如发动机功率);有系统工作状态参数的检测,如汽缸压力、供油提前角、制动力和车轮定位角等;有系统工作状况的检查,如各装置的作用、异响和操纵性能等;还有一些总成、部件的一般检视,如密封性、连接状况等。对不同的检测项目虽有不同的要求,但汽车二级维护检测诊断在总体上有以下两方面的要求。

①对汽车二级维护检测诊断项目进行检测时,应使用该检测项目的专用检测仪器,仪器精度须满足有关规定,这主要针对那些汽车性能技术参数的检测,如发动机功率、汽缸压力、车轮定位角、车轮动平衡等。一是强调一定要用仪器或设备进行检测,二是强调要合理选择使用符合技术要求的专用检测仪器,保证检测数据的准确性。

②汽车二级维护检测项目的技术要求,应参照国家有关的技术标准,或原厂要求检测项目的技术要求,即所检测项目应达到的技术标准。这一要求明确了两个概念:一是这里所讲的"国家有关的技术标准",主要是指那些国家对车辆有统一要求的技术性能标准,如:安全方面,对汽车制动性能(包括制动力等);环境保护方面,对在用车排放污染物排放限值(俗称"排放标准")。二是这里所讲的"原厂要求",主要是指检测项目中除有国家标准统一要求的之外,应以"原厂要求"为标准。这一方面进一步明确了汽车维护的技术质量要求,体现了恢复原车技术状态这一汽车二级维护的基本宗旨;另一方面也进一步强调维修企业应重视汽车维修技术资料的收集和信息管理工作,否则维修就无技术标准可依,维修质量当然无法保证。

1.2.3.3 汽车二级维护附加作业项目的确定与执行。汽车是一个复杂的运动机械,其技术性能与其使用环境有着千丝万缕的联系,特别是配置电控系统的汽车,一个故障现象可能会涉及很多方面的因素。因此,通过维护前不解体检测,准确评定汽车技术状况,确定合适的附加作业项目,是一项技术难度较大的工作。应根据检测结果,结合汽车运行等各方面的信息(驾驶员反映、性能检测结果和汽车技术档案等),对汽车技术状况进行综合评价,确定合理的附加作业项目。

(1)汽车二级维护附加作业项目的确定有如下原则要求。

①汽车二级维护附加作业项目的确定,要根据检测结果进行。通过仪器设备检测诊断或观察、路试所得到的结果,是汽车各部运行技术状况的真实表现,是科学的、可靠的,应作为确定附加作业最主要的依据。驾驶员的某些反映受本人技术素质和判断能力的限制,有时还会是错觉,应作为确定附加作业的参考依据。

②确定以消除汽车故障为目的的二级维护附加作业项目和作业内容,恢复汽车的正常技术状况是确定附加作业深度的原则标准。若维护作业(包括附加作业)超范围,不仅违背二级维护的宗旨,而且违背了"技术与经济相结合"汽车维修技术管理的基本原则。

③附加作业项目确定后与基本作业项目一并进行二级维护作业。这里提出了维护作业执行的原则要求,同时也进一步表明,汽车二级维护附加作业是维护作业不可分割的一部分。应在实施过程中,通过维修合同、维修作业单、过程检验及竣工检验等来充分体现,以确保汽车二级维护基本作业项目和附加作业项目全面落实,保证维护质量。

(2)由于二级维护附加作业项目是为了恢复汽车各部分原有技术性能,在基本作业的基础上要深入进行的作业,也可以理解为原来要强制拆检维护的内容现在视情作为附加而进行的内容,因此一般为部件更换或总成附件拆修。

①对发动机部分,二级维护附加作业大多是围绕动力性和排放净化性能恢复的,如研磨气门、更换活塞环,解决汽缸与活塞环磨损,导致汽缸压缩压力达不到要求,影响动力性和燃烧质量的问题;又如拆检机油泵,解决发动机润滑系统油压达不到要求,导致气门液压挺杆异响的问题。

②对底盘部分,二级维护的附加作业大多是围绕汽车转向、制动等安全机构,根据需要对部分总成附件进行解体维护,如拆检、更换制动主缸和轮缸(制动器部分在基本作业中已要求解体维护),更换前驱动轿车的驱动轴、万向节球笼等。

③对车身、电器部分,二级维护附加作业一般为发电机、起动机等电器附件的检修,蓄电池复充电,门窗摇机拆检,车身车架整形、检修等。

(3)在汽车二级维护具体实施过程中,如何将上述附加作业与汽车二级维护基本作业项目结合一并进行,需要解决好以下几方面的问题。

①附加作业的技术规范问题。由于附加作业是检修或总成修理、部件更换,因此附加作业应严格按有关车型维修手册的要求进行。《维修手册》中的相关内容,也应成为行业技术管理与质量监督的依据。

②附加作业如何安排的问题。要将基本作业和附加作业"一并进行",有些项目是可行的,如更换零部件和局部检修,可以通过适当延长维护作业时间的办法,将附加作业穿插在基本作业过程中进行。如桑塔纳轿车,经检查发现驱动轴、防尘罩损坏,内外万向节球笼松旷需更换球笼和防尘罩,由于该项附加作业不是很费时,就可以在二级维护过程中结合底盘部分的维护作业项目"一并进行"。但诸如拆检变速器总成,发动机换活塞环、磨气门等主要总成拆检的附加作业,要安排在基本作业项目进行过程中"一并进行"就不太现实了,况且这些总成件拆下以后,会使其他部分的维护作业无法进行,如当发动机汽缸盖拆下进行磨气门时,对发动机检查调整点火提前角、怠速、气门间隙等项目根本就进行不了。因此,在维护作业安排时,应将总成拆修和基本维护作业的内容合理安排好,尤其是相互关联的作业项目。如对发动机要拆修的,像更换机油和发动机调整作业要安排在总成拆修之后。

总之,只有附加作业合理安排好,在结合二级维护基本作业过程中进行,并真正按技术要求作业了,汽车二级维护才能达到应有的效果。

1.2.3.4　二级维护基本作业内容与要求。汽车二级维护基本作业项目是无论汽车的技术状况如何都必须完成的内容,它真正体现了"强制维护"的要求,适用于所有汽车二级维护的技术规范,其规定的基本作业项目和要求是原则性的,具有指导意义。

汽车二级维护基本作业项目,反映的是作业的深度要求。汽车二级维护作业的中心内容以检查、清洁、润滑、紧固和调整为主,并检查有关制动、操作等安全部件,即二级维护应以不解体维护作业为中心,强调对部分安全部件的拆检要求。

汽车二级维护基本作业项目的技术要求,即维护作业项目所应达到的技术标准,是维护作业的质量要求。可以看到,《汽车维护、检测、诊断技术规范》的作业项目中凡涉及检查、调整数据要求的,也包括一些部件工作状态检查的内容,都以"符合出厂规定"或"符合规定"作为标准,这充分体现了"通过维护,保持原车应有技术状态"这一基本出发点。同时也告诉我们,二级维护基本作业项目在具体执行过程中,应紧密结合具体车型数据,才能有效保证维护质量。

1.2.4 走合期的维护

汽车的使用寿命、工作的可靠性和经济性在很大程度上取决于汽车使用初期的走合。汽车的走合期就是指新车或大修后的汽车在最先行驶的一段里程。汽车的走合期一般规定为1500~2500km,或按汽车使用说明书规定的里程执行。汽车在走合期的技术维护作业,要按汽车使用说明书规定执行,一般分为走合前、走合中和走合后的三次维护。

1.2.4.1 走合前的维护。走合前维护是为了防止汽车出现事故和损伤,保证顺利地完成走合,其主要内容有:

①清洗全车,该作业针对储库期较长的新车;

②检查和紧固外部各种螺栓、螺母;

③检查各部位润滑油、制动液、冷却液的数量和质量,根据需要进行添加或更换,并检查各部位有无渗漏现象;

④检查轮胎气压和蓄电池放电情况、电解液的密度和液面高度,根据需要给予添加;

⑤检查制动效能,必要时进行调整;

⑥检查各操纵部位是否灵活有效;

⑦检查发动机运转情况,察听有无异响,观察各仪表灯光、信号装置是否齐全有效。

1.2.4.2 走合中的维护。一般在汽车行驶500km左右时进行走合中的维护,主要内容有:

①清洗发动机润滑系,更换润滑油和机油滤清器或滤芯;

②润滑全车各润滑点;

③检查各部位有无渗漏,必要时加以紧固;

④检查紧固汽缸盖、进排气支管螺栓和螺母;

⑤汽车初驶30~40km/h时,应检查变速器、分动器、轮毂和传动轴等是否有过热和异响,如不正常,应查明原因予以排除;

⑥检查制动效能,必要时进行调整。

1.2.4.3 走合后的维护。走合期结束后,应对汽车进行全面的检查、紧固、润滑和调整作业、拆除限速装置,使汽车达到良好的技术状况,投入正常运行。其主要作业内容有:

①清洗润滑油道、机油集滤器和油底壳,更换润滑油和机油滤芯,清洗离心式机油滤清器的转子;

②按规定顺序紧固汽缸盖螺栓;

③检查和调整制动踏板、离合器踏板的自由行程;

④测量汽缸压力,按需调整气门间隙;
⑤检查、紧固与调整前桥转向机构的技术状况。

1.2.5 汽车维护工艺的组织形式

为了有效地完成汽车维修工作,维护作业地点应按工艺配备,合理布局,使各方面工作协调,充分利用人力、物力、减少消耗,取得最佳效益。维护工艺的组织通常是指汽车运输企业内维护地点(工间、工段和工位)的工艺组织,不包括燃油加注、外部清洗和安全检查等内容。

1.2.5.1 按作业人员分工区分。根据作业人员的分工不同,汽车维护工艺的组织通常有全能工段式和专业工段式两种形式。

①全能工段式是把除外表维护作业外的其他规定作业组织在一个工段上实施,把执行各维护作业的人员编成一个作业组,在额定时间内,分部位有顺序地完成各自的作业项目。

②专业工段式是把规定的各项维护作业,按其工艺特点分配在一个或几个工段上,各专业工人在指定工段上完成各自的工作,工段上配有专门的设备。

1.2.5.2 按工作地点布置区分。汽车维护工艺的组织形式还可按维护工作地点的布置方式,分为尽头式工段和直通式工段两种。

①按尽头式布置的工段(图2-4),汽车在维护时可各自单独地出入工段。汽车在维护期间,停在各自地点,固定不动,维护工人按照综合作业分工等不同的劳动组织形式,围绕汽车交叉执行各项维护作业项目。各工段的作业时间可单独组织,彼此无影响。因此,尽头式工段适合于规模较小、车型复杂的运输企业在高级维护作业、小修时采用。

②直通式工段(图2-5)较适宜于按流水作业组织维护,各维护作业按作业顺序的要求分配在各工段(工位)上,工段的作业工人按专业分工完成维护作业。直通式工段完成维护作业的生产效率较高,因此,当企业有大量类型相同的汽车,而且维护作业内容和劳动量比较固定时,则宜采用流水作业方式。

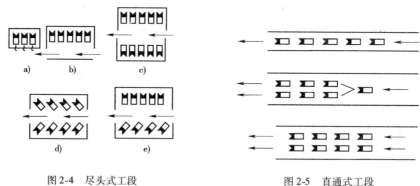

图2-4 尽头式工段
a)无内部通道;b)有内部通道;c)有内部通道
(两侧布置);d)斜角式;e)混合式

图2-5 直通式工段

1.3 汽车维护技术检验

1.3.1 二级维护过程检验

对汽车二级维护进行过程检验的目的是实现维护过程的质量控制。《汽车维护、检测、诊断技术规范》明确提出:二级维护过程中,要始终贯穿过程检验,并作检验记录。过程检验中各维护项目的技术要求,需满足相应的有关技术标准,或出厂说明书的有关规定。

维护过程检验是一项过程质量管理工作,是确保汽车维护质量的重要环节,汽车二级维护过程检验具体有以下要求:

①实施跟踪检验,即应在二级维护作业项目(含基本作业项目和附加作业项目)执行过程中全面地自始至终实施质量检验。

②做好检验记录,特别是对有配合间隙、调整数据或拧紧力矩等技术参数要求的作业项目,要有检验数据的记载,作为作业过程质量监督的依据,也可为汽车竣工出厂检验提供依据和参照。

③需满足相应的有关技术标准,或出厂说明书的有关规定,即表2-5"二级维护基本作业项目"中"技术要求"一栏的内容。

1.3.2 二级维护竣工检验

汽车二级维护竣工检验,是汽车维修企业对承修汽车在二级维护过程中作业项目维护质量的一次综合检验,是控制汽车维修质量,杜绝不合格汽车出厂的一个重要环节。汽车二级维护竣工检验应由专职检验员和专业检测线来完成,检验人员须熟悉汽车二级维护的作业内容、作业过程及维护汽车的技术要求,掌握国家、行业及地方的有关技术标准和检测方法,并能对汽车二级维护竣工检验(包括人工检查、道路试验和检测线检验等)的结果进行分析,指导维修人员进行调整修理,能够正确填写有关的技术资料。

1.3.2.1 人工检查。人工检查是汽车二级维护竣工检验中不可缺少的一个重要部分,是用检测仪器和设备对维护汽车的维修质量和性能进行定量检测的补充。人工检查大部分是定性检视,但对某些有定量要求的项目也应借助一般工、量具进行必要的测量。根据人工检查和测量的结果,对照国家、行业或地方的有关标准限值,可以得出正确的人工检查结论。

(1)整车及外观检查,主要内容有清洁、面漆、车身对称、紧固、润滑、密封及电路、前照灯、信号灯、仪表灯、刮水器、后视镜等装置。

①汽车清洁检查。二级维护竣工的汽车外表应清洁无泥垢、尘土,各总成件外部及底盘下方应无油污。空气滤清器(芯)、燃油滤清器(芯)和机油滤清器(芯)应清洁干净。

②汽车面漆检查。汽车外表面的油漆应无气泡、开裂或漆膜脱落现象;补漆腻子应平整,补漆颜色应与原色基本一致。

③汽车润滑检查。汽车二级维护按规定应对发动机、变速器、转向器、减速器等总成件的润滑油进行检查、补充或更换,各总成件的润滑油量应达到规定的液面高度;对水泵、风扇、转向节销和销孔、传动轴万向节轴承和花键、车轮制动器凸轮轴、钢板弹簧支撑销和支撑滑块等部位的润滑点,应加注新的润滑脂,润滑脂油嘴应齐全有效,安装方向应正确。

④汽车密封的检查。汽车二级维护竣工后的密封检查,除了对该车的车门、车窗、客车车身、货车车厢等部位的密封性能进行检视以外,主要是对汽车各总成件或连接管路的漏水、漏油、漏气进行检查。要求在发动机运转及停车时散热器、水泵、汽缸体、汽缸盖、暖风装置及所连接部位均不得有明显渗漏水现象;在储气筒气压达额定值时,或踩下制动踏板后,各制动管路、泵阀不得有漏气、漏油现象;在汽车连续运行10km,停车5min后,发动机、变速器、减速器等部位不得有明显渗漏油现象。

⑤车体周正检查。按《机动车运行安全技术条件》中的规定,车体应周正,车体外缘左右

对称部位高度差不得大于40mm,此项检查应将被检车开上纵、横向坡度均不大于1%的平整场地上,轮胎气压正常,在离地高1.5m内用专用标尺测量外缘左右对称部位的离地高度,其对称部位的离地高度值之差不得大于40mm。

⑥紧固件检查。汽车零、部件的连接,特别是在汽车运行中高速旋转部件的连接,对行车安全至关重要。二级维护竣工汽车的连接件的紧固情况,应首先重点检查转动部件的连接螺栓是否紧固,其次对汽车外部连接螺栓(如车身连接、驾驶室与车架连接、发动机支架螺栓、钢板弹簧U形螺栓、制动底板紧固螺栓、制动凸轮、制动蹄支架等连接部位的紧固情况)进行检查;要求各部位螺栓连接件上的弹簧垫圈、平垫圈或防松垫圈、开口销等齐全有效,并按原车的使用说明书或有关技术文件的规定力矩拧紧,对原车使用说明书或有关技术文件没有规定的,应按一般螺纹紧固件的拧紧力矩拧紧。总之,汽车外部的连接螺栓和螺母不得有松动现象。

⑦照明与信号装置检查。要求各灯具安装牢靠、齐全、有效,所有灯的开关应安装牢固,开关自如。检查双丝灯泡的接法是否正确;转向信号灯与制动信号灯的灯丝发光强度应高于同灯泡中另一根灯丝的发光强度;汽车前照灯内的远、近光灯丝接法也必须两边同步,不得接反;对四灯制的汽车,远、近光双光束的灯泡应装于汽车前部的外侧,远光单光束灯泡应装于内侧;前照灯总成的配光性能应符合国标《汽车前照灯配光性能》规定的要求,转向信号灯和应急信号灯的闪光频率应为1.5±0.5Hz,起动时间不大于1.5s。

(2)转向系检查,主要内容有转向器、转向节、转向节臂、转向摇臂、横拉杆、直拉杆及球头球销、转向助力装置、转向盘自由转动量等,要求转向机构操纵轻便、转向灵活,无摆振、路感不灵或其他异常现象,车轮转到极限位置时,不得与其他部件有摩擦现象。

①转向器总成的检查。转向器总成安装应牢固,润滑油量应符合要求,转向器轴、轴承、齿轮等应转动自如,不得有松旷、窜动或干摩擦现象。

②转向节臂总成的检查。转向节销及销孔应加注润滑脂,转向时不得有松旷或跳动现象;各转向节臂的螺栓连接应牢固,开口销齐全有效。

③转向系拉杆总成的检查。转向系横、直拉杆球座及球销应无裂纹和损伤,润滑良好,拉动拉杆时球销不得松旷或跳动,各拉杆不准拼接或烧焊。

④转向盘自由转动量的检查。测量转向盘自由转动量时,汽车应保持直线向前状态,将转向轮置于平坦、干燥和清洁的硬质路面上,将检测仪器安装到转向盘上;转动转向盘至一侧有阻力时止,再转至另一侧有阻力时止,测量出其间的最大自由转动量,转向盘自由转动量的最大允许值:20°(最大设计车速大于或等于100km/h的机动车)或30°(最大设计车速小于100km/h的机动车)。

⑤转向助力装置的检查。转向助力装置应连接紧固,液压油量应符合规定,不得有渗漏油现象;当发动机不工作时,依靠驾驶员的力量,应能转动转向盘。

⑥转向轮最大转向角的检查。转向轮的最大转向角是指汽车转向时内轮所能转过的最大角度,转向轮的最大转向角应符合原厂的技术要求。检查时将保持直线行驶的汽车开上转向角测量仪,调整转盘角度指针零点,然后拔去转盘锁销,转动转向盘到一侧的极限位置,保持转向轮不动,记录内外轮转盘指针指示的角度数;然后将转盘转到另一侧的极限位置,记录下内外轮转盘指针指示的角度数,两内轮的转角数即为转向轮的最

大转向角。

⑦车轮前束的检查。车轮前束值应符合原厂的技术规定。人工检查时,应首先选好被测车轮上的测量点,(不同厂牌车型汽车的测量点位置是不同的,有的在胎面中心,有的在轮辋边缘处),然后用专用前束尺进行测量。对非独立悬架车轮,可用千斤顶顶起车桥进行检测,对独立悬架车轮只能落在地面上进行检测或用四轮定位仪检测,测读数据时,前束尺应保持水平并与车轮轴线保持同一高度,以避免产生测读误差。

(3)行驶系人工检查,主要内容有车轮和轮胎、悬架、车架、车桥等。

①车轮和轮胎的检查。轮胎的表面磨损:轿车和挂车轮胎胎冠上花纹深度不得小于1.6mm,其他机动车转向轮轮胎的胎冠花纹深度不得小于3.2mm,其余轮胎胎冠花纹深度不得小于1.6mm;轮胎胎面不得有因局部磨损而暴露出轮胎帘布层,轮胎的胎面和胎壁上不得有长度超过25mm或深度足以暴露出轮胎帘布层的破裂或割伤。

同一轴上轮胎型号和花纹应相同,轮胎型号应符合汽车出厂时的规定,汽车转向轮不得装用翻新的轮胎;轮胎负荷不应超过该轮胎的额定负荷,轮胎的充气压力应符合该轮胎承受负荷时规定的压力;轮胎的动平衡量应符合有关规定;车轮螺母和螺栓应齐全完整,并应按规定力矩紧固;车轮总成的横向摆动量和径向跳动量要求,总质量小于或等于4.5t汽车不得大于5mm,其他汽车不得大于8mm。

②悬架的检查。悬架主要由弹性元件、减振器和导向机构三部分组成,它们分别起缓冲、减振和导向作用,但三者的共同任务则是传力,为保障运行安全,二级维护竣工出厂的汽车必须检查。

钢板弹簧或螺旋弹簧不得有裂纹和折断现象,其弹簧形式和规格应符合产品使用说明书中的规定;钢板弹簧中心螺栓和U形螺栓连接应牢固;装有减振器的汽车,减振器不得有漏油现象,安装应牢固、有效。

③车架和车桥的检查。车架不得有锈蚀、变形、裂纹和折断,螺栓和铆钉不得松动或缺少;拖车钩、备胎架应齐全,无裂纹变形,连接牢固。前后车桥(轴)不得有变形、裂纹和移位,左右轴距差不得大于轴距的1.5/1000;车桥与车架或悬架之间的各种拉杆和导杆不得变形,各接头和衬套不得松旷窜动。

1.3.2.2 道路试验。汽车二级维护竣工的人工检查,仅仅是对竣工汽车进行的静态检查,但汽车发动机的运转情况,离合器、变速器、减速器、转向系统、制动性能及整车滑行性能的好坏,还必须经过汽车道路试验后,才可确认。

(1)汽车道路试验发动机工作状况,主要内容包括发动机起动性能、急速和加速性能、发动机异响等。

①起动性能试验。发动机应有良好的起动性能,驾驶员在驾驶座位上即能起动;汽油发动机在不低于-5℃,柴油机在不低于5℃的条件下,用起动机起动时,应在5s内起动成功,在做重复起动试验时,每次间隔2min。

②急速和加速性能试验。急速为发动机最低稳定转速,转速值应符合原厂的技术要求;当发动机工作温度正常后,急速运转应平稳无抖动现象;在运行中,发动机从急速向低速、中速、高速变换时,转速应能随节气门开度的增大而升高,各工况之间应平滑过渡;急加速时,发动机转速应提升迅速,不得有"回火"、"放炮"、"断火"或"爆震"现象。

③发动机异响检查。当发动机温度正常、运转稳定后,应该在不同的路况和工况下都不得有任何异常响声。发动机异响有机械异响和燃烧异响之分。

机械异响是指发动机运动摩擦副的配合间隙过大、过小或机件损坏造成的,常见的机械异响有:曲轴主轴承响、连杆轴承响、活塞敲缸响、活塞销响、气门间隙响等。发动机机械异响的检查,可用发动机异响诊断仪来检查,或用人工借助于发动机的转速、负荷、温度、润滑油压力的变化和短路点火电压来诊断。

燃烧异响是指可燃混合气在发动机燃烧室内的不正常燃烧造成的,常见的现象有"回火"、"放炮"或"爆震"等。燃烧异响常伴随着发动机转速突然升高而增大,主要原因是点火时间过早、过迟和可燃混合气过稀、过浓及燃油品质较差等,当适当改变点火提前角或混合气浓度时异响有所减弱或消失。因燃油品质较差而引起的"爆震",应选用正确的燃油牌号。

(2)汽车道路试验传动系工作状况,主要内容应包括离合器、变速器、传动轴、主减速器和差速器等。

①离合器踏板的自由行程应符合原厂规定,踩下或放松离合器踏板时,应有明显的空行程和工作行程之区别。汽车起步时,缓慢抬起离合器踏板至完全接合,整个过程中应无抖动或异响。汽车运行中,在加速、减速或上坡时,离合器应无打滑、振动或异响。离合器分离应迅速彻底,接合应平顺。

②变速器变速杆的挡位位置应感觉清楚。传动杆件的连接应牢固,自锁、互锁装置有效,换挡操作方便,行驶中不得有乱挡、脱挡现象。变速器齿轮在运转中不得有不正常响声,自动变速器汽车的升、降挡位应正常。

③传动轴的装配应符合等角速传动的规定,传动轴上的平衡块或平衡配重的相对位置应正确;万向节与中间支架及中间轴承等的装配应无松旷,行驶中不得有振动或异常响声。

④主减速器齿轮和差速器齿轮的啮合间隙和齿轮轴承的预紧度应符合原厂的技术要求,不得有松旷串动,驱动桥在行驶中油温应正常,无异常响声。

(3)汽车道路试验转向系工作状况,主要内容有转向灵活性、转向操纵轻便性和转向稳定性等。

①汽车应具有稳定的直线行驶能力,汽车转向轮在转向后应能自动回正;汽车在行使中转向轮应无偏驶、跳跃和摆振现象;汽车在转向过程中转向轮不得与车架、车桥、车身和各种拉杆、管路等有碰擦现象。

②转向系各部件及杆件的球销连接处应运动灵活,不得有阻滞或跳动现象,汽车的行驶方向应随着转向盘的转动而平稳转向。试验时汽车空载,在平坦、硬实、干燥和清洁的硬路面上,以10km/h的速度在5s之内沿螺旋线从直线行驶过渡到直径为24m的圆周上行驶,其间用转向测力仪测得施加于转向盘外缘的最大切向力,对一般汽车应不大于150N;对装有转向助力器的客车应不大于120N;当转向助力器失效时,转向力应不大于490N。

也可以采用原地检测方法,将汽车转向轮置于转角盘上,转动转向盘使转向轮达到原厂规定的最大转角,在全过程中用转向测力仪测得的转动转向盘的操纵力不得大于120N。

③汽车在转弯加速行驶时,转向系应具有适度的不足转向特性,以使汽车具有正常的操纵

稳定性。试验时由检验员转动转向盘至一定角度并维持不变,使汽车由低速逐渐加速行驶,此时汽车的行驶转弯半径应逐步变大,这就是不足转向特性。反之为过渡转向特性,不变为中性转向特性。过渡转向特性和中性转向特性在汽车高速行驶时是有危险的。

(4)汽车道路试验制动性能,主要内容包括汽车制动时的制动距离、制动减速度、制动稳定性和制动协调时间。在汽车二级维护竣工检验中,一般只检验制动踏板的自由行程、路试制动距离(拖印)、制动稳定性和驻车制动性能等。

①制动踏板的自由行程应符合原厂的技术要求,当踩下制动踏板,行车制动达到规定的制动效能时,踏板总行程不得超过全行程的3/4;制动器装有自动间隙调节装置的汽车的踏板总行程不得超过全行程的4/5;其座位数小于或等于9的载客汽车踏板行程不得超过120mm,其他汽车不得超过150mm;对液压制动系统,应在第一脚踏到底时制动力就应能达最大值。

②制动距离是指汽车在规定的初速度下急踩制动踏板时,从脚接触制动踏板时开始到汽车停住时止汽车所驶过的距离。路试制动距离时的汽车初速度、制动距离长度的技术要求应符合表2-4规定。路试时可采用非接触式速度计,直接测取制动距离、制动协调时间和充分发出的制动减速度等。制动完毕,放松制动踏板后,应能迅速解除车轮制动,不得影响汽车的再次起步。

制动距离和制动稳定性要求　　　　　　　　　表2-4

车 辆 类 型	制动初速度（km/h）	满载检验时的制动距离（m）	空载检验时的制动距离（m）	制动稳定性要求车辆任何部位不得超出的试车道宽度（m）
座位数≤9的载客汽车	50	≤20	≤19	2.5
总质量≤4.5t的汽车	50	≤22	≤21	2.5*
其他汽车、汽车列车及无轨电车	30	≤10	≤9	3.0

注：* 对3.5t<总质量≤4.5t的汽车,试车道宽度为3m。

装有ABS制动系统的汽车,还应检查确定当车速高于10 km/h时,系统的报警灯应熄灭;在规定的初速度下急踩制动时,车轮应在无抱死状态下迅速停下来,且同一轴左右轮制动器的制动动作应一致,汽车无跑偏现象。

汽车路试制动性能应在乎坦、硬实、清洁、干燥,轮胎与路面间的附着系数不小于0.7的水泥或沥青路面上进行,试车路面长度应足够;制动时发动机与传动系统应脱离。

③路试紧急制动时,汽车应能按原行驶方向迅速减速并停止,不能有横滑、甩尾或跑偏现象。检测时根据不同汽车按照表2-4的要求,在试车道上画出一条2.5m或3.0m宽的宽度限制线,再将汽车在试车道线内加速至规定的初速度,保持汽车直线行驶方向不变,然后作紧急制动,此时车身外缘部位不得触及或超出宽度限制线,否则为不合格。

④汽车驻车制动性能是在空载状态下,将汽车按正反两个不同方向停放在坡度为20%、轮胎与地面的附着系数不小于0.7的坡道上,使用驻车制动器装置,被检车应在5min内保持原地不动。若汽车总质量为整备质量的1.2倍以下,停放坡道的坡度为15%,因为这种汽车

的空载状态与满载状态相差不大。

汽车驻车制动的操纵装置必须留有足够的储备行程,一般应在操纵装置全行程的2/3以内达到规定的制动性能。驻车制动机构有自动调节装置的,允许在操纵装置全行程的3/4以内达到规定的制动性能。棘轮式驻车制动操纵装置,允许来回拉动驻车操纵杆3次以内达到规定的制动性能。

(5)汽车道路试验滑行性能,主要内容包括汽车滑行距离和滑行阻力。

①整车滑行性能的路试检验,应选择在平坦(纵向坡度不大于1%)、干燥和清洁的硬路面上,风速不大于3m/s。受检车应空载,门窗关闭,轮胎气压正常。当被检车的行驶车速高于30km/h后,置变速器于空挡,让汽车滑行,待车速降至30km/h时,用速度计或第五轮仪开始测量,其间不准移动转向盘,直到汽车停止,记录其间的滑行距离,至少往返各检测一次,其往返滑行距离的平均值应符合表2-5的规定。

车辆滑行距离要求　　　　　　　　　　　　　　　　　　　　　　　　表2-5

汽车整备质量 m(kg)	双轴驱动车轮滑行距离(m)	单轴驱动车轮滑行距离(m)
$m < 1000$	≥104	≥130
$1000 \leq m \leq 4000$	≥120	≥160
$4000 < m \leq 5000$	≥144	≥180
$5000 < m \leq 8000$	≥184	≥203
$8000 < m \leq 11000$	≥200	≥250
$m > 11000$	≥214	≥270

②整车滑行阻力的检验,应在平坦、干燥和清洁的硬路面上进行。汽车空载,轮胎气压正常。解除制动,置变速器于空挡。用拉(压)力计拉(压)动被检车,当被检车从静止开始移动时,其最大拉(压)动力,即滑行阻力应不大于整备质量的1.5%。

2　汽车修理技术管理

汽车修理技术管理的目的是贯彻"视情修理"的原则,根据车辆检测诊断和技术鉴定的结果,视情按不同作业范围和深度进行,也就是按需要决定修理内容和实施时间,既要防止拖延修理(又称失修)造成车况恶化,又要防止提前修理(又称早修)造成浪费,即符合技术与经济相结合的原则。为消除汽车故障及其隐患,恢复汽车的工作能力和良好技术状况而进行的技术作业就是汽车修理。

2.1　汽车修理制度

汽车修理制度是一种技术性组织措施,它规定了修理的类别、送修标志和规定、作业内容、技术标准和技术规范等。汽车修理制度与汽车维护制度统称为汽车维修制度,是人们在长期的生产实践中认识的结果,随着生产和认识的进步,还会有所改进、有所变化。

2.1.1 汽车修理制度的发展

2.1.1.1 事后修理。人们在使用汽车初期,由于缺乏认识和经验,常常在汽车出了故障和损坏以后,才对它进行必要的修理,也就是"事后"的非计划修理。随着汽车的大量使用,特别是汽车运输生产成为一种行业的情况下,为了保证汽车运行安全和正常的运输生产,人们设计了把维护和修理作业安排在预计出现故障和损坏之前,这就出现了计划修理制度。

2.1.1.2 定期修理。随着人们对汽车认识加深,使用和维修经验的积累,在掌握了汽车技术状况变化的规律的基础上,对汽车实施定期修理,减少非计划修理,使运输生产和维修生产都进入有计划有组织的运行轨道。定期修理是指按规定的间隔期和等级进行的修理,定期修理制度在相当长一段时间里起过很积极的作用,现在国内外某些汽车运输企业、汽车维修企业及汽车制造企业仍在采用。

但是,随着汽车设计制造和检测诊断技术的发展,定期修理制出现了新的矛盾,一方面现有的定期修理不适合于新型汽车;另一方面维修人员在实施修理前可以通过先进的检测诊断技术更准确地掌握汽车及总成技术状况,从而决定是否需要修理和怎样修理,这样可大大减少盲目修理,为避免既不拖延修理而造成汽车技术状况恶化,又不因提前修理而造成浪费,这就出现了视情修理制度。

2.1.1.3 视情修理。视情修理是按技术文件规定,对汽车技术状况进行诊断或检测后,决定修理内容和实施时间的修理。"视情修理"体现了以下基本实质:

①改定性判断为定量判断,确定修理作业的方式由以车辆行驶里程为基础,改变为以车辆实际技术状况为基础;

②使用高科技检测手段,送修车辆的检测诊断和技术评定,是实现视情修理的重要保证;

③体现了技术经济原则,避免了拖延修理造成车况恶化,也防止了提前修理造成的浪费。

近年来,汽车综合性能检测、诊断设备的普遍采用,为视情修理创造了客观条件,但最终落实"视情修理",仍需依靠汽车运输、维修、检测企业认真执行相关管理规定和技术标准。

视情修理制度是计划定期修理制度的进步,是建立在汽车定期检测制度和汽车状态检测维护制度基础上的一种修理制度。只有在认真执行汽车检测、强制维护的基础上,才能达到视情修理的目的。

2.1.2 汽车修理类别

汽车修理按修理对象、修理深度、执行作业的计划性或组织形式等划分的不同类别或等级,称为汽车修理类别。若按修理作业范围可区分为汽车大修、总成大修、汽车小修和零件修理4种类别。

2.1.2.1 汽车大修。汽车大修是新车或经过大修后的车辆,在行驶一定里程(或时间)后,经过检测诊断和技术鉴定,用修理或更换车辆任何零部件的方法,恢复车辆的完好技术状况,完全或接近完全恢复车辆寿命的恢复性修理。

2.1.2.2 总成大修。总成大修是汽车的总成经过一定使用里程(或时间)后,用修理或更换总成任何零部件(包括基础件)的方法,恢复其完好技术状况和寿命的恢复性修理。需要说明的是:在汽车修理中,通常按表2-6所示对总成及其零部件进行划分。

汽车总成及其零件划分表　　　　　　表2-6

序号	总成(系或装置)的名称	总成(系或装置)包括的范围	基础件	主要零部件	其他零件(系或装置)
1	发动机附离合器总成	发动机	汽缸体	汽缸盖、曲轴、凸轮轴、连杆、活塞组、飞轮、飞轮壳	汽缸套、配气机构零件、进排气歧管、燃料系(不含燃油箱)、点火系(不含蓄电池)、冷却系(不含散热器)、润滑系等零件
		离合器	离合器壳	离合器片及压盘	离合器内部零件、分离轴承及操纵机构等
		空压机	汽缸体	汽缸盖、曲轴、连杆活塞组	空滤器、皮带轮等
2	变速器附传动轴总成	变速器	变速器壳	变速器盖、一轴、二轴、中间轴、齿轮	换挡机构、同步器等
		分动器	分动器壳	分动器盖、输入轴、输出轴、齿轮	操纵机构等
		驻车制动器	制动鼓(盘)	制动蹄、摩擦片、制动拉杆及支架	操纵机构等
		传动轴	—	前后传动轴、中间支架及轴承	万向节滑动叉、花键轴、万向节叉、十字轴等
3	前桥附前悬挂、前制动及转向器总成	前桥	前轴、前驱动桥壳	转向节、前轮毂、主减速器、差速器	转向节臂、主销、横直拉杆、前驱动半轴等
		前悬挂		钢板弹簧、减振器	弹簧销、活吊耳、销套、横向稳定杆等
		前制动	—	制动鼓、制动分泵	制动凸轮轴、调整臂、制动蹄片等
		转向器	转向器壳	蜗轩、滚轮、转向助力器	转向摇臂、转向器轴及管柱、转向盘等
4	后桥(包括中桥)附后悬挂、后制动总成	后桥	后桥壳	主减速器、差速器、后轮毂、半轴	半轴套管、主减速器壳、制动室支架、轮毂内外轴承等
		中桥	中桥壳		
		后悬挂	—	钢板弹簧、平衡轴、减振器	弹簧销及销套、活吊耳、横向导向杆等
		后制动		制动鼓、制动轮缸	制动凸轮轴、调整臂、制动蹄片等
5	车架总成	车架	车架	纵梁、横梁、牵引装置	保险杠、备胎架、油箱支架、蓄电池架、脚踏板架、翼子板支架等

续上表

序号	总成(系或装置)的名称	总成(系或装置)包括的范围		基础件	主要零部件	其他零件(系或装置)
6	车身总成	货车车身	车头	—	发动机罩、翼子板	散热器罩、挂钩等
			驾驶室	驾驶室骨架	车门、风窗框、座椅、仪表板架	门窗玻璃及升降器等
			车厢	纵横梁	边柱、边板、底板	前板、后板、篷杆、挂钩等
		客车车身		底横梁、车身骨架	内外蒙皮、底板、驾驶员门、乘客门、座椅	门窗玻璃和升降器、内外装饰、散热器罩等
7	制动系	气压制动	储气筒	—	止回阀、安全阀	连接管路等
			控制机构及车轮制动器	—	气制动阀、制动气室	制动底板、传动拉杆及调整装置等
		液压制动	制动主缸、轮缸	缸体	活塞、顶杆	皮碗、止回阀、复位弹簧等
			真空增压器或制动助力器	缸体	柱塞及控制阀	皮碗、复位弹簧及连接管路等
			车轮制动器		制动鼓	制动底板、制动蹄及调整装置等
8	电系	点火、起动、照明、信号、仪表装置等		—	发电机、起动机、调节器、分电器、蓄电池	点火线圈、火花塞、各种灯具、喇叭、电气仪表及其连接线路等
9	空调装置	制冷系		制冷系	冷凝器、滤清器	控制装置、鼓风机及管路等
		采暖系		暖风器	散热器	鼓风机、开关及管路等
10	自动倾卸装置	—		举升器缸体	举升器柱塞、齿轮泵	各连接件及管路等

2.1.2.3 汽车小修。汽车小修是用修理或更换个别零件的方法,保证或恢复汽车工作能力的运行性修理,主要是消除汽车在运行过程或维护作业过程中发生、发现的故障或隐患。

2.1.2.4 零件修理。零件修理是对因磨损、变形、损伤等而不能继续使用的零件进行修理。零件修理要遵循经济合理的原则,它是修旧利废、节约原材料、降低维修费用的重要措施。

汽车是否需要修理和应该采用哪种修理作业范围,必须在对汽车经过检测诊断和技术鉴定后确定,能通过汽车维护和小修作业达到的目的,不要扩大为汽车大修和总成大修;能修复的零件或有修复价值的零件,不要轻易报废;能通过大修作业延长使用寿命的汽车或总成,不要不送大修一直用到报废;要避免盲目修理造成的两种浪费现象,即失修和早修。

汽车和总成在大修前必须进行检测诊断和技术鉴定,根据结果适时安排大修。也就是说,在汽车或总成使用到接近规定大修间隔里程时,由车主和汽车维修企业结合二级维护作业对汽车进行检测诊断和技术鉴定,确定是否需要大修或继续使用。如尚可使用,还应确定继续使用的期限(行程),到时再作检测和鉴定。确定需大修的汽车应填写大修汽车技术鉴定表,参考格式见表2-7。对已到规定的大修间隔里程而技术状况仍较好的汽车,应总结推广其先进经验;对未达到规定的间隔里程而需要提前大修的汽车和总成,应分析原因,采取措施,改进汽车使用和维修工作。

大修车辆技术鉴定表　　　　表 2-7

报送单位:　　　　　　　　　　　　　　　　　　报送日期:　　年　月　日

自编号	厂牌	车型	车别	送修		项目	技术(包括改装)状况	鉴定修理意见
				修别	日期			
					年 月 日	发动机附离合器总成		
牌照号	发动机号码	燃料类别	座(吨)位	驾驶员姓名				
						变速器附传动轴总成		
上次大修情况		本次换环情况						
承修厂	修别	汽缸口径	出厂日期	换环次数	本次换环日期	本次换环尺寸	本次换环后已行里程	前桥附转向器总成	
大修后累计公里		鉴定时尚可行驶公里		鉴定前1000km内机油消耗 L/100km		发动机目前运转情况	后桥(驱动桥、中桥)总成	
汽缸	缸别		1	2	3	4	5	6	7	8	车架总成		
	压力										车身总成		
	活塞与缸壁间隙										制动系		
	圆柱度										电气系统		
	圆度										自动倾卸装置		
审核意见											其他		

负责人:　　　　　　　审核人:　　　　　　　鉴定人:

2.1.3 汽车和总成大修的送修标志

要确定汽车及其总成是否更大修,必须掌握汽车和总成大修的送修标志(送修技术条件),这样才符合技术与经济相结合的原则。

2.1.3.1 汽车大修送修标志。客车以车身为主,结合发动机总成;货车以发动机总成为主,结合车架总成或其他两个总成符合大修条件。

2.1.3.2 挂车大修送修标志。挂车车架(包括转盘)和货箱符合大修条件;定车牵引的半挂车和铰接式大客车,按照汽车大修的标志与牵引车同时进厂大修。

2.1.3.3 总成大修送修标志。总成大修的送修标志中,多数仅为定性规定,在执行中会遇到一定困难,所以,各级交通运输管理部门在制定实施细则时,应结合本地区的具体情况,提出便于执行的各总成大修送修标志(或称送修技术条件)。

①发动机总成大修送修标志:汽缸磨损,圆柱度误差达到 0.175~0.250mm 或圆度误差已达到 0.050~0.063mm(以其中磨损量最大的一个汽缸为准);最大功率或汽缸压缩压力比标准值降低 25% 以上;燃料和润滑油消耗显著增加。

②车架总成大修送修标志:车架断裂、锈蚀、弯曲、扭曲变形逾限,大部分铆钉松动或铆钉孔磨损,必须拆卸其他总成后才能进行校正、修理或重铆,方能修复。

③变速器(分动器)总成大修送修标志:壳体变形、破裂、轴承孔磨损逾限,变速齿轮及轴恶性磨损、损坏,需要彻底修复。

④后桥(驱动桥、中桥)总成大修送修标志:桥壳破裂、变形,主轴套管承孔磨损逾限,减速器齿轮恶性磨损,需要校正或彻底修复。

⑤前桥总成大修送修标志:前轴裂纹、变形,主销孔磨损逾限,需要校正或彻底修复。

⑥客车车身总成大修送修标志:车厢骨架断裂、锈蚀、变形严重,蒙皮破损面积较大,需要彻底修复。

⑦货车车身总成大修送修标志:驾驶室锈蚀、变形严重、破裂;货厢纵、横梁腐蚀,底板、栏板破损面积较大,需要彻底修复。

2.1.4 汽车修理方法

汽车修理方法是指进行汽车修理作业的工艺和组织规则的总和。

2.1.4.1 汽车修理的基本方法。按汽车修理以后对汽车属性保持程度来区分,有就车修理法、混装修理法和总成互换修理法3种。

(1)就车修理法是指进行修理作业时要求被修复的主要零件和总成装回原车的修理方法。汽车在修理时,从车上拆解的总成和零件,经检验凡能修复的,均在修竣后全部装回原车,不得进行互换。采用这种修理方法,由于各总成和零件的修理难易程度、所需工时都不一样,经常会影响汽车最后总装的连续性,以致拖延汽车修理竣工出厂的时间。不过,在承修汽车车型较杂、产量不大的汽车修理企业比较适宜采用这种修理方法。图2-6是采用就车修理法的汽车大修工艺过程框图。

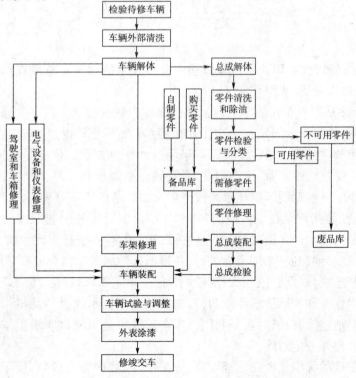

图2-6 采用就车修理法的汽车大修工艺过程框图

(2)混装修理法是指进行修理作业时,不要求被修复零件和总成装回原车的修理方法。这种修理方法与就车修理法完全不同,过多调换汽车原来的零件和总成,破坏了汽车原有的装配性能,这已成为汽车修理的大忌。因此,这种修理方法现已不推荐采用。

(3)总成互换修理法是指储备的完好总成替换汽车的不可用总成的修理方法。汽车修理时,首先经检测诊断,确定可用总成和不可用总成,再用储备周转总成替换下不可用总成,保证既快又好地完成汽车修理作业。对换下的不可用总成,可以组织专门修理,修复后经检测符合标准,入库备用,作为下次互换用的周转总成。汽车大修采用总成互换修理法,可以大大简化工艺过程,有利于组织流水作业生产线,缩短汽车大修的在厂(场)车日,提高汽车修理质量和产量。总成互换修理法,具有一定的优越性,是汽车维修生产发展的方向。图2-7是采用总成互换修理法的汽车大修工艺过程框图。

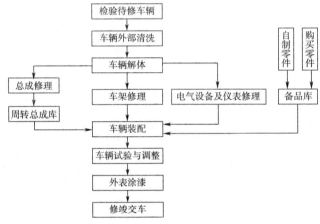

图2-7 采用总成互换修理法的汽车大修工艺过程框图

2.1.4.2 汽车修理作业形式。汽车修理作业形式是按汽车和总成在修理过程中的相对位置来区分,有定位作业法、流水作业法两种。

(1)定位作业法是指汽车在固定工位上进行修理作业的方法。汽车大修采用定位作业法时,将汽车的拆解和总装作业固定在一个工作位置(车架不变移位置)来完成,而拆解后总成和零件修理作业仍分散到各个工位上进行。采用这种作业方式的优点是占用工作场地较小,拆解和总成作业不受连续性限制,生产调度方便;缺点是总成和零件要来回搬运,工人劳动强度较大。定位作业法一般适用于规模不大或修理车型较杂的汽车修理厂。

(2)流水作业法是指汽车在生产线的各个工位上,按确定的工艺顺序和节拍进行修理的方法。汽车大修采用流水作业法时,将汽车的拆解和总装作业安排在流水线上完成,对于总成和零件的修理仍可以分散到各个工位上进行,并根据条件尽量采用总成和零件修理的流水线,或采用总成互换修理法,以配合汽车大修流水作业连续性要求,避免"窝工"现象。流水作业又可分为连续流水作业和间歇流水作业两种,前者是利用流水线上传动机构使汽车沿拆解和总装流水线有节奏地连续移动;后者是利用汽车车轮或输送机使汽车沿拆解和总装流水线每移动到一个工位上停顿一定时间。

采用流水作业法的优点是专业化程度高,分工细致,修理质量较高,便于集中利用工具设备;缺点是要有较大的生产场地和完善的生产设施及工艺组织。流水作业法适于生产规模较大或修理车型单一的汽车修理厂。

2.1.4.3 修理作业的劳动组织形式。修理作业的劳动组织形式按劳动者在汽车修理过程中的组织形式来区分,有综合作业法、专业分工作业法两种。

(1)综合作业法是指汽车由一个具有多种技能的工人或工组进行修理的方法。由于汽车修理技术要求高,工作量也较大,所以汽车修理作业很少采用完全综合作业法,比较多的是除车身、轮胎、焊接、零件制配等由专业工种工组完成外,其余均由一个机工维修组完成。采用综合作业劳动组织,要求工人的操作技能比较全面,不易提高工人技术熟练程度,也不易提高工作质量和效率。因此,综合作业法适于生产量不大,承修车型较杂,设备简陋的汽车修理厂。

图2-8为采用综合作业法的汽车修理厂组织机构示意图。其中各汽车修理车间下设若干工段和班组,每个车间都能承担汽车从拆解到总装的全部修理工艺过程,既可以采用就车修理法的工艺过程,也可以采用总成互换修理法的工艺过程,只是将一些较特殊的修理作业,如车厢木工修理、驾驶室钣金修理、蓄电池修理等,归到专业车间去进行。

(2)专业分工作业法是指汽车由分工明确的若干工人或工组协调配合进行修理的方法。汽车修理作业分工可按工种和工位等来划分,例如:按工种可分为机修工、机加工、轮胎工、油漆工、汽车电工等;按工位可分为发动机修理、底盘修理、液压机械修理等;还可以进一步分为拆解工、装配工、零件检配工等。工位和工种分得专业化程度越高,也越适合组织流水作业。采用专业分工劳动组织,易于提高工人技术水平和工具设备利用率,提高工作效率和质量的目的。但是,必须建立健全技术管理制度和机构,确保各项工作有条不紊,保质保量地完成任务。

图2-9是采用专业分工作业法的汽车修理厂组织机构示意图,在汽车修理方法上,无论是就车修理法还是总成互换法都适用。

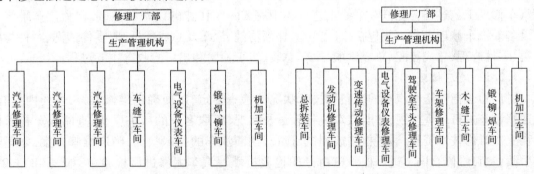

图2-8 采用综合作业法的组织机构示意图　　图2-9 采用专业分工作业法的组织机构示意图

2.1.4.4 汽车修理方法的选择。选择汽车修理的工艺组织方法,要根据生产规模、维修、工艺设施、工人素质和材料供应等具体情况综合考虑。各地进行了一系列的研究和试验工作,一些成功的经验如下。

(1)在汽车修理基本方法上,采用就车修理与总成互换法相结合的方法。例如,汽车大修时,对修理费时和困难的总成和零件采用互换法,其余能适应汽车大修进度要求的总成和零件仍采用就车修理法。这样,既能减少汽车大修在厂(场)车日,又能减少周转总成和零件的储备。

(2)在汽车修理作业方式上,对汽车拆解和总装采用定位作业,以便集中使用起重搬运设备和专用工具等;对总成和零件修理尽量组织流水作业生产线。

(3)在劳动组织形式上,采用综合作业与专业分工作业修理相结合的方法。对汽车的拆装可以成立汽车拆解工组和总装工组,组内还可以按工种和工位合理分工,同时进行拆和装的作业,使各工人的工作量大致平衡,且作业中又不互相干扰。对总成和零件的修理,则由各专业工组或工段完成。在管理上,按修理工艺过程组织工人或工组平行交叉作业以求压缩修理在厂车日;在生产过程中,可通过调度及时平衡进度。

(4)汽车修理企业在采用总成互换修理法时,应根据具体情况而定。

①汽车较多的运输企业,应采用分车型定点维修,尽量统一车型,以利于汽车维修企业储备周转总成和制定维修工艺,提高专业化维修水平。

②提高总成修理质量,使用户满意。必要时可由用户指定车型进行互换修理,并共同建立周转总成记录卡,记录有关技术情况和互换情况,使互换的总成相对稳定。

③在修理总成时,对影响装配质量或磨合条件的重要零件和基础零件,均不得进行互换。例如汽缸体与飞轮壳、曲轴与飞轮、汽缸体与主轴承盖、主减速器齿轮、喷油泵柱塞副等。

④采用总成互换修理法所需周转总成数量,应根据修理企业每日竣工出厂汽车数量、车架或车身修理在厂(场)车日及总成修理车日进行计划,确定各类总成所需周转数量,其他零配件也可按需要储备,以供周转。

⑤按汽车管理要求,货车车架与发动机、客车车身和发动机上有统一编号(钢印),这些总成一般不得互换。

2.2 汽车修理工艺

汽车修理工艺是指利用生产工具按一定要求修理汽车的方式,是修理汽车中积累起来,并经过总结的操作技术经验。汽车修理的各种作业按一定方式组合、顺序、协调进行的过程,称为汽车修理工艺过程。在汽车维修工艺过程中完成一定作业的设施和机械,称为汽车维修工艺设备。汽车修理工艺一般包括进厂检验、外部清洗、汽车及总成的拆卸、零件清洗、零件检验分类、零件修理、总成装配、总成试验、汽车总装、竣工检验和出厂验收等主要过程。

2.2.1 进厂检验

进厂检验指对送修汽车的装备和技术状况的检查鉴定,以便确定维修方案,主要内容有:对送修汽车进行外观检视,注明汽车装备数量及状况,听取客户的口头反映,查阅该车技术档案和上次维修技术资料,通过检测或测试、检查,判断汽车的技术状况,确定维修方案,办理交接手续,签订维修合同。进厂检验应由专职检验员填写汽车大修进厂检验单,如表2-8、表2-9所示为某地汽车维修行业管理规定的汽车大修进厂检验单、发动机大修进厂检验单。

2.2.1.1 汽车和总成的送修规定。送修的汽车应符合交通部颁发的有关规定,符合送修汽车的装备规定,严格防止乱拆或任意更换零件和总成。

①汽车和总成送修时,承修单位与送修单位应签订合同,商定送修要求、修理车日和质量保证等,合同签订后必须严格执行。

②汽车送修时,除肇事或特殊情况外,均应具备行驶功能,装备齐全,不得拆换。

③总成送修时,应在装合状态,附件、零件均不得拆换和缺少。

④肇事汽车或因特殊原因不能行驶和短缺零部件的汽车,在签订合同时,应作出相应的约定说明。

汽车大修进厂检验单

表 2-8

进厂日期			进厂编号	
厂牌车型			牌照号码	
发动机号码			底盘号码	
送修单位			地址	
联系电话			送修人	
用户报修及车况介绍	此车系驶入或拖入_____ 已进行过整车大修_____次 进厂前主要问题是_____		总行驶里程_____km 发动机大修_____次 此次要求_____	
检查发现主要问题及重点修理部位				

整车装备及附属设施（完整"√"，缺少"△"，损坏"×"）

部位	检验项目	状况	检验项目	状况	检验项目	状况
车内附属设施	收音(录)机		点烟器		电风扇	
	CD机		座套		转向盘套	
	天线		坐(靠)垫		遮阳板	
	电视、音响		脚垫		防盗锁	
	车载电话		前后标		仪表盘	
	钥匙		饰物		随车工具	
底盘部分	离合器		转向器		前、后桥	
	手动变速器		转向操纵机构		横拉杆	
	自动变速器		转向传动机构		减振器	
	传动轴		车架及车身		制动系	
	驱动桥		内外蒙皮		驻车制动系	
	分动器		悬架			
电器	灯光		暖风电机			
	仪表		防盗系统			
	电气线路		低压报警器			
其他	驾驶室		内外装饰			
	客车车厢		油漆涂层			
	门窗玻璃		备胎			
备注：						

进厂检验签字： 年 月 日

发动机大修进厂检验单　　　　　　　表 2-9

进厂日期		进厂编号	
厂牌车型		牌照号码	
发动机型号		发动机号码	
送修单位		单位地址	
联系电话		送修人	
用户报修项目及发动机现状	此车系驶入或拖入_____ 已进行发动机大修_____次 此次要求_____	总行驶里程_____km 进厂前主要问题是_____	
发动机主要问题及重点修理部位			

发动机外观及装备（完整"√"，缺少"△"，损坏"×"）

检验项目	检验结果	检验项目	检验结果
空气滤清器		正时齿轮	
燃油滤清器		机油散热器及管道	
机油滤清器		加机油口盖	
机油泵		水箱及水箱盖	
燃油泵		水泵	
汽缸体、汽缸盖		风扇电机	
进、排气歧管		风扇皮带	
起动机		风扇叶	
发电机		排气管、消声器	
火花塞		三元催化转换器	
分电器		喷油泵	
高压线		喷油嘴	
电控系统		增压器	
点火线圈		油管、真空管	
传感器		机油尺	

备注：

进厂检验签字：　　　　　　　　　　　　　　　　　　　　　　　　年　月　日

⑤汽车和总成送修时,应将汽车和总成的有关技术档案一并送承修单位。

2.2.1.2 汽车的外表检查。
①检查车容,察看汽车外部有无损伤,各种零件是否完备齐全。
②检查车架、汽缸体、变速器壳、前后桥等主要基础件,是否有裂纹、破损等损坏。
③检查转向、传动、制动等安全机构是否有松动、渗漏、缺损等现象。
④察看轮胎磨损情况,如有不正常损坏应查明原因。

2.2.1.3 汽车的行驶检查。
①观察发动机的运行情况,有无异常响声,运转是否稳定,排气有否异常现象,机油压力与冷却温度是否正常。
②汽车起步时,检查离合器分离情况,是否有发抖和打滑现象,变速器挂挡是否有困难或异响现象。
③汽车在行驶中,制动性能是否良好,转向是否灵活,变速器是否跳挡;高速行驶时,传动轴及后桥是否出现不正常响声,各轴承及密封部位是否有渗漏或发热现象,前桥及转向装置是否有跑偏和不稳现象。
④对客车车身,通过路试检查车桥和骨架是否有断裂现象。

2.2.2 外部清洗

汽车解体之前须进行外部清洗,除去外部灰尘、泥土与油污,便于保持拆卸工作地的清洁和拆卸工作的顺利进行。为了便于清洗,有时可将载货汽车车厢拆下。

汽车清洗设备的种类很多,一般可分为固定式和可移动式两大类。大型汽车修理厂宜用固定式清洗机,清洗效率高,经济性好,但设备投资大,占地面积大。采用移动式清洗机,清洗质量好,设备投资少,但清洗时间长,耗水量较多,适用于小型汽车修理厂。

2.2.3 汽车及总成的拆卸

汽车及总成的拆卸工作量比较大,直接影响到汽车的修理质量与修理成本。从拆卸工作本身来看,并不需要很高的技术,也不需要复杂的设备。但是,往往由于不重视这项工作,在拆卸工作中会造成零件的变形和损伤,甚至无法修复。总成的分解工作质量,将直接影响到汽车和总成的修理质量和修理速度,所以在拆卸工作中应注意到修理后的装配工艺要求。

2.2.3.1 拆卸作业方式。汽车和总成的拆卸作业方式有固定作业和流水作业之分。固定作业是汽车总成的拆卸工作始终在同一工作地点进行;流水作业是汽车拆卸工作在流水线上进行,流水线可以是分成若干个工作地点或是传送设备。通常汽车和总成的拆卸作业以平行交叉作业方式进行,将汽车划分成若干拆解单元,按部位(或总成)分工作业。这样可以减少工人在拆卸中工作位置变换过多,减少辅助工作时间和使用工具数量,使拆卸作业顺利进行。

2.2.3.2 拆卸作业过程。
①先拆去车厢,进行外部清洗,然后进入拆卸工位,在热状态下放掉发动机、变速器和差速器壳内的润滑油。
②拆去电气设备及各部分的导线,拆去驾驶室。
③拆去发动机总成、变速器总成及传动轴、后桥等总成。
④将拆下的总成拆解成零部件。

2.2.3.3 拆卸作业原则。

①熟悉拆卸对象。拆卸前应熟悉被拆汽车和总成的结构,必要时可以查阅一些资料,按拆卸工艺过程进行。严防拆卸工艺过程倒置,造成不应有的零件损伤。

②做好装配记号。为了保证一些组合件的装配关系,在拆卸时应按原来的记号或重新做好记号。有些组合件是经过选配装合的或是在装合后加工的不可互换的组合件(如汽缸体与飞轮壳、主轴承盖、连杆与盖等),拆卸后都应按原位置装好或做好装配记号。对于动平衡要求较高的旋转零件,如曲轴与飞轮、离合器压板与离合器盖、传动轴与万向节等,拆卸时也应注意不破坏其原有平衡和装配记号。

③正确使用工具。正确使用拆卸工具是保证拆卸质量的重要手段之一,拆卸时所选用的工具要与被拆卸的零件相适应,如拆卸螺母、螺钉应根据其六方尺寸,选取合适的固定式扳手或套筒扳手,尽量不用活动扳手。对于静配合零件,如衬套、齿轮、皮带轮和轴承等应尽可能使用专用拉器(图2-10)或压力机,如无专用工具也可用尺寸合适的铳头,用手锤冲击,但不能直接用手锤敲打零件的工作面。

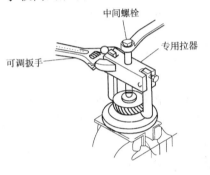

图2-10 专用拉器

2.2.4 零件清洗

汽车和总成拆解成零件以后,须进行零件清洗,以清除油污、积炭、水垢和锈蚀。对于不同的污垢要采用不同方法清除,所以零件清洗工作分为清除油污、清除积炭、清除水垢和清除锈蚀等。

2.2.4.1 清除油污。油污大体可分脂肪(动、植物油)油污和矿物质油污两大类。清除油污的方法很多,大致可区分为碱水除油和有机溶剂除油两类。碱水除油是用苛性钠清洗脂肪类油污,脂肪和苛性钠经加热发生皂化反应而生成肥皂和甘油。有机溶剂(常用的有汽油、煤油和柴油等)除油优点是简便、不需加热、对金属无损伤,但是清洗成本高,易燃烧,不安全,一般不宜采用。

2.2.4.2 清除积炭。清除积炭用得比较多的是化学方法,就是用退炭剂(化学溶剂)将零件上的积炭软化,软化后的积炭很容易除掉。用化学方法清除积炭的优点是零件表面不会受到刮伤或擦伤。

2.2.4.3 清除水垢。发动机冷却系中如果长期加注硬水,很容易在发动机水套和散热器壁上沉积水垢,造成散热不良,影响发动机的正常工作。由于水质不同,有的水垢主要成分是碳酸钙($CaCO_3$),有的水垢主要成分是硫酸钙($CaSO_4$),有的水垢主要成分是二氧化硅(SiO_2),也有的水垢同时含有几种成分。

汽车修理企业大多数都采用酸洗法或碱洗法清除水垢,因为酸或碱性溶液对水垢均有溶解作用。化学除水垢的实质是通过酸或碱的作用,使水垢从不溶于水的物质转化为溶于水的盐类。

2.2.5 零件检验分类

根据修理技术条件,按零件技术状况将零件分类为可用、可修和不可修的检验,称为零件检验分类。零件检验分类是汽车大修工艺过程中的一项重要工序,直接影响到汽车的修理质量和修理成本。零件检验分类一般都采取集中检验的方法,即在整车和各总成分解清洗后,由专职检验员对集中在一起的零件进行检验和分类。

2.2.5.1 零件检验。在零件检验过程中,对于材质发生改变或出现裂纹的零件,一般用外部检视或探伤的方法判断;对于磨损或变形的零件,则应测量其磨损量或变形量的大小,判断其是否超过"允许值"范围和是否需要修复。零件磨损或变形的"允许值"表示零件在达到该数值以前,无需进行修理,至少还可以继续使用一个大修周期。

2.2.5.2 零件分类。在零件检验的基础上,正确区分可用的、可修的和不可修的零件,在保证修理质量和较好的经济效益的前提下进行综合考虑的结果。可用零件是指其尺寸和形状位置误差均符合大修技术标准,可以继续使用的零件。可修零件是指如果通过修理,能使零件符合大修技术标准,保证使用寿命,经济上也合算的零件。如果零件不符合大修技术标准,且已无法修复或修复成本不符合经济要求时,这种零件就属不可修零件,可以报废。

2.2.6 零件修理

零件修理的目的就是为了恢复它们的配合特性和工作能力。零件修复的基本方法有尺寸修理、补偿修理和压力加工修复等,零件的各种修复方法如图2-11所示。

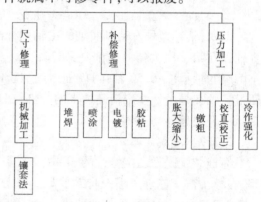

图 2-11 零件的各种修复方法

2.2.6.1 尺寸修理。对磨损的零件,按规定的修理尺寸进行加工,使其重新具有正确的尺寸和形状精度,但改变了原设计尺寸。例如,轴类零件经尺寸修理后,轴颈尺寸缩小,如图 2-12 所示;孔类零件经尺寸修理后,孔径尺寸扩大,如图2-13所示。

2.2.6.2 补偿修理。利用堆焊、喷涂、电镀和胶粘等方法增补零件的磨损表面,然后再进行机械加工,并恢复其原设计尺寸和形状精度。例如,采用尺寸修理的零件在经过几次加工后,需用镶套、堆焊、喷涂、电镀等方法恢复到原设计尺寸。

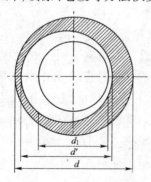

图 2-12 修理尺寸轴颈缩小
d-名义尺寸;d'-磨损后的尺寸;
d_1-修理尺寸

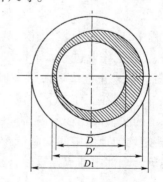

图 2-13 修理尺寸孔径扩大
D-名义尺寸;D'-磨损后的尺寸;
D_1-修理尺寸

2.2.6.3 压力加工修复。利用零件金属的塑性变形来恢复零件磨损部分的尺寸和形状。常用的压力加工修复方法有胀大(缩小)、镦粗、校直(正)及冷作强化。

凡规定有修理尺寸的零件都应按修理尺寸进行修复加工,以便换用配件厂生产的相应修理尺寸的配合件。每种厂牌汽车的主要零件及易损零件,如汽缸、活塞、活塞环、活塞销、曲轴、转向节等都规定有它的各级修理尺寸。我国生产的汽车主要及易损零件的修理尺寸分级多半是每级相差0.25mm,表2-10所示为曲轴分级修理尺寸。

曲轴分级修理尺寸(mm)　　　　　表2-10

级别	1	2	3	4	5	6	7	8	9	10	11	12	13
曲轴主轴颈、连杆轴颈直径	0	-0.25	-0.50	-0.75	-1.00	-1.25	-1.50	-1.75	-2.00	-2.25	-2.50	-2.75	-3.00

注:1. 各级修理尺寸仍采用原设计尺寸的极限偏差。
　　2. 9级及9级以后为不常用尺寸级。
　　3. 分级有特殊规定的曲轴,应按其原设计执行。

例如,某种型号发动机曲轴的主轴颈标准尺寸为 $\phi 66_{-0.02}$ mm,轴承内径为 $\phi 66^{+0.07}_{-0.02}$ mm。曲轴主轴颈在第一次大修时磨削到 $\phi 65.5_{-0.02}$ mm,即缩小了两个级别(-0.50mm),再配上一个缩小两级的轴承(-0.50轴瓦)就能得到与新件相同的装配间隙和精度,保证了这对零件的修理质量。轴瓦是由专业厂精确加工的配件,在正常情况下,装配曲轴不需要刮瓦,且装好后能在轴承中轻便地转动。

2.2.7　总成装配

总成装配是把已经修好的零部件(或更换的新件)按技术要求装配成一台完整总成的过程,在整个汽车修理过程中非常重要。总成装配质量的好坏,直接影响汽车修理的质量。

2.2.7.1　总成装配作业要点。为了保证装配质量,应特别注意下列要求。

①不可互换的零件、组合件,应按原位安装(对准装配记号),不得错乱。

②重要的螺栓和螺母(如汽缸盖的螺栓、主轴承盖的螺栓、连杆的螺栓和螺母)必须按规定的转矩依次按顺序拧紧。

③装配时应尽量采用专用工具,装配有相对运动的零件时,应在配合表面涂上清洁的润滑油。

④在装配过程中,应该边安装、边检查、边调整,以保证装配质量。

2.2.7.2　总成装配作业过程。下面以汽油机总成装配为例说明作业过程。

(1)安装曲轴。如果止推垫片在第一道主轴颈,先把正时齿轮及止推垫片装在曲轴轴颈上,准备好的汽缸体倒置在工作台上,将各道主轴承上片放入轴承座内,并涂上清洁机油,将装好飞轮并经动平衡的曲轴放在轴承内,将各带有下片的主轴承盖装在各自的轴承座上,并装好密封条,按规定转矩均匀地由中间向两端拧紧主轴承螺栓。每拧紧一道轴承,转动曲轴几圈,检查有无阻滞现象。全部主轴承拧紧后,检查曲轴的阻力矩,应符合规定,检查曲轴的轴向间隙应符合规定。

(2)安装活塞连杆组。先检查活塞是否偏缸,将汽缸体侧放,把不装活塞环的活塞连杆组按原配的汽缸装合在曲轴上,并按规定扭矩拧紧各道螺母。然后转动曲轴,在上、下止点和汽缸中部用厚薄规检查活塞头部前、后方与汽缸的间隙,其前后间隙差不大于0.1mm,超差时,查明原因,予以排除。

活塞环装入活塞环槽时,应注意活塞环的断面形状及安装方向。安装扭曲环时,内切口一面应朝上,外切口一面应朝下。活塞环开口应相互错开,三道环的各相错开180°,四道环的第一道环与第二道环相错开180°,第二道环与第三道环错开90°,第三道环与第四道环再错开180°。

将活塞连杆组装入汽缸时,注意安装方向,并在汽缸、活塞、连杆大头、连杆轴颈等各配合表面涂上清洁机油,用环箍箍紧活塞环,将整个活塞连杆组从汽缸上方装入汽缸,使连杆大头落在连杆轴颈上,然后扣上连杆轴承盖,按规定转矩拧紧螺母,有些发动机还需装好防松装置。每装好一道活塞连杆组后,转动曲轴,应无阻滞现象,然后再继续安装其他活塞连杆组。全部装好后,转动曲轴,阻力矩应符合技术标准的规定。

(3)安装凸轮轴。先将隔圈、止推凸缘及正时齿轮装配在凸轮轴上。安装凸轮轴时,将凸轮轴各道轴颈涂上机油,装入凸轮轴轴承中,同时将凸轮轴正时齿轮与曲轴正时齿轮的记号对正,拧紧凸轮止推凸缘的固定螺钉。检查凸轮轴的轴向间隙(是用止推凸缘与隔圈的厚度差来保证的)和正时齿轮啮合间隙(用厚薄规在齿轮圆周方向相隔120°的三点进行测量),应符合规定。

(4)安装汽缸盖。将汽缸衬垫放在汽缸体上平面上,对铸铁汽缸盖,汽缸衬垫光滑的一面对着汽缸体,这样可防止刮伤汽缸上平面;对铝合金汽缸盖,由于容易刮伤,因此应将汽缸衬垫光滑的一面对着汽缸盖,然后装上汽缸盖(已经装妥气门组件)和缸盖螺栓,按规定扭矩和顺序分次均匀地扭紧。

(5)安装气门传动组零件。装好汽缸盖后,按顺序在摇臂轴上装上摇臂、摇臂支座等全部零件,并安装在汽缸盖上,再装上气门挺杆和推杆,调整气门间隙。气门间隙是气门杆端部与摇臂之间的间隙,调整应在气门处于完全关闭的状况下进行,调整时用厚度符合规定间隙的厚薄规插入气门杆端面与摇臂之间,用扳手旋松锁紧螺母,用螺丝刀旋转调整螺钉,同时来回移动厚薄规,以感觉有轻微阻力为合适,再将锁紧螺母拧紧,如图2-14和图2-15所示。采用液力挺杆的发动机,无需调整气门间隙。

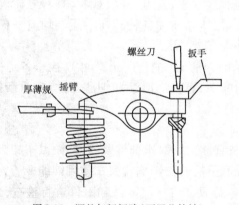

图2-14 调整气门间隙(下置凸轮轴)

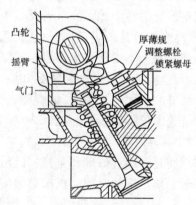

图2-15 调整气门间隙(上置凸轮轴)

(6)安装机油泵。应注意某些发动机的安装要求,如EQ6100—1发动机,使第一缸活塞在压缩冲程上止点位置,转动机油泵轴,使轴端上分电器的横销槽与机油泵壳体上的进油孔成45°倾斜,然后将机油泵装在缸体上,使横槽与曲轴轴线平行。

(7)安装飞轮壳。装飞轮壳之前,先将主油道堵头螺钉拧紧,检查飞轮壳定位销孔有无损伤,然后装上飞轮壳。

(8)安装进排气岐管。清除管内积炭和污物,用压缩空气吹净,安装时放上衬垫,按规定顺序拧紧螺栓。

（9）安装发动机附件。安装发动机附件，包括水泵、发电机、起动机、空气压缩机、节温器、出水管、机油粗滤清器、机油细滤清器、分电器、空气滤清器等。

需要说明的是实际生产中，安装发动机附件及调整，是安排在发动机冷磨之后进行。

2.2.8 总成试验

在生产中广泛采用的是无负荷的冷磨合和热调试，习惯上称为冷磨和热试。

2.2.8.1 冷磨。由外部动力驱动总成或机构的磨合。对发动机而言，冷磨的目的是对关键的部位（如汽缸与活塞环，曲轴颈与轴承，凸轮轴颈与轴承等）进行的使表面平整光滑，建立能适应发动机正常工作的承载与表面质量要求的磨合过程。

冷磨时，将发动机装在磨合架上，不装火花塞或喷油器。磨合时，一般采用低黏度的润滑油，这是因为它的流动性好，导热作用强，可降低表面温度，避免磨合时发生熔着磨损，加强了清洗作用，使磨屑得以及时清除，也易补充到间隙小的部位。冷磨时，常在较稀的车用机油中加入15%～20%的煤油或轻柴油。为改善磨合质量，缩短磨合时间，可在润滑中加硫、磷、石墨、二硫化钼等添加剂。

一般开始磨合的转速以550～600r/min为宜，然后在此基础上逐步增加，每一级以100～200r/min递增，整个冷磨时间不得少于2h。

冷磨以后，放出全部润滑油，加入清洗油，再转动几分钟，彻底清洗零件表面和润滑油道，放出清洗油。

2.2.8.2 热试。将冷磨后的发动机装上全部附件后起动，以自身的动力运转，除进一步磨合外，主要是对发动机的工作进行检查调整。

热试时，转速不宜过高，一般1000～1400r/min，时间不少于1.5h，水温应保持75～85℃；应仔细观察各处的衬垫、油封、水封及接头有无漏油、漏水、漏电、漏气现象；查看电流表、机油压力表、水温表读数是否正常；调整点火系、供油系，使怠速和各种转速时运转均应平稳；检查发动机各部分有无不正常响声；测量汽缸压力是否符合要求。

热试后，应检查汽缸壁磨合情况和曲轴轴承磨合情况（抽查一道即可），检查各道曲轴轴承螺栓和螺母的紧固锁止情况，检查和调整气门间隙，更换润滑油和细滤器滤芯，重新按规定转矩将汽缸盖螺栓再依次紧一次。

2.2.9 汽车总装

汽车总装是将经过修理和更换，并经检验合格的各总成、组合件及连接件，以车架为基础，装配成一辆完整汽车的过程。汽车总装配质量的好坏，直接影响着汽车使用性能及运行安全。

2.2.9.1 汽车总装作业要点。装配前，对各总成、组合件、零件和附件进行检查，各项指标都应符合技术条件的规定；总装时，要认真执行技术条件中的规定，正确装配，然后按照安全操作规程进行装配作业；总装后，必须进行试车检验，确保汽车符合技术条件的各项要求，为客户提供高质量的、性能良好的汽车。

2.2.9.2 汽车总装作业过程。由于汽车结构不同，总装工艺不完全相同，现以CA1091汽车总装为例说明。

（1）安装前桥。将车架架好，在车架上装好前钢板弹簧，安装时，将钢板前端孔与车架上支架孔对正，装入钢板销，用同样方法装好后端，然后装上前桥和车轮；也可以先将钢板弹簧和车轮事先装好在前桥上,然后将车架前端吊起,将前桥推到车架下,将钢板弹簧与车架连接装配在一起。减振器应先装在车架上,然后将减振器与前桥连接。

(2)安装后桥。后钢板弹簧同后桥的安装与前桥基本相同,可先在车架上装好钢板弹簧,再装后桥和车轮,也可将车架后端吊起,把装有车轮和钢板弹簧的后桥推到车架下面,用钢板弹簧销和吊耳销将钢板弹簧与车架连接在一起。

(3)安装制动装置。应先装储气筒和制动阀,然后再连接各部气管,所有管道应安装牢固。

(4)安装离合器踏板及制动踏板。将制动踏板支架装在车架上,在踏板轴上装好离合器踏板和制动踏板。装好离合器分离叉的拉杆、制动主缸推杆或制动阀拉杆,装好各部拉簧。

(5)安装发动机和变速器。在总装前,先将发动机、离合器和变速器装合在一起,然后吊装到车架上,也可分别安装。注意装好发动机支承处的橡胶垫块。

(6)安装传动轴。将传动轴中间支承装好后,用螺栓将传动轴万向节凸缘接头与变速器及主减速器凸缘接头连接,使两端的万向节叉在同一平面内。传动轴分两段的,先装前面短的,再装后面长的,并使短传动轴两端的万向节叉互相垂直,长传动轴两端的万向节叉应在同一平面内。

(7)安装消声器。在排气歧管与消声器凸缘之间装上石棉衬垫,用卡箍将消声器安装固定,并安装好消声器排气管。消声器及排气管卡箍的固定螺栓应安装弹簧垫圈。

(8)安装驾驶室。驾驶室与车架固定处应安放橡胶垫,固定螺栓的螺母下面安置平垫圈,螺母拧紧后装好开口销。安装好驾驶室后,即可安装加速踏板,接上化油器节气门与阻风门的拉杆及钢丝等连接部分。

(9)安装转向器。将转向轴管在驾驶室内固定后,再拧紧固定螺栓。安装转向摇臂,应先将转向盘转到全部回转行程的中部,将摇臂置于垂直位置装在摇臂轴上,使两前轮处于直行位置,用纵拉杆将摇臂与转向节臂连接起来。

(10)安装汽油箱。汽油箱安装应紧固牢靠,最后连接油管。

(11)安装脚踏板、翼子板和保险杠。先将脚踏板安装在车架上,再装上挡泥板和翼子板,最后装保险杠和拖钩。

(12)装散热器及发动机罩。散热器与车架连接处,要装好橡胶垫,螺母拧紧后必须用开口销锁住,再拧紧框架螺栓,连接橡皮水管,装好百叶窗、拉杆和拉手,最后安装发动机罩。

(13)安装全车电气线路及仪表。电线要用线夹固定并拉紧,接头必须接触良好并紧固可靠,车灯应安装牢靠。

(14)加注润滑油、冷却水。在需润滑的部位,按规定的品种和牌号加注润滑油或润滑脂,水箱内加满冷却水。

(15)安装车厢。用U形螺栓将车厢与车架固定。

(16)汽车总装后的检查调整。汽车总装后,还应检查调整离合器踏板自由行程、前轮前束、转向角、转向盘自由转动量、制动踏板自由行程,检查轮胎气压。

2.2.10 竣工检验

汽车总装后,要进行一次全面综合性检验,其目的是检查整个汽车的修理质量,消除发现缺陷和问题,使修竣的汽车符合技术标准的规定,为客户提供性能良好、质量可靠的汽车。

竣工检验包括试车前检验、试车检验和试车后的检验。竣工检验应由专职检验员填写汽车大修竣工检验单,某地汽车维修行业管理规定的汽车大修竣工检验单如表2-11和表2-12所示。

汽车大修竣工检验单（一） 表 2-11

进厂编号		厂牌车型		牌照号码	
发动机号码		车架号码		竣工日期	
检验项目	检验结果	检验项目	检验结果
---	---	---	---
一、整车外观和装配		倒车灯、牌照灯	
喷(涂)漆		雾灯、报警灯	
钣金及整形		仪表、信号及仪表灯	
门、窗、罩、盖		刮水器	
各部玻璃		电气线路	
升降器		蓄电池	
刮水器		发电机	
遮阳板		调节器	
内、外装饰		起动机	
后、侧视镜		继电器	
座椅及靠垫		—	—
室内装饰		二、汽车运行性能	
各部润滑与加注作业		发动机	
驾驶室		离合器	
客(货)车身		手动变速器	
车架、保险杠		自动变速器	
悬架、弹簧		分动器	
减振器		传动轴	
保险杠及拖钩		主减速器	
备胎及支架		差速器	
轮胎与气压		转向盘	
排气管、消声器		—	—
油箱架、防护网		三、路试后的检查	
离合器踏板		发动机运转状况及异响	
制动踏板		制动鼓	
节气门开度调整		轮毂	
驻车制动拉杆及有效行程		变速器壳	
传动轴及中间支承		驱动桥壳	
转向机支架		差速器壳	
转向摇臂、横直拉杆		传动轴中间轴承	
转向助力装置		螺栓螺母连接	
前照灯、小灯		各总成油液高度	
制动灯、转向灯		四漏检查	
顶灯、示位灯		各部异响	

备注：

过程检验签字： 年 月 日

汽车大修竣工检验单(二)

表 2-12

施工单号		厂牌车型		牌照号码	
发动机号码		车架号码		竣工日期	

底盘各部位检验记录		

检验内容及结果	检验内容及结果
汽车左右轴距差(mm): 左:　　右:　　差:	喇叭声级(dB):
保险杠左右离地高度差(mm): 左:　　右:　　差:	车轮动平衡(g):
翼子板左右离地高度差(mm): 左:　　右:　　差:	轮胎花纹深度(mm):
驾驶室、客车厢左右离地高度差(mm): 左:　　右:　　差:	离合器踏板力(N):
货厢左右离地高度差(mm): 左:　　右:　　差:	制动踏板力(N):
货厢边板关闭后缝隙(mm):	最小转弯半径(m):
转向盘自由转动量(°):	前轮侧滑量(m/km):
前轮定位(°): 主销内倾: 主销后倾: 车轮外倾: 车轮前束:	制动距离(m): 制动力(N): 制动力平衡:
离合器踏板自由行程(mm):	驻车制动:
制动踏板自由行程(mm):	柴油车(Rb): (1)　　(2)　　(3)　　平均值
前照灯发光强度(cd): 左:　　右: 前照灯照射位置(mm): 左灯左/右偏:＿＿　右灯左/右偏:＿＿ 左灯上/下偏:＿＿　右灯上/下偏:＿＿	汽油车

	急速		高急速	
	CO(%)	HC(10^{-6})	CO(%)	HC(10^{-6})

备注:

竣工检验签字:　　　　　　　　　　　　　　　　年　月　日

2.2.10.1 试车前检验。试车前检验主要是静态检查汽车各部分是否齐全完好,装配是否正确妥善,发动机、仪表的工作是否良好。

2.2.10.2 试车检验。试车检验主要是动态检查汽车底盘各总成的工作是否正常。试车时发现故障,要及时排除,特别是转向系和制动系故障,必须排除以后,才能继续试车。

2.2.10.3 试车后检验。其具体要求有:检查制动鼓、轮毂、变速器壳、驱动桥壳、传动轴中间轴承等处;检查各部位应无漏油、漏水、漏电、漏气等现象,运行温度正常;检查各紧固螺栓和螺母,应无松动;检查灯光信号装置,工作应正常。

2.2.11 出厂验收

汽车经竣工检验并消除了各种缺陷后,即可通知送修方接车,经送修与承修双方确认合格后,办理出厂交接手续。汽车修竣出厂验收包括出厂规定和客户验收。

2.2.11.1 出厂规定。汽车的送修和承修方都应遵守修竣出厂规定。

(1)送修汽车和总成修竣检验合格后,承修方应签发出企业合格证,并将技术档案资料交送修单位。

(2)汽车和总成修竣出厂时,不论送修时的装备(附件)状况如何,均应按照有关规定配备齐全,发动机应装限速装置。

(3)接车人员应根据合同规定,就汽车或总成的技术装备情况等进行验收,如发现确有不符合竣工要求的情况时,承修单位应立即查明,及时处理。

(4)送修单位必须严格执行汽车走合期的规定,在质量保证期内因质量问题而发生故障或提前损坏,承修方应及时安排,免费修理。如发生纠纷,由汽车维修管理部门组织技术分析和仲裁。

2.2.11.2 客户验收。客户对修竣出厂的汽车进行静态和动态的检查验收,若发现缺陷,可要求承修方及时消除,使汽车达到整齐美观,安全可靠,经济性和动力性好,技术性能达到指标,客户满意的目标。客户验收时将汽车停放于平坦的路面上,按如下顺序检查。

(1)静态检查,主要内容如下。

①观察汽车外表,站在车头前面察看驾驶室、发动机罩、左右翼子板、前保险杠等是否平正。如果不平正,通常有下列因素:左右轮胎气压不一致,左右弹簧及避震,车架或翼子板变形等。

②到车前检查保险杠及拖钩是否牢固,散热器护罩、发动机罩、翼子板和驾驶室是否凹凸、裂纹,各连接螺栓是否牢固,前照灯安装是否牢固。

③进驾驶室检查车门开关是否轻便,门窗玻璃升降是否灵活,脚踏板是否安装牢固,并检查前挡风玻璃有无裂损。

④到车后观察车厢是否平正,后灯、制动灯、车牌灯是否安装牢固。

⑤检查油箱、备胎架安装紧固情况。

⑥如果是喷烘漆的汽车,应检查油漆面颜色是否均匀,是否有滴漆、起泡等现象。

(2)动态检查,主要内容如下。

①起步行驶前,发动机应达到正常温度并检查一次仪表信号装置的工作情况。

②检查离合器工作状况,离合器应分离彻底,接合平稳可靠,无发抖、打滑、异响等现象。

③低速行驶2~3km,使底盘各部件温度升至正常及润滑正常,注意各部件是否有异常响

声。轻踏制动踏板,测试制动是否灵活有效,然后提高车速。转向系应轻便灵活,无跑偏现象,高速时不能有"飘"的感觉。

④选择合适场地,检查汽车的最小转向半径,应该符合原厂规定。

⑤在加速或减速时,留意细听变速箱、离合器、传动轴、差速器有无响声,检查在不同挡位及不同的速度下,允许齿轮有轻微响声,但不允许有敲击声;在任何一个挡位,当速度突然变化时允许齿轮有瞬间的敲击声;传动轴在正常行驶时不能有响声,但在行驶动力不足而又未能及时转换低速挡时允许有响声。

⑥检查变速箱有否跳挡,在汽车行驶中急踩和急松加速踏板门便可知道。

2.3 汽车修理技术检验

汽车修理技术检验就是按规定的技术要求确定所修理的汽车、总成、零部件技术状况而实施的检查。这种检查针对不同对象,借助某些手段测定质量特性,并将测定结果同技术标准相比较,判断是否合格。汽车修理技术检验可分为整车技术检验、总成技术检验、零部件技术检验。

2.3.1 汽车修理技术标准

汽车修理技术标准是对汽车修理全过程的技术要求、检验规则所做的统一规定。汽车修理技术标准是衡量修理质量的尺度,是企业进行生产、管理的依据,具有法律效力,必须严格遵守。认真贯彻技术标准,对保证修理质量,降低成本,提高经济效益和保证安全运行都有重要作用。我国汽车修理技术标准分四级,即国家标准、行业标准、地方标准和企业标准。

2.3.1.1 国家标准。国家标准是国家对本国经济发展有重大意义和工农业产品、工程建设和各种计量单位所作的技术规定,由国务院标准化行政主管部门制定。如 GB 7258—2012《机动车运行安全技术条件》、GB/T 3798—2005《汽车大修竣工出厂技术条件》、GB/T 3799—2005《商用汽车发动机大修竣工出厂技术条件》、GB/T 5336—2005《大客车车身修理技术条件》等现行标准。

2.3.1.2 行业标准。行业标准就是以前的部标准,是全国性各行业范围内的技术标准,由国务院有关行政主管部门制定,并报国务院标准化行政主管部门备案。在公布国家标准之后,该项行业标准即行废止。如 JT/T 198—2004《营运车辆技术等级划分和评定要求》、QC/T 484—1999《汽车油漆涂层》等现行标准。

2.3.1.3 地方标准。地方标准是省、自治区、直辖市标准化行政主管部门对未颁布国家和部标准的产品或工程所颁布的标准。汽车维修地方标准,由各省、市、自治区标准化行政主管部门制定,并报国务院标准化行政主管部门和国务院有关行政主管部门备案。在公布国家标准或行业标准之后,该项地方标准即行废止。

2.3.1.4 企业标准。汽车维修企业在维修汽车时,若遇到没有国家标准、行业标准或地方标准能参照的情况,应该以该汽车的生产厂商提供的维修手册、使用说明书等相关技术资料为依据,制定企业标准,指导组织生产。企业标准须报当地政府标准化行政主管部门和有关行政主管部门备案。对已有国家标准或行业标准的,国家鼓励企业自行制定严于国家或行业标准的企业标准,在企业内部实施。

2.3.2 整车技术检验

整车技术检验是按一定的检验规则,对大修竣工汽车的一般技术要求和主要性能要求,采用一系列检视或测量的方法。

2.3.2.1 整车技术检验规定采用的方法、一般技术要求和主要性能要求等。

2.3.2.2 汽车整车技术检验规则。

(1)汽车性能测试应在平坦、干燥、清洁的高级或次高级路面,长度和宽度适应测试要求,纵向坡度不大于1%的直线道路上往返进行。测试数据取平均值。

(2)大修竣工的汽车,经检验合格,应签发合格证。

(3)大修竣工的汽车,应在明显部位安装铭牌,其内容包括发动机和车架号码,承修单位名称,修竣出厂年、月、日等。

(4)修竣的车辆,经送修与承修单位双方确认合格后,办理出厂交接手续。出厂合格证和有关技术资料应随车交付送修单位。

2.3.3 总成技术检验

总成技术检验主要是指总成修竣后检验,其目的是检查总成的修理质量,消除发现缺陷和问题,使修竣的总成符合技术标准的规定,确保装上汽车使用性能良好和安全可靠。下面以发动机大修竣工检验为例,说明总成技术检验主要内容。

2.3.3.1 发动机大修竣工检验技术要求。

(1)装配的零、部件和附件均应符合经规定程序批准的制造或修理技术条件。

(2)发动机应按经规定程序批准的装配技术条件进行装配,并装备齐全。

(3)装配后的发动机,应按经规定程序批准的工艺和技术条件进行冷、热磨合,拆检和清洗。

(4)发动机在正常工作温度下,5s内能起动。柴油机在环境温度不低于5℃,汽油机在环境温度不低于-5℃时,起动顺利。

(5)发动机怠速运转稳定,其转速应符合原设计规定。

(6)四行程汽油机转速在500~600r/min 时,以海平面为准,进气歧管真空度应在430~530mmHg 范围内。其波动范围,六缸汽油机一般不超过25mmHg,四缸汽油机一般不超过38mmHg。

(7)发动机在各种转速下运转稳定,在正常工况下,不得有过热现象。改变转速时,应过渡圆滑。突然加速或减速时,不得有突爆声,消声器不得有放炮声。

(8)在规定转速下,机油压力应符合原设计规定。

(9)汽缸压缩压力应符合原设计规定,各缸压缩压力差,汽油机应不超过各缸平均压力的8%,柴油机应不超过10%。

(10)发动机起动运转稳定后,只允许正时齿轮、机油泵齿轮、喷油泵传动齿轮及气门脚有轻微均匀响声,不允许活塞销、连杆轴承、曲轴轴承有异响和活塞敲缸及其他异常响声。

(11)发动机最大功率和最大扭矩均不得低于原设计标定值的90%。

(12)发动机最低燃料消耗率不得高于原设计规定。

(13)发动机不应有漏油、漏水、漏气、漏电现象,但润滑油、冷却水密封接合面处允许有不致形成滴状的浸渍。

(14)发动机排放限值应符合国家有关规定。

（15）发动机应按原设计规定加装限速片,或对限速装置作相应的调整,并加铅封。

（16）发动机外表应按规定涂漆,涂层应牢固,不得有起泡、剥落和漏涂现象。

（17）发动机应按规定加注润滑剂。

（18）其他有关要求应符合原设计规定。

2.3.3.2　发动机大修竣工检验规则。

（1）在测试发动机各种转速运转、进气歧管真空度、机油压力、汽缸压缩压力时,水冷式发动机水温为 75～85℃,风冷式发动机油温为 80～90℃。

（2）承修单位应对发动机的最大扭矩和最低燃料消耗率进行测试,并按主管部门或修理合同规定对最大功率和负荷特性进行抽样测试。

（3）检验合格的发动机,应签发合格证并提供必要的技术资料。

2.3.4　零部件技术检验

零部件技术检验包括对被检零部件的尺寸误差、表面误差、形状和位置误差以及零件内部缺陷等进行检测。下面以对发动机凸轮轴修理检验为例,说明零部件技术检验主要内容。

2.3.4.1　发动机凸轮轴修理检验技术要求。

（1）凸轮表面累积磨损量（包括修理加工磨削量）不超过 0.8mm 时,允许用直接修磨的方法恢复凸轮;超过 0.8mm 需要修理时,可在凸轮的局部或全部表面敷以补偿修复层。

（2）凸轮轮廓的升程曲线应符合原设计规定,但个别区段内的升高量允许有不大于 0.02mm 的超差。

（3）以两端支承轴颈的公共轴线为基准,凸轮基圆的径向圆跳动公差为 0.05mm。

（4）凸轮斜角应符合原设计规定。

（5）通过凸轮升程最高点和轴线的平面,相对于正时齿轮键槽中心平面的角度偏差,不得超过 ±45°。

（6）同一根凸轮的各支承轴颈的直径应修磨为同一级修理尺寸。分级修理尺寸如表 2-13 所示。

凸轮轴支承轴颈分级修理尺寸（mm）　　表 2-13

级别	0	1	2	3	4	5	6
轴颈直径缩小量	0	0.10	0.20	0.30	0.40	0.50	0.60

注:1. 各级修理尺寸仍采用原设计尺寸的极限偏差。
　　2. 有特殊要求的凸轮轴,按原设计要求执行。

（7）支承轴颈直径缩小量超过使用限度时,可敷以补偿修复层,使轴颈直径恢复至原设计尺寸或修理尺寸。

（8）支承轴颈的圆柱度公差为 0.005mm。

（9）以两端支承轴颈的公共轴线为基准,中间各支承轴颈的径向圆跳动公差为 0.025mm。

（10）安装正时齿轮的轴颈,其尺寸应符合原设计规定。以两端支承轴颈的公共轴线为基准,其轴颈的径向圆跳动和轴向止推端面的端面圆跳动公差为 0.03mm。

（11）驱动汽油泵的偏心轮直径,允许比原设计规定的最小极限尺寸小 1.0mm。

（12）机油泵驱动齿轮不得缺损,轮齿工作表面不得有剥落,齿厚不小于原设计规定的最小极限尺寸的 0.50mm。

(13) 支承轴颈表面粗糙度不低于 Ra 0.8μm;凸轮和驱动机油泵的偏心轮的表面粗糙度不低于 Ra 1.6μm;轴向止推端面的表面粗糙度不低于 Ra 3.2μm;其他加工面的表面粗糙度应符合原设计规定。

(14) 凸轮轴的凸轮和支承轴颈部位的补偿修复层的性能应满足使用要求。

(15) 凸轮轴应进行探伤检查,除凸轮表面堆焊层可以有不连续成片的鱼鳞状裂纹外,不得有其他裂纹。

(16) 凸轮轴的所有表面不得有毛刺、氧化皮、焊渣、气孔、渣眼、油垢和脱壳等缺陷,螺纹损伤不得超过两牙。

2.3.4.2 发动机凸轮轴修理检验规则。凸轮轴经检验合格后,应签发合格证;送修单位有权根据合同抽样复验。

2.3.4.3 发动机凸轮轴修竣的包装及储存要求。

(1) 修竣的凸轮轴应进行防锈处理,出厂产品应装入箱内并固定牢靠。

(2) 产品应放在通风和干燥的地方,并应采取防护措施。

3 汽车维修常用考核指标

3.1 汽车维护间隔里程

汽车维护间隔里程是指汽车两次同级维护作业之间的实际里程。它是考核汽车运输企业执行汽车维护制度,按期强制维护汽车情况的一项指标。一般要求汽车维护间隔里程与规定的维护周期误差控制在 ±10% 以内。

汽车运输企业执行汽车同级维护平均间隔里程计算方法如下:

$$一级(或二级)维护平均间隔里程(km) = \frac{一级(或二级)维护总车行程}{一级(或二级)维护竣工辆次}$$

其中,维护竣工辆次是指报告期限内维护竣工出厂的汽车辆次数。

3.2 汽车维护工时定额

汽车维护工时定额是指完成每次维护的工时限额。它是考核汽车维护的实际工效和进行定员的主要依据之一,其计算方法如下:

$$维护平均工时 = \frac{维护实耗工时}{维护竣工辆次}$$

$$完成维护工时定额百分比(\%) = \frac{维护实耗工时}{定额工时} \times 100\%$$

在汽车维护作业中,凡超过维护作业范围的附加修理作业工时不应计入维护实耗工时,要另外计算汽车修理工时。汽车维护工时定额按当地汽车维修管理部门所规定执行。

3.3 汽车维护与小修费用定额

汽车维护与小修费用定额是指汽车每辆次(或单位行程)维护与小修所耗用的工时和物

料费用的限额。它是考核汽车维护厂生产管理水平的指标之一,其计算方法如下:

$$一级(或二级)维护平均费用 = \frac{维护总费用}{维护竣工辆次}(元/次)$$

$$小修平均费用(元/千车公里) = \frac{小修总费用}{总车公里(千车公里)}$$

$$完成维护(或小修)费用定额百分比(\%) = \frac{维护(或小修)实耗费用}{定额费用} \times 100\%$$

汽车维护与小修费用也可以累计考核,称汽车维修费用。汽车维修费用定额是指汽车每行驶一定里程,维护与小修耗用的工时和物料总费用的限额,按车型和应用条件等分别规定,它是汽车运输行业管理要建立的主要技术经济定额和指标之一,其计算方法如下:

$$汽车维修费用(元/千车公里) = \frac{各级维护与小修费用总和}{总车公里(千车公里)}$$

3.4 小修频率

小修频率是指每千车公里发生小修的次数(不包括各级维护作业中的附加小修作业)。它是考核汽车使用、维护和修理质量的一项综合性指标,也是汽车运输行业管理要建立的主要技术经济定额和指标之一。一般要求汽车小修频率不超过1~2次/千车公里,其计算方法如下:

$$小修频率(次/千车公里) = \frac{小修辆次}{总车行程(千车公里)}$$

3.5 配件、材料消耗定额

配件、材料消耗定额是指汽车在单位行程内或每辆次维护(或小修)所需要的配件和材料等消耗限额。它是考核维修企业节约物料和组织供应的依据,计算方法如下:

$$配件等辅助材料平均消耗量(元/万车公里) = \frac{维护和小修总消耗量}{总车公里(万车公里)}$$

$$油料(燃油、润滑油、清洗用油等)平均消耗量(元/辆车) = \frac{一级(或二级)维修(或小修)总油耗量}{维护(或小修)竣工辆次}$$

$$配件、材料完成消耗定额(\%) = \frac{实际消耗量}{定额消耗量} \times 100\%$$

3.6 汽车大修间隔里程定额

汽车大修间隔里程定额是指新车到大修,或大修到大修之间所行驶的里程限额,按车型和使用条件等分别制定。因为它可以综合反映汽车大修质量和平时使用及维修质量,所以是汽车运输行业管理中必须建立的技术经济定额之一。

$$大修平均间隔里程(km) = \frac{大修车辆总车行程}{大修车辆次}$$

有的汽车行驶一定里程后,经检测和技术鉴定,其零件磨损和总成损坏严重,已无法修复或无修理价值,未经大修即报废,该车的已驶里程应计入大修汽车总车行程中。肇事汽车和机损事故汽车不应计算在内。

汽车行驶里程达到大修间隔里程定额时,应进行技术鉴定,在技术上允许、经济上合理的条件下,可规定补充行驶里程定额。

3.7 发动机总成大修间隔里程定额

发动机总成大修间隔里程定额是指新发动机到大修,或大修到大修之间所行驶的里程限额,按型号和使用燃料类别等分别制订。发动机大修间隔里程定额也是汽车运输行业管理中必须建立的技术经济定额之一,具体考核的要求同汽车大修间隔里程定额。

3.8 修理工时定额

修理工时定额是指完成每次修理的工时限额,它是考核汽车修理企业实际工效和进行定员的主要依据之一,具体考核计算方法如下:

$$平均修理工时(h) = \frac{修理实耗工时}{修理竣工辆次}$$

$$完成修理工时定额百分比(\%) = \frac{实耗工时}{定额工时} \times 100\%$$

当修理工时用作汽车修理业务收费依据时,汽车修理企业需严格执行当地汽车维修管理部门所规定的统一工时定额。一般情况下,汽车维修管理部门所规定的统一工时定额是当地进行汽车维修核计工时的最高定额。

3.9 汽车大修平均在修车日

汽车大修平均在修车日是指汽车大修从开工到竣工检验合格,平均所占用的天数。这也是一项反映修理企业管理水平的指标,返修车日也应计算在内。

3.10 汽车大修费用定额

汽车大修费用定额是指汽车大修所耗工时和物料总费用的限额,按汽车类别和型号等分别制定,它是一项考核汽车大修经营管理水平综合性定额,是汽车维修行业管理必须建立的技术经济定额之一。

4 车辆维修质量控制

根据交通部《汽车维修质量管理办法》,车辆维修企业必须建立健全与其维修类别相适应的质量管理机构,推行全面质量管理,建立健全企业内部质量保证体系,加强质量检验,掌握质量动态,进行质量分析。道路运输管理机构应加强对汽车维修经营的质量监督和管理工作,地市级道路运输管理机构应委托相关行业协会或具有法律资格的汽车维修质量监督检验中心,对汽车维修质量进行监督检验。

4.1 汽车修理质量检查评定

汽车修理质量检查评定是对整车大修、发动机大修、车身大修竣工质量及其基本检验技文件完善程度的综合评定。

4.1.1 汽车修理质量检查评定标准

汽车修理质量检查评定标准包括三部分：GB/T 15746.1—1995《汽车修理质量检查评定标准—整车大修》，GB/T 15746.2—1995《汽车修理质量检查评定标准 发动机大修》，GB/T 15746.3—1995《汽车修理质量检查评定标准 车身大修》。这三个标准分别规定了汽车整车大修、发动机大修、车身大修质量检查评定的主要内容、评定规则和办法，其中评定规则相同，评定的内容和办法不同。下面就以汽车整车大修为例说明修理质量评定的内容和办法。

4.1.2 汽车整车大修质量评定

汽车整车大修质量评定是对汽车整车大修竣工质量和汽车大修基本检验技术文件完善程度的综合评价。

4.1.2.1 汽车大修基本检验技术文件。是指在汽车大修过程中，为保证汽车修理质量，汽车修理企业所填制的必要的修理检验单证（简称：三单一证）。"三单一证"缺一不可，评定办法按表2-14规定。

汽车整车大修基本检验技术文件的评定办法　　　　表2-14

序号	评定项目	评定技术要求	检查方法与手段	评定方法	备注
A1.1	汽车整车大修进厂检验单	（1）汽车整车大修进厂检验单应包括下列内容： 进厂编号、牌照号、厂牌、车型、底盘号、发动机型号及号码等、托修单位、送修车辆状态、里程表记录、托修方报修项目（对送修车技术状况的陈述与要求）、车辆装备情况、车辆整车性能试验记录、检验日期、承修方处理意见、检验员签字、承、托修双方代表签章等。 （2）单中字迹应清晰，项目应齐全、完整，填写真实、正确	查阅、核对	单据中各项有一处不符合要求，则计一项次不合格	
A1.2	汽车整车大修工艺过程检验单	（1）汽车整车大修工艺过程检验单应包括： 发动机及离合器修理工艺过程检验单； 前桥及转向系修理工艺过程检验单； 后桥修理工艺过程检验单； 变速器及分动器修理工艺过程检验单； 传动轴及万向节修理工艺过程检验单； 车架悬架及车轮修理工艺过程检验单； 车身修理工艺过程检验单； 汽车电器、仪表和线路修理工艺过程检验单； 汽车制动系修理工艺过程检验单。 （2）各修理工艺过程检验单应包括下列内容： 进厂编号、厂牌、车型、各总成型号、号码、检验项目、检验结果记录、检验结论、处理意见、主修人及检验员签章及日期等。 （3）检验单中字迹应清晰，项目齐全、完整，填写真实、正确。 检验项目、名词术语和计量单位应符合国家及行业有关标准及相关车辆修理技术文件的有关规定	查阅、核对	单据中各项有一处不符合要求，则计一项次不合格	

续上表

序号	评定项目	评定技术要求	检查方法与手段	评定方法	备注
A1.3	汽车大修竣工检验单	(1)汽车大修竣工检验单中内容应包括:进厂编号、托修单位、承修单位、牌照号、厂牌、车型、底盘号、发动机型号及号码、车辆装备状况、车辆改装改造状况、汽车修竣后技术状况、检验记录、检验结论、检验员签章及日期等。 (2)检验单中字迹应清晰,项目齐全、完整,填写真实、正确 检验项目、要求、方法、名词术语和计算单位应符合国家、行业有关标准及相关车辆修理技术文件的有关规定	查阅、核对	单据中各项有一处不符合要求,则计一项次不合格	
A1.4	汽车大修合格证	(1)汽车大修合格证内容应包括: 进厂编号、牌照号、厂牌、车型、底盘号、发动机型号及号码、维修合同号、出厂日期、总检验员签章及日期、承修单位质量检验部门盖章、走合期规定、保证期规定。 (2)合同中字迹应清晰,项目齐全、完整,填写真实、正确 合同中名词术语应符合国家及行业有关标准中的规定	查阅	单据中各项有一处不符合要求,则计一项次不合格	

(1)汽车大修进厂检验单。大修汽车进厂时,由汽车维修检验技术人员对送修车技术状况和装备齐全状况进行技术鉴定的记录。表2-8所示为某地汽车维修行业管理规定使用的汽车大修进厂检验单。

(2)汽车大修工艺过程检验单。汽车在大修过程中,由汽车维修检验技术人员对总成和零部件按其修理工艺过程中工艺顺序所进行技术鉴定的记录。表2-15所示为某地汽车维修行业管理规定使用的汽车大修过程检验单。

(3)汽车大修竣工检验单。汽车大修竣工后,由汽车维修检验技术人员对汽车的技术状况进行技术鉴定的记录。某地汽车维修行业管理规定的汽车大修竣工检验单如表2-11、表2-12所示。

(4)汽车大修合格证。承修单位对大修竣工,经过技术鉴定并符合相应标准后的汽车所开具的质量凭证。全国将统一合格证的式样。汽车维修竣工出厂合格证由省级道路运输管理机构统一印制和编号,县级以上道路运输管理机构按照规定发放和管理。附录是由某省级道路运输管理机构监制的机动车维修竣工出厂合格证式样,规定用于整车大修、总成大修和二级维护。车辆经竣工检验合格后,由维修质量检验员签发机动车维修竣工出厂合格证;未经签发机动车维修竣工出厂合格证的车辆不得交付使用。禁止任何单位和个人伪造、倒卖、转借机动车维修竣工出厂合格证。

各地道路运输管理机构在积极推进信息化建设的同时,注重提升对机动车维修竣工出厂合格证的使用监管理水平。如某地规定使用"道路运输车辆维护竣工出厂合格证网上管理系统",利用计算机互联网平台及视频图像传输手段,将机动车维修企业、汽车综合性能检测站、维修主管部门(运管所、运管处、运管局)之间进行联网,真正实现了车辆技术电子档案的网上备案、信息共享,对营运车辆、机动车维修企业合格证管理的动态监控,杜绝汽车维修中的"买单卖单、弄虚作假、偷工减料"现象发生,完善了营运车辆的维护制度,保障了车辆安全运营,为运管部门分析决策提供最直接的依据,同时也促进了合格证管理工作的创新。

汽车大修过程检验单   表2-15

进厂编号		厂牌车型		牌照号码	
发动机号码		车辆号码		施工日期	
底盘部分	主要零、部件检修情况		装配检验(测)记录		
转向系	转向机 转向轴 转向垂臂 横、直拉杆 转向节		原件修复或更换: 主要零件状况: 各部配合间隙:		
传动系	离合器 变速器(分动器) 方向传动装置 主传动器、差速器		原件修复或更换: 主要零件状况: 踏板自由行程: 齿轮啮合印痕: 齿轮啮合间隙:		
制动系	制动鼓 制动蹄 盘式制动		原件修复或更换: 主要零件状况:		
行驶系	车架 悬架 减振器 前、后桥 轮毂 轮胎		原件修复或更换: 主要零件状况:		
备注:					

过程检验签字:　　　　　　　　　　　　　　　　　　　　　　　　年　月　日

4.1.2.2 汽车大修竣工质量。汽车整车大修竣工质量是汽车整修竣工后恢复其完好状况和寿命的程度。汽车大修竣工质量评定包括一般技术要求、主要性能要求、发动机运转状况、传动系工作状况。汽车整车大修竣工质量评定办法按表2-16规定。

汽车整车大修竣工质量评定办法　　表2-16

序号	评定项目	评定技术要求	检查方法与手段	评定方法	备注
B1.1	一般技术要求				
B1.1.1	驾驶室总成客车车厢	形状正确、曲面圆顺、转角处无褶皱；蒙皮平整，无松弛、机械损伤及突出物等	检视	其中有3处以上缺陷为不合格	
B1.1.2	涂漆质量				
B1.1.2.1△	喷(烤)漆				
a.	漆外观	喷(烤)漆颜色应协调均匀、光亮，且漆膜光泽度：客车不低于90%、货车驾驶室不低于85%，漆层无裂纹、剥落、起泡、流痕、皱纹等缺陷	用漆膜光泽测量仪按GB 1743测量及检视	光泽度不符合要求或存在3处以上缺陷者为不合格	
b.	漆硬度	漆表面硬度应符合JB/Z 111的规定	按JB/Z 111规定检验	不符合规定为不合格	
B1.1.2.2	刷漆	刷漆部位不应有明显的流痕和刷纹；不刷漆部分不应有漆痕	检视	有3处以上缺陷为不合格	
B1.1.3	保险杠、翼子板	保险杠、翼子板安装应端正、牢固，不应有歪斜，应左右对称，离地高度差不大于10mm	检视，用钢板直尺（或钢卷尺）测量	不符合要求为不合格	
B1.1.4△	驾驶室、货厢、客车车厢	驾驶室及客车厢左右对称离地高度差应不大于10mm，货厢不大于20mm。货厢边板、铰链应铰接牢固，启闭灵活。边板关闭后，缝隙不应超过5mm	检视，用钢板直尺（或钢卷尺）测量	不符合要求为不合格	
B1.1.5	总成、零部件及附件装备				
a.	总成、零部件	各总成及零部件应完好有效，安装应符合原厂规定	检视	不符合要求为不合格	
b.	附件装备	各项附件装备应齐全、完好、有效	检视	有1项以上缺陷为不合格	
B1.1.6	座椅	座椅形状、尺寸、座位间距及调节装置应符合原设计或有关技术文件规定	检视	有3项以上缺陷为不合格	
B1.1.7	门窗及玻璃				

续上表

序号	评定项目	评定技术要求	检查方法与手段	评定方法	备注
a.	门窗	门窗应启闭灵活、闭合严密、锁止可靠、缝隙均匀不松旷	检视	不符合要求为不合格	
b.	玻璃	风窗玻璃应采用安全玻璃;前挡风玻璃应采用夹层玻璃或部分区域钢化玻璃。其性能应符合国家及行业标准有关规定	检视	不符合要求为不合格	
B1.1.8	离合器、制动踏板、驻车制动拉杆				
a.	踏板自由行程	踏板自由行程应符合原厂规定	用直尺测量	不符合规定为不合格	
b.	制动器	采用液压制动的车辆,制动踏板在规定压力下保持1min,踏板不应有向下移动现象	用压力表、计时器和制动踏板力计检验	不符合规定为不合格	
c.	驻车制动拉杆	驻车制动拉杆有效行程应符合原厂规定	检视	不符合规定为不合格	
B1.1.9	轮胎				
a.	胎压	轮胎气压应符合原厂规定	用轮胎气压表测量	不符合规定为不合格	
b.	轮胎规格型号及花纹	1.轿车轮胎胎冠上的花纹深度不得小于1.6mm,其他车辆不得小于3.2mm; 2.轮胎胎面不得暴露出轮胎帘布层; 3.轮胎和胎壁上不得有长度超过2.5cm、深度足以暴露出轮胎帘布层的破裂或割伤; 4.同轴上装用的轮胎型号和花纹应相同; 5.汽车转向轮不得装用翻新胎	用轮胎花纹深度尺测量及检视	不符合要求为不合格	
B1.1.10	车轮				
a.	车轮圆跳动量	轿车不大于5mm,其他车辆不大于8mm	用直角尺或钢直尺测量	不符合要求为不合格	
b.	车轮动不平衡量	动平衡量应符合有关规定	用车轮动平衡仪测量	不符合规定为不合格	
B1.1.11	转向机构	转向机构各连接部位不应有松旷现象,且锁止可靠	检视	不符合要求为不合格	
B1.1.12	电气设备和仪表				
a.	照明及信号	照明及各种信号装置应齐全、有效、符合GB 4785中的有关规定	检视	不符合规定为不合格	

续上表

序号	评定项目	评定技术要求	检查方法与手段	评定方法	备注
b.	仪表	各种仪表应装备齐全、完好、有效	检视	不符合要求为不合格	
c.	导线	各种线路布置应合理,接头牢固,导线包扎固定可靠,不应有裸露、破损老化现象,线束通过孔洞时应有防护套且距排气管距离应不得小于300mm	检视	有2处以上缺陷为不合格	
d.	漏电	各部导线及电器元件不得有漏电现象	检视	不符合要求为不合格	
B1.1.13	整备质量	汽车整备质量及各轴负荷分配不得大于原设计的3%	用汽车平衡或轮轴质量仪测量	超过3%为不合格	
B1.1.14	润滑				
a.	装置(油嘴)	各部油嘴应安装正确、齐全、有效	检视	有2处缺陷为不合格	
b.	油(脂)规格及添加量	润滑油(脂)规格质量及添加量应符合原车规定	检视	不符合规定为不合格	
B1.1.15	轴距	汽车左右轴距差应符合GB 3798或原设计的有关规定	检视	不符合要求为不合格	
B1.1.16	紧固件				
a.	关键紧固件	扭紧力矩应符合原车规定,锁止可靠	检视	不符合规定为不合格	
b.	一般紧固件	应牢固可靠,不得有松动、脱落、缺损现象	检视	有3处以上缺陷为不合格	
B1.1.17	铆接及焊接				
a.	铆接件	铆接件的结合面应贴紧,铆钉应充满钉孔不松动,不得用螺栓代替,钉头不应有裂纹、歪斜、残缺现象	检视	有3处以上缺陷为不合格	
b.	焊缝	焊缝应平整、光滑,不应有夹渣、裂纹等焊接缺陷	检视	有3处以上缺陷为不合格	
B1.2	主要性能要求				
B1.2.1	动力性				B1.2.1.1、B1.2.1.2只测其一即可

续上表

序号	评定项目	评定技术要求	检查方法与手段	评定方法	备注
B1.2.1.1	底盘输出功率	汽车底盘输出功率应符合有关规定要求	用底盘测功机测量	不符合规定为不合格	
B1.2.1.2	加速时间			采用a、b之一即可	
a.	台试	汽车的加速时间应符合台试有关规定	用底盘测功机测量	不符合要求为不合格	
b.	路试	国产汽车的加速时间应符合GB 3798中的有关规定。 进口汽车的加速时间应符合原设计要求	按GB/T 12543的规定测量	大于规定加速时间为不合格	
B1.2.2	经济性				
a.	台试	汽车等速百公里油耗应符合有关规定	用底盘测功机、油耗计等仪器测量	不符合规定为不合格	
b.	路试	国产汽车油耗应符合GB 3798中的有关规定。 进口汽车油耗不高于原车规定	按GB/T 12545的规定测量	不符合规定为不合格	
B1.2.3	滑行性能			B1.2.3.1、B1.2.3.2测量其一即可	
B1.2.3.1	滑行距离			采用a、b之一即可	
a.	台试	汽车在台架上的滑行距离应符合有关规定	用底盘测功机测量	不符合规定为不合格	
b.	路试	汽车空载以初速度30km/h空挡滑行应满足下列要求（双轴驱动车辆，取F为0.8；单轴驱动车辆，取F为1）：汽车整备质量/t　滑行距离/m 　　　　≤4　　　　　　≥160f 　　　　>4-5　　　　　≥180f 　　　　>5-8　　　　　≥220f 　　　　>8-11　　　　≥250f 　　　　>11　　　　　≥270f	用五轮仪按GB/T 12536中的规定测量	不符合要求为不合格	
B1.2.3.2	滑行阻力	汽车的滑行阻力应不超过汽车整备质量的1.5%	在干燥平坦的沥青或混凝土路面上用拉力计测量滑行阻力。用汽车衡或轮轴质量仪测量汽车	不符合要求为不合格	

续上表

序号	评定项目	评定技术要求	检查方法与手段	评定方法	备注
B1.2.4	转向操纵性				
B1.2.4.1	侧滑量	转向轮侧滑量不得超过 4m/km	用侧滑试验台测量	不符合要求为不合格	
B1.2.4.2	前轮定位	汽车车轮前束、主销内倾、主销后倾、车轮外倾应符合原设计规定	用前束尺和前轮定位仪等测量	不符合规定为不合格	
B1.2.4.3	转弯直径	汽车最小转弯直径应符合原设计要求	按 GB/T 12540 中的有关规定	不符合规定为不合格	
B1.2.4.4	转向盘转动性能	转向轮最大转角应符合原设计要求,转向盘自由转动量应符合 GB 3798 中 1.8 条的规定,且应转动灵活、操纵轻便、无阻滞现象	用转向盘转动测量仪测量及检视	不符合要求为不合格	
B1.2.4.5	转向盘操纵力	转向盘操纵力应符合 GB 7258 中 3.6 条的规定	用转向盘转动测量仪按 GB 7258 中 3.6 条的规定测量	不符合规定为不合格	
B1.2.5*	制动性能				
B1.2.5.1*	汽车行车制动性能			采用 a、b 之一即可	
a.	路试	(1)汽车制动距离应符合 GB 7258 中 4.13 条的有关规定。 (2)汽车制动减速度应符合 GB 7258 中 4.14 条的有关规定	用五轮仪、减速度仪、计时器、风速仪、钢卷尺等按 GB/T 12676 规定测量	不符合规定为不合格	取其一即可
b.	台试	汽车行车制动器制动力应符合 GB 7258 中 4.15条的有关规定	用滚筒反力式汽车制动检验台和轮轴质量仪测量	不符合规定为不合格	
B1.2.5.2*	汽车驻车制动性能			采用 a、b 之一即可	
a.	路试	汽车空载在 20%坡道上使用驻车制动,应能保持 5min 不溜滑	按 JB 4020 规定测量	不符合要求为不合格	
b.	台试	汽车驻车制动力总和应不低于汽车整备质量的 20%	用汽车衡或轮轴质量仪和滚筒反力式汽车制动力检验台测量	不符合要求为不合格	

续上表

序号	评定项目	评定技术要求	检查方法与手段	评定方法	备注
B1.2.6	前照灯				
B1.2.6.1	发光强度	汽车前照灯光发光强度应符合 GB 7258 中 5.4.11 条的规定	用汽车前照灯检验仪测量	不符合规定为不合格	
B1.2.6.2	光轴位置	汽车前照光轴中心位置应符合 GB 7258 中 5.3 条的规定	用汽车前照灯检验仪测量	不符合规定为不合格	
B1.2.7	车速表				
B1.2.7.1	车速表波动	汽车稳定运行时车速表指针不得有明显的上下摆动	检视	不符合要求为不合格	
B1.2.7.2*	车速表指示误差	车速表指示误差应符合 GB 7258 中 1.10 条的规定	用车速表检验台测量	不符合规定为不合格	
B1.2.8	排放、噪声				
B1.2.8.1*	汽油车急速污染物排放	汽车急速污染物排放应符合 GB 1476 中 1.5 的有关规定	用废气分析仪按 GB/T 3845 中的有关规定测量	不符合规定为不合格	
B1.2.8.2*	柴油车尾气排放	柴油车自由加速烟度排放应符合 GB 1476 中 1.6 的有关规定	用烟度计按 GB/T 3846 测定	不符合规定为不合格	
B1.2.8.3	噪声				
a.	车内噪声	汽车车内噪声应符合 GB 1495 的有关规定	用声级计按 GB 1496 中的有关规定测量	不符合规定为不合格	
b.	车外噪声	汽车车外噪声应符合 GB 1495 的有关规定	用声级计按 GB 1496 中的有关规定测量	不符合要求为不合格	
c.*	喇叭声级	汽车喇叭声级应不高于 105dB	用声级计按 GB 1496 中的有关规定测量	不符合要求为不合格	
B1.2.9△	密封性				
B1.2.9.1△	防雨密封性	客车防雨密封性限值应符合 GB 12481 中的规定;货车的门窗及防雨密封设施应齐全、完好、有效,不得有漏水现象	按 GB/T 12480 中的规定测量及检视	不符合要求为不合格	
B1.2.9.2△	防尘密封性	客车防尘密封性限值应符合 GB 12479 中的规定;货车防尘密封装置应完好、有效,不得有明显进尘现象	按 GB/T 12478 中的规定测量及检视	不符合要求为不合格	
B1.3	发动机运转		检视		

续上表

序号	评定项目	评定技术要求	检查方法与手段	评定方法	备注
B1.3.1*	起动性能	发动机起动顺利,无异响		3次以上起动不成功或有异响为不合格	
B1.3.2*	发动机息速运转	在正常工作温度下,发动机息速运转应稳定,其转速应符合原设计规定,转速波动不大于50r/min	用转速表发动机综合测试仪检查	不符合要求为不合格	
B1.3.3*	发动机运转性能	发动机在各种转速下运转应平稳,改变转速时过渡圆滑;突然加速或减速时不得有突爆声;在正常工况下不得过热,无异响	检视	不符合要求为不合格	
B1.3.4*	机油压力	发动机机油压力应符合原厂规定	检视	不符合规定为不合格	
B1.4	传动机构工作状况				
B1.4.1	离合器	离合器应接合平稳、分离彻底、操作轻便、工作可靠、无异响	检视	不符合要求为不合格	
B1.4.2	变速器	变速器换挡轻便、准确可靠,无异响,正常工况下不得过热	点温计、检视	不符合要求为不合格	
B1.4.3	传动轴及中间轴承	传动轴及中间轴承工作正常,无松旷、异响,中间轴承不得过热	点温计、检视	不符合要求为不合格	
B1.4.4	差速器、减速器	差速器、减速器应工作正常、无异响,正常工况下不得过热	点温计、检视	有两处缺陷为不合格	

注:1. *为关键项;

2. △轿车为关键项,货车为一般项。

4.1.2.3 汽车整车大修质量评定规则 汽车大修基本检验技术文件是参与评定的基本条件,缺一不可。汽车大修竣工质量评定是评定的基础项目,评定项目按其重要程度分为"关键项"和"一般项"。

综合项次合格率和项次合格率用下式计算

$$\beta_0 = \sum_{i=1}^{3} K_i \beta_i \tag{2-1}$$

$$\beta_i = \frac{n_i}{m_i} \times 100\% \tag{2-2}$$

式中:β_0——综合项次合格率;

β_i——项次合格率;

n_i——检查合格的项次数之和;

m_i——检查的项次数之和;

i——角标,取 1、2、3,分别表示汽车大修基本检验技术文件,即"三单一证",修竣车及关键项;

K_i——修正系数,分别取 0.2、0.6、0.2。

汽车大修质量的评定采用综合项次合格率来衡量,分为优等、一等、合格、不合格四级,应符合表 2-17 规定。

汽车大修质量评定分级　　　　　　　　　表 2-17

等　级	要　求	
	关键项次合格率	综合项次合格率
优等	$\beta_3 = 100\%$	$\beta_0 \geq 95\%$
一等	$\beta_3 = 100\%$	$85\% \leq \beta_0 < 95\%$
合格	$\beta_3 = 100\%$	$70\% \leq \beta_0 < 85\%$
不合格	$\beta_3 < 100\%$	或 $\beta_0 < 70\%$

4.2　质量保证期制度

汽车维修实行竣工出厂质量保证期制度。汽车维修质量保证期,从维修竣工出厂之日算起。质量保证期中行驶里程和日期指标,以先达到者为准。汽车维修企业应当公示承诺的汽车维修质量保证期,在承诺的质量保证期内,汽车因维修质量原因造成汽车无法正常使用的,汽车维修企业应当及时无偿返修。

4.2.1　商用汽车维修的质量保证期

商用汽车整车维修或者总成维修质量保证期为汽车行驶 18000km 或 100 日;二级维护质量保证期为汽车行驶 5000km 或者 30 日;一级维护、小修及零件维修质量保证期为汽车行驶 2000km 或者 10 日。

4.2.2　乘用汽车维修的质量保证期

乘用汽车整车维修或者总成维修质量保证期为汽车行驶 20000km 或者 120 日;二级维护质量保证期为汽车行驶 6000km 或者 35 日;一级维护、小修及零件维修质量保证期为汽车行驶 2000km 或者 10 日。

4.2.3　其他汽车维修的质量保证期

其他汽车整车维修或者总成维修质量保证期为汽车行驶 6000km 或者 60 日;维护、小修及零件维修质量保证期为汽车行驶 800km 或者 7 日。

4.2.4　摩托车维修的质量保证期

摩托车整车维修或者总成维修质量保证期为摩托车行驶 8000km 或者 90 日;维护、小修及零件维修质量保证期为摩托车行驶 1000km 或者 10 日。

4.3　质量投诉处理规定

对维修质量投诉,在质量保证期内,承修方在 3 日内不能或者无法提供非维修原因而造成汽车无法使用的相关证据的,承修方负责无偿返修;对没有和托修方签订书面合同以及无法提供真实的维修记录的,由汽车维修企业承担全部责任;在质量保证期外,双方可按照相关证据,进行积极协商解决。

对汽车维修质量的责任认定需要进行技术分析和鉴定的,可通过道路运输管理机构组织专家组,或者委托具有法定检测资格的检测机构作出技术分析和鉴定。鉴定费用由责任方承担。

汽车维修质量纠纷双方当事人均有保护当事车辆原始状态的义务,必要时可拆检车辆有关部位,但当事双方应同时在场,一致证实拆检情况。如承修方拒绝派人拆检,托修方可向当地道路运输管理机构提出拆检申请。道路运输管理机构接到拆检申请后,应及时组织拆检,并记录有关情况。

一、简答题

1. 简述汽车维护和汽车修理的区别。
2. 简述汽车一级维护、二级维护的作业内容和工艺流程。
3. 汽车二级维护检测项目有哪些?二级维护检测、诊断的要求有哪些?
4. 汽车二级维护竣工检验中采用人工检查的主要内容有哪些?
5. 简述汽车二级维护竣工检验对发动机和底盘的要求。
6. 简述汽车大修的工艺过程。
7. 简述汽车大修竣工检验的主要内容。
8. 如何计算汽车维修在厂(场)车日和维修质量保证期内的返修率?
9. 简述汽车整车大修质量评定规则。
10. 简述我国汽车修理技术标准的构成。

二、选择题

1. 汽车一、二级维护周期的确定,应以汽车_____为基本依据。
   A. 行车时间间隔　　B. 行驶里程　　C. 诊断周期　　D. 修理厂规定
2. 汽车维护工艺作业的组织形式按专业分工和维护工作地点分为_____和专业工段式两种形式。
   A. 分组工段式　　B. 分工种工段式　　C. 分总成工段式　　D. 全能工段式
3. 汽车二级维护竣工检验是对承修汽车在二级维护过程中作业项目维护质量的一次综合检验,由_____来完成。
   A. 专职检验员和专职修理工　　　　B. 专职修理工和专业检测线
   C. 专职检验员和专业检测线　　　　D. 专职检验员和专业工量具
4. _____不是汽车修理中通常划分的汽车总成。
   A. 转向系　　B. 电系　　C. 制动系　　D. 空调装置
5. 零部件技术检验包括对被检零部件的尺寸误差、表面误差、形状和位置误差以及零件_____等进行检测。
   A. 外部缺陷　　B. 磨损　　C. 变形　　D. 内部缺陷

6. 汽车小修是用修理或更换个别零件的方法，保证或恢复汽车工作能力的_____。
   A. 计划修理　　　　B. 定期修理　　　　C. 恢复性修理　　　D. 运行性修理
7. 在组织汽车修理生产中，对拆解和总装较多采用_____。
   A. 定位作业　　　　B. 流水作业　　　　C. 综合作业　　　　D. 专业分工作业
8. 零件检验技术标准的主要内容中，零件的_____最为重要。
   A. 极限磨损尺寸　　　　　　　　　　B. 缺陷特征和检验方法
   C. 允许磨损尺寸和允许变形量　　　　D. 修复可采用的方法
9. 整车技术检验是按一定的_____，对大修竣工汽车的一般技术要求和主要性能要求，采用一系列检视或测量的方法。
   A. 检验标准　　　　B. 检验规则　　　　C. 检验要求　　　　D. 检验方法
10. 发动机在正常工作温度下，_____s 内能起动。
    A. 1　　　　　　　B. 3　　　　　　　　C. 5　　　　　　　　D. 10
11. 全面质量管理目的在于通过让_____满意和本组织所有成员及社会受益而达到长期成功的管理途径。
    A. 企业　　　　　　B. 领导　　　　　　C. 员工　　　　　　D. 顾客
12. 企业运作需要不同层次的人员，如各层次管理、技术、操作、执行和_____人员。
    A. 工作　　　　　　B. 调度　　　　　　C. 检验　　　　　　D. 验证
13. 汽车修理质量检查评定标准包括三部分：整车大修、发动机大修和_____大修的质量检查评定要求。
    A. 车架　　　　　　B. 车身　　　　　　C. 制动系　　　　　D. 转向系
14. 商用汽车整车维修或者总成维修质量保证期为汽车行驶_____km 或 100 日。
    A. 10000　　　　　B. 15000　　　　　　C. 18000　　　　　　D. 25000
15. 乘用汽车二级维护质量保证期为汽车行驶_____km 或者 35 日。
    A. 10000　　　　　B. 6000　　　　　　　C. 3000　　　　　　D. 2000

三、判断题

1. 车辆"三级维护"制度是指一级维护、二级维护和三级维护。（　　）
2. 二级维护作业的中心内容除一级维护作业外，以润滑、调整为主。（　　）
3. 对汽车二级维护进行过程检验的目的是实现维护过程的质量控制。（　　）
4. 汽车送修时，一般应具备行驶功能，装备齐全。（　　）
5. 修理发动机总成时，汽缸体与飞轮壳一般不可互换。（　　）
6. 尺寸修理是利用堆焊、喷涂、电镀等方法先增补零件的磨损表面，然后再进行机械加工，并恢复其原设计尺寸、形状以及表面粗糙度等要求。（　　）
7. 装配工序因总成结构而异，但总的原则是由内向外进行装配。（　　）
8. 发动机热试，水温应保持 75～85℃。应仔细观察各处无"四漏"；调整点火系、供油系，使急速和各种转速下运转均平稳。（　　）
9. 发动机大修竣工后的各汽缸压缩压力差，汽油机应不超过各缸平均压力的 10%。（　　）
10. 汽车大修质量的评定采用综合项次合格率来衡量，分为一等、二等、合格、不合格

四级。( )
11. 商用汽车二级维护质量保证期为汽车行驶3000km或者30日。( )
12. 乘用汽车整车维修或者总成维修质量保证期为汽车行驶20000km或者120日。( )
13. 对尚在质量保证期内的汽车维修质量投诉,承修方在7日内不能提供因非维修原因而造成汽车无法使用的相关证据的,应负责无偿返修。( )

四、思考题

1. 为什么对在用车辆要采用I/M制度?
2. 为什么是要贯彻"定期检测、强制维护、视情修理"的原则?
3. 为什么汽车二级维护中会有附加作业项目?
4. 为什么汽车维修企业要推行ISO 9001认证?
5. 为什么汽车维修有国家、行业和地方标准,还要有企业标准?

附录 机动车维修竣工出厂合格证式样

（正面）

机动车维修竣工出厂

合 格 证

（省级道路运输管理机构）监制

机动车维修竣工出厂

合 格 证

《机动车维修管理规定》摘录
（交通部令 2005 年第 7 号）

第三十七条 机动车维修实行竣工出厂质量保证期制度。

汽车和危险货物运输车辆整车修理或总成修理质量保证期为车辆行驶 20000 公里或者 100 日；二级维护质量保证期为车辆行驶 5000 公里或者 30 日；一级维护、小修及专项修理质量保证期为车辆行驶 2000 公里或者 10 日。

摩托车整车修理或总成修理质量保证期为摩托车行驶 7000 公里或者 80 日；维护、小修及专项修理质量保证期为摩托车行驶 800 公里或者 10 日。

其他机动车修理或者总成修理质量保证期为机动车行驶 6000 公里或者 60 日；维护、小修及专项修理质量保证期为机动车行驶 700 公里或者 7 日。

质量保证期中行驶里程和日期指标，以先达到者为准。机动车维修质量保证期，从维修竣工出厂之日起计算。

第三十九条 机动车维修经营者应当公示承诺的机动车维修质量保证期。所承诺的质量保证期不得低于第三十七条规定。

（省级道路运输管理机构）监制

（背面）

存根
No:0000000000

托　修　方 _____
号　牌　号 _____
厂　牌　型　号 _____
发　动　机　号 _____
车　架　号 _____
维　修　类　别 _____
维修合同编号 _____
出厂里程表示值 _____

该车按维修合同维修,经检验合格,准予出厂。承修单位:(盖章)

质量检验员:(签字) _____

进厂日期: _____年_____月_____日

竣工日期: _____年_____月_____日

托修方接车人:(签字) _____

接车日期: _____年_____月_____日

车属单位保管
No:0000000000

托　修　方 _____
号　牌　号 _____
厂　牌　型　号 _____
发　动　机　号 _____
车　架　号 _____
维　修　类　别 _____
维修合同编号 _____
出厂里程表示值 _____

该车按维修合同维修,经检验合格,准予出厂。承修单位:(盖章)

质量检验员:(签字) _____

进厂日期: _____年_____月_____日

竣工日期: _____年_____月_____日

托修方接车人:(签字) _____

接车日期: _____年_____月_____日

质量保证卡
No:0000000000

该车按维修合同进行维修,本厂对维修竣工的车辆实行质量保证,质量保证期为车辆行驶（　）万公里或者（　）日。在托修方严格执行走合期规定,合理使用,正常维护的情况下,出现的维修质量问题,凭此卡随维修竣工出厂合格证,由本厂负责包修,免返修竣工时费和工料费,在原维修类别期限内修竣交托修方。

返修情况记录

返修次数	第一次	第二次
返修日期		
返修项目		
送修人		
质检员		
竣工日期		
接车人		
接车日期		

维修发票号: _____

单元三　零配件管理

学习目标

知识目标
1. 简述汽车维修零配件的采购、保管和使用过程；
2. 正确描述汽车零配件的分类方法；
3. 正确描述汽车零配件采购员、仓库保管员的工作要求。

能力目标
1. 会做汽车零配件供应、入库储存、出库领用、妥善保管等工作；
2. 能解决汽车零配件分类的问题。

车辆零配件管理是车辆维修业务管理的内容之一，车辆维修所使用的零配件，直接影响车辆维修后的质量、安全、企业信誉和经济效益。因此，车辆维修企业须加强对零配件的管理，建立和健全包括采购、保管、使用等过程的质量管理体系，有效压缩库存量，降低成本，不断改进管理方法、提高企业信誉和经济效益。

1　车辆零配件

车辆零配件的种类可以分为汽车零配件和摩托车零配件等，而汽车零配件种类较为复杂，对汽车配件分类的方法很多，有实用性分类、标准化分类和外包装标识分类等。掌握了汽车零配件的分类，区分摩托车零配件的种类就容易多了。

1.1　实用性分类

根据我国汽车零配件市场供应的实用性原则，汽车零配件分为易耗件、标准件、车身覆盖件与保安件四类。

1.1.1　易耗件

在对汽车进行二级维护、总成大修和整车大修时，易损坏且消耗量大的零部件称为易耗件。

1.1.1.1　发动机易耗件。

①曲柄连杆机构的汽缸体、汽缸套、汽缸盖、汽缸体附件（汽缸垫、水道孔盖板、分水管、放水开关、曲轴箱通风管、气门室盖、正时室盖、飞轮底壳）、汽缸盖附件（缸盖出水管、汽缸盖罩、汽缸螺栓）、活塞、活塞环、活塞销、连杆、连杆轴承、连杆螺栓及螺母、曲轴轴承、飞轮总成、发

动机悬挂组件(支架、减振胶垫、夹片、垫片、螺栓和螺母)。

②配气机构的气门、气门导管、气门弹簧、挺杆、推杆、摇臂、摇臂轴、凸轮轴轴承、正时齿轮、正时齿轮皮带。

③燃油供给系统的化油器总成及附件(针阀、浮子、各种量孔)、汽油泵膜片、油阀、汽油滤清器滤芯、汽油软管、电动汽油泵、压力调节器、空气流量传感器、喷油器、三元催化装置、输油泵总成、喷油泵柱塞偶件、出油阀偶件、喷油器、高压油管。

④冷却系统的散热器、节温器、水泵(水泵轴、轴承、水封等)、风扇、散热器进出水橡胶管。

⑤润滑系统的机油滤清器滤芯(分粗滤芯和细滤芯)、机油软管。

⑥点火系统的点火线圈、分电器总成及附件(分电器盖、分火头、断电器、电容器)、蓄电池、火花塞、电热塞、发电机电刷和绕组。

1.1.1.2　底盘易耗件。

①传动系统的离合器摩擦片、从动盘总成、分离杠杆、分离叉、踏板拉杆、分离轴承、复位弹簧、离合器操纵机构的主缸和工作缸总成、离合器油管、变速器的各挡变速齿轮、凸缘叉、滑动叉、万向节叉及花键轴、传动轴及轴承、主从动锥齿轮、行星齿轮、十字轴及差速器壳、半轴、半轴套管等。

②行驶系统的主销、主销衬套、主销轴承、调整垫片、轮辋、轮毂、车轮连接紧固件、轮胎、内胎、钢板弹簧片(第一、二、三片)、独立悬架的螺旋弹簧、钢板弹簧销和衬套、钢板弹簧垫板、滑块和吊耳、吊环、U形螺栓、减振器。

③转向系统的转向蜗杆、转向摇臂轴、转向螺母及钢球、钢球导流管、转向器总成、转向盘、纵拉杆与横拉杆(球销、球销碗、弹簧座、弹簧、防尘罩)。

④制动系统的制动器及制动蹄、盘式制动器摩擦块、液压主缸(缸体、活塞、皮碗、皮圈、主缸弹簧、控制阀、推杆)、制动工作缸(缸体、活塞、皮碗、皮圈)、制动气室总成、储气筒、止回阀、安全阀、放水开关、制动软管、空气压缩机松压阀、制动操纵机构(制动踏板、拉杆、操纵臂、传动杆、复位弹簧、踏板支架、踏板轴)、驻车制动器总成。

1.1.1.3　电气设备及仪表的易耗件。高压线、低压线、车灯总成、安全报警及低压电路熔断电器和熔断丝盒、点火开关、车灯开关、转向灯开关、变光开关、脚踏板制动开关、车速表、电流表、燃油存量表、冷却水温表、空气压力表、机油压力表。

1.1.1.4　密封件。各种油封、水封、密封圈和密封条等。

1.1.2　标准件

按国家标准设计与制造的,并具有通用互换性的零部件称为标准件。汽车上属于标准件的有汽缸盖紧固螺栓及螺母、连杆螺栓及螺母、发动机悬挂装置中的螺栓及螺母、主销锁销及螺母、轮胎螺栓及螺母等。

1.1.3　车身覆盖件

为使乘员及部分重要总成不受外界环境的干扰,并具有一定的空气动力学特性的构成汽车表面的板件,如发动机罩、翼子板、散热器罩、车顶板、门板、行李厢盖等均属于车身覆盖件。

1.1.4　保安件

汽车上不易损坏的零部件称为保安件,保安件有曲轴、起动爪、正时齿轮、扭转减振器、凸轮轴、汽油箱、汽油滤清器总成、柴油滤清器总成、汽油钢管、喷油泵、调速器、机油滤清器总成、机油硬管、发电机、起动电机、离合器压盘及盖总成、离合器硬油管、变速器壳体及上盖、操纵杆、前桥、桥壳、转向节、轮胎衬带、钢板弹簧总成及第四片以后的零件、载货汽车后桥副钢板总成及零件、转向摇臂、转向节臂等。

1.2 外包装标识分类

汽车零配件的外包装包括分类标志、供货号、货号、品名规格、数量、质量、生产日期、有效期限、生产厂名、体积、收货地点和单位、发货地点和单位、运输号码等，是为在物流过程中辨认货物而采用的必要标识，它对收发货、入库以及装车配船等环节管理起着特别重要的作用。

其中分类标志是表明汽车配件类别的特定符号，按照国家统计目录汽车配件分类，用几何图形和简单的文字来表明汽车配件类别，作为收、发货之间据以识别的特定符号。汽车配件常用分类图示标志如图3-1～图3-4所示，汽车配件常用分类图示标志尺寸见表3-1。

图3-1 五金类标志　　图3-2 交电类标志　　图3-3 化工类标志　　图3-4 机械类标志

汽车配件分类图示标志尺寸（mm）　　表3-1

包装件高度（袋按长度）	分类图案尺寸	图形具体参数		备　　注
		外框线宽	内框线宽	
500以下	50×50	1	2	平视距离5m，包装标志，清晰可见
500～1000	80×80	1	2	
1000以上	100×100	1	2	平视距离10m，包装标志，清晰可见

1.3 标准化分类

汽车零部件总共分为发动机零部件、底盘零部件、车身及饰品零部件、电器电子产品和通用件共五大类。根据汽车的术语和定义：零部件包括总成、分总成、子总成、单元体、零件。

1.3.1 总成

由数个零件、数个分总成或它们之间的任意组合而构成一定装配级别或某一功能形式的组合体，具有装配分解特性的部分就是总成。

1.3.2 分总成

由两个或多个零件与子总成一起采用装配工序组合而成，对总成有隶属装配级别关系的部分就是分总成。

1.3.3 子总成

由两个或多个零件经装配工序或组合加工而成，对分总成有隶属装配级别关系的部分就是子总成。

1.3.4 单元体

由零部件之间的任意组合而构成具有某一功能特征的功能组合体，通常能在不同环境独立工作的部分就是单元体。

1.3.5 零件

不采用装配工序制成的单一成品、单个制件,或由两个以上连在一起具有规定功能,通常不能再分解的(如含油轴承、电容器等外购小总成)制件就是零件。

1.4 汽车零部件编号

为便于对汽车零部件的检索、流通和供应,我国汽车行业有 QC/T 265—2004《汽车零部件编号规则》,把汽车零部件分为 64 个大组,见本单元后附录 C 汽车产品零部件编号中的组号和分组号,规定完整的汽车零部件编号表达式由企业名称代号、组号、分组号、源码、零部件顺序号和变更代号构成。汽车零部件的编号表达式如图 3-5 所示。

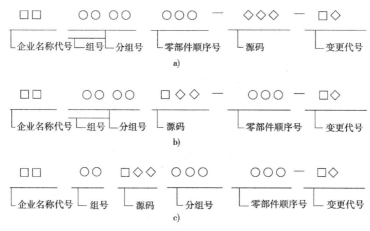

注:□表示字母;○表示数字;◇表示字母或数字。

图 3-5 汽车零部件编号表达式
a)零部件编号表达式一;b)零部件编号表达式二;c)零部件编号表达式三

根据其隶属关系可按下列三种方式进行选择,其中的代码使用规则如下。

①企业名称代号。由 2 位或 3 位汉语拼音字母表示。

②源码。用 3 位字母、数字或字母与数字混合表示,描述设计来源、车型系列和产品系列,由生产企业自定。

③组号。用 2 位数字表示汽车各功能系统分类代号,按顺序排列,见附录。

④分组号。用 4 位数字表示各功能系统内分系统的分类顺序代号,按顺序排列,见附录。

⑤零部件顺序号。用 3 位数字表示功能系统内总成、分总成、子总成、单元体零件等顺序代号。

⑥变更代号。用 2 位字母、数字或字母与数字混合组成,由生产企业自定。

2 车辆维修企业的零配件管理

车辆维修企业的零配件管理,可分为车辆零配件的进货验收、库存管理以及零配件的发货等。

2.1 零配件进货管理

车辆零配件进仓实行质检员、仓管员、采购员联合作业,对零配件质量、数量进行严格检查,把好零配件进仓质量关。零配件验收依据主要是进货发票,另外进货合同、运货单、装箱单等都可以作为车辆零配件验收的参考依据。车辆零配件验收内容主要是品种、数量和质量。

2.1.1 品种验收

根据进货发票,逐项验收车辆零配件品种、规格、型号等,检查有否货单和货物不相符情况;易碎件、液体类物品,应检查有无破碎渗漏情况。

2.1.2 点验数量

对照发票,先点收大件,再检查零配件包装及其标识是否与发票相符;一般对整箱整件,先点件数,后抽查细数;零星散装配件点细数;贵重零配件逐一点数;原包装零配件有异议的,应开箱开包点验细数。

2.1.3 质量验收

质量验收方法一是仪器验收,二是感观验收。质量验收主要检验车辆零配件证件是否齐全,如有无合格证、保修证、标签或使用说明等;车辆零配件是否符合质量要求,如有无变质、水湿、污染、机械损伤等。按规定用于家用汽车产品修理的零部件应当是生产者提供或者认可的合格零部件,且其质量不低于家用汽车产品生产装配线上的产品。

经过验收,对于质量完好、数量准确的车辆零配件,要及时填制和传递"车辆零配件验收入库单",同时组织零配件入库。对于在验收中发现问题的,如数量、品种、规格错误,包装标签与实物不符,零配件受污受损,质量不符合要求等,均应做好记录,判明责任,联系供应商解决。表3-2为某企业的"车辆零配件验收入库单"。

车辆零配件验收入库单　　　　　　　　　　　表3-2

供货单位：　　　　入库日期：　　年　月　日　　　　在途卡号_____

供货方发票		货号规格品名	单位	产地牌价	供应价	每件数量	应收		金额								实收		金额							
年	号码						件数	数量	十	万	千	百	十	元	角	分	件数	数量	十	万	千	百	十	元	角	分
月 日																										

入库纪要	编制记录日期:20　年　月　日	短损情况	被盗	破损	仓库主任审批:
	货运记录号码	数量			
	普通记录号码	金额			
备注		配件存放			

　　　　　　　　　　　　　　　　　　储运主管：　　　　保管员：

2.1.4 进口零配件的辨认

由于众多进口汽车的车牌、车型繁杂,而某一具体车型的实际保有量又不多,所以,除正常渠道进口的配件外,各种赝品、水货也大量涌现,鱼目混珠,转卖伪劣汽车配件以牟取暴利的现象屡见不鲜。汽车维修企业采购人员只有了解并熟悉国外汽配市场中的配套件(OEM Parts)、纯正件(Genuine Parts)、专厂件(Replacement Parts)的商标、包装、标记及相应的检测方法和数据,才能做到有理有据,保护好消费者的正当权益。

2.1.4.1 外部包装。一般原装进口配件的外部包装多为7层胶合板或选材较好、做工精细、封装牢固的木板箱,纸箱则质地细密、紧挺不易弯曲变形、封签完好;外表印有用英文注明的产品名称、零件编号、数量、产品商标、生产国别、公司名称,有的则在外包装箱上贴有反映上述数据的产品标签。

2.1.4.2 内部包装。国外产品的内部包装(指每个配件的单个小包装盒),一般都用印有该公司商标图案的专用包装盒。

2.1.4.3 产品标签。日本的日产、日野、三菱、五十铃等汽车公司的正品件都有"纯正部品"的标签,一般印有本公司商标、中英文的纯正部品,及中英文的公司名称,英文或日文配件名称编号(一般为图号),有英文"MADE IN JAPAN"(日本制造)及长方形或正方形标签,而配套件、专厂件的配件的标签无纯正部品字样,但一般有用英文标明适用的发动机型或车型、配件名称、数量及规格、公司名称、生产国别,同时,标签形状不限于长方形或正方形。

2.1.4.4 包装封签。进口配件目前大多用印有本公司商标或检验合格字样的专用封签封口。例如:德国ZF公司的齿轮、同步器等配件的小包装盒的封签,日本大同金属公司的曲轴轴承的小包装盒的封签,日产公司的纯正件的小包装盒的封签,五十铃公司纯正件的小包装封签等。也有一些公司的配件小包装盒直接用标签作为小包装盒的封签,一举两得。

2.1.4.5 内包装纸。德国奔驰汽车公司生产的金属配件一般用带防锈油的网状包装布进行包裹,而日本的日产、三菱、日野、五十铃等汽车公司的纯正件的内包装纸均印有本公司标志,并用一面带有防潮塑料薄膜的专用包装纸包裹配件。

2.1.4.6 外观质量。从日本、德国等地进口的纯正件、配套件及专厂件,做工精细,铸铁或铸铝零件表面光滑,精密无毛刺,油漆均匀光亮。而假冒产品则做工粗糙,喷漆不均匀,无光泽,真假两个配件在一起对比有明显差别。

2.1.4.7 产品标记。原装进口汽车配件,一般都在配件上铸有或刻有本公司的商标和名称标记。例如,日本自动车工业株式会社生产的活塞则在活塞内表面铸有凸出的IZUMI字样;日本活塞环株式会社(NPR)的活塞环在开口平面上,一边刻有N,另一边刻有1NK7、2NK7、3NK7、4NK7字样;日本理研株式会社(RIK)的活塞环在开口处平面上一边刻有R。

2.1.4.8 配件编号。配件编号也是签订合同和配件验收的重要内容。各大专业生产厂都有本厂生产的配件与汽车厂配件编号的对应关系资料,配件编号一般都刻印或铸造在配件上(如德国奔驰纯正件)或标明在产品的标牌上,而假冒配件一般无刻印或铸造的配件编号。在配件验收时,应根据合同要求的配件编号或对应资料进行认真核对。

2.2 零配件库存管理

仓库管理员应对进厂入库的零配件认真查验,不断提高管理和业务水平,使验收分类、堆放、发送、记账等手续简便、迅速和及时;采用科学方法,根据配件不同性质,进行妥善地维护保管,确保零配件的安全;存放货位编号定位,整齐划一,有条不紊,便于收发查点和库容整洁;配件发放要有利生产,方便工人,配合作业现场;定期清仓和盘点,及时掌握库存量变动情况,应当保持修理所需要的零部件的合理储备,确保修理工作的正常进行,避免因缺少零部件而延误修理时间,同时应避免积压、浪费和丢失,保持账、卡、物相符;做好废旧配件和物资的回收利用。

2.2.1 仓库管理

仓库各工作区域应有明显的标牌,如备件销售出货口、车间领料出货口、发料室、备货区、危险品库房等,应有足够的进货、发货通道和备件周转区域;货架的摆放要整齐划一,仓库的每一过道要有明显的标志,货架应标有位置码,货位要有备件号和备件名称;一般不宜将备件堆放在地上,为避免备件锈蚀及磕碰,必须保持完好的原包装;易燃易爆物品应与其他备件严格分开管理,存放时要考虑防火、通风等问题,库房内应有明显的防火标志;非仓库人员不得随便入内,仓库内不得摆放私人物品;索赔件必须单独存放。

2.2.1.1 库房要求。

(1)仓库的基本设施要求:配备专用的备件搬运工具,配备一定数量的货架、货筐等,配备必要的通风、照明及防火设备器材;宜采用可调式货架,便于调整和节约空间;货架颜色宜统一,一般中货架和专用货架必须采用钢质材料,小货架不限,但必须保证安全耐用。

(2)仓库布局的原则:

①有效利用有限的空间,根据库房大小及库存量,按大、中、小型及长型进行分类放置,以便于节省空间;用纸盒来保存中、小型备件,用适当尺寸的货架及纸盒,将不常用的备件放在一起保管;留出用于新车型备件的空间,无用备件要及时报废。

②防止出库时发生错误,将备件号完全相同的备件放在同一纸盒内,不要将备件放在过道上或货架的顶上;备件号接近、备件外观接近的备件不宜紧挨存放。

③保证备件的质量,保持清洁,避免潮湿、高温或阳光直射;仓库内禁止吸烟,须放置灭火器。

2.2.1.2 货物存放定位。仓库货位编号可采用"四段编号"方法,即物资存放四段编号进行合理定位,对库房按照分类统一编号存放。库房的四段编号是库、架、层、位,第一段1~2位数表示库或场,第二段3~4位数表示架或货区,第三段5~6位数表示货架的层或区的排,第四段7~8位数表示货位。

2.2.2 卡账管理

2.2.2.1 车辆零配件保管卡。根据各仓库的业务需要而制定的,常见的有两种形式。

①保管卡片,多栏式保管卡适用于同一种车辆零配件分别存放在好几个地方时使用的卡片,如表3-3所示。

车辆零配件保管卡片　　　　　　　　　　　表3-3

每件	__长__宽__高(__m³)	货号:
每件容量	质量	品名:
单位毛重	kg	规格:

存货单位_____　　计租等级:　　　　　　产地:　　　单位:

年	凭证号码		摘要	收入	付出	结存	堆存地点			折合质量
月	日	字	号		数量	数量	数量				
			过次页							

货卡(　　)

②货垛卡片,如表3-4所示。车辆零配件储存必须根据其性能、数量、包装质量、形状等要求,以及仓库条件、季节变化等因素,采用适当方式整齐稳固地堆存,称为货垛。

货垛卡片　　　　　　　　　　　　　　　　　表3-4

货主单位:＿＿＿＿＿＿＿＿　　　　　　　　　　　　　　　　　　　　货位:＿＿＿＿＿＿＿

货号			品名		规格			
细数			色别		生产厂			
年		单据号码	进仓	出仓	结存	总垛	分垛1	分垛2	分垛3
月	日					货位	货位	货位	货位

2.2.2.2 车辆零配件保管账。表3-5所示为某企业的车辆零配件保管账。保管账设计,以保管组或仓间为单位建账,也设专人记账。记账时,须严格以凭证为依据,按顺序记录库存零配件的进出存情况;按规定记账,坚持日账日清,注销提单,按日分户装订,分清账页,定期或按月分户排列,装订成册;零配件账册注意保密,非经正式手续,外来人员不准翻阅;各类单证销毁,需先报经批准。

车辆零配件保管账　　　　　　　　　　　　　表3-5

每件体积:　＿＿长＿＿宽＿＿高(＿＿m³)	品名:
	类别:
换算重量:　包装数:	规格:　等级:

年		凭证号码	摘要	出入库单位名称	入库		出库		结存						合计		货位编号
月	日				件数	数量	件数	数量	件数	数量	件数	数量	件数	数量	件数	数量	

2.2.3　库存盘点

为了掌握库存零配件的变化情况,避免零配件的短缺丢失或超储积压,必须对库存零配件进行盘点。盘点的内容是查明实际库存量与账卡上的数字是否相符,检查收发有无差错,查明有无超储积压、损坏、变质等。对于盘点出的问题,应组织复查、分析原因,及时处理。盘点方式有永续盘点、循环盘点、定期盘点和重点盘点等。

①永续盘点。永续盘点是指保管员每天对有收发动态的零配件盘点一次,以便及时发现问题,防止收发差错。

②循环盘点。循环盘点是指保管员对自己所管物资分别轻重缓急,做出月盘点计划,按计划逐日盘点。

③定期盘点。定期盘点是指在月、季、年度组织清仓盘点小组,全面进行盘点清查,并做出库存清册。

④重点盘点。重点盘点是指根据季节变化或工作需要,为某种特定目的而对仓库物资进

行的盘点和检查。

⑤合理储耗。对容易挥发、潮解、溶化、散失、风化的物资，允许有一定的储耗。凡在合理储耗标准以内的，由保管员填报"合理储耗单"，经批准后，即可转财务部门核销。储耗的计算一般一个季度进行一次，计算公式如下：

$$合理储耗量 = 保管期平均库存量 \times 合理储耗率$$

$$实际储耗量 = 账存数量 - 实存数量$$

$$储耗率 = 保管期内实际储耗量 / 保管期内平均库存量 \times 100\%$$

实际储耗量超过合理储耗部分作盘亏处理，凡因人为因素造成物资丢失或损坏，不得计入储耗内。由于被盗、火灾、水灾、地震等原因及仓库有关人员失职，使配件数量和质量受到损失者，应作为事故向有关部门报告。

⑥盈亏报告。在盘点中发生盘盈或盘亏时，应反复落实，查明原因，明确责任，由保管员填制"库存物资盘盈盘亏报告单"，经仓库负责人审签后，按规定处理。

在盘点过程中，还应清查有无本企业多余或暂时不需用的配件，以便及时把这些配件调剂给其他需用单位。

⑦报废削价。由于保管不善，造成霉烂、变质、锈蚀等配件；在收发、保管过程中已损坏并已失去部分或全部使用价值的；因技术淘汰需要报废的，经有关方面鉴定，确认不能使用的，由保管员填制"物资报废单"报经审批。

由于上述原因需要削价处理的，经技术鉴定，由保管员填制"物资削价报告单"，按规定报上级审批。

2.3 零配件发货管理

仓库发货必须有正式的单据为凭，所以第一步就是审核零配件出库单据。主要审核零配件调拨单或提货单，查对其名称有无错误，必要的印鉴是否齐全和相符，配件品名、规格、等级、牌号、数量等有无错填，填写字迹是否清楚，有无涂改痕迹，提货单据是否超过了规定的提货有效日期。如发现问题，应立即退回，不许含糊不清地先行发货。

2.3.1 凭单记账

出库凭单经审核无误，仓库记账员即可根据凭单所列各项对照登入零配件保管账，并将零配件存放的货区库房、货位以及发货后应有的结存数量等批注在车辆零配件出库凭证上，交保管员查对配货。

2.3.2 据单配货

保管员根据出库凭证所列的项目核实并进行配货。属于自提出库的配件，不论整零，保管员都要将货配齐，经过复核后，再逐项点付给要货人，当面交接，以清责任；属于送货的零配件，如整件出库的，应按分工规定，由保管员或包装员在包装上刷写或粘贴各项发运必要的标志，然后集中待运；必须拆装取零拼箱的，保管员则从零货架提取或拆箱取零（箱内余数要点清），发交包装场所编配装箱。

2.4 仓库条码管理系统

汽车零部件仓库条码管理系统主体是建立在IT基础上，结合客户具体的业务流程，整合无线条码设备的系统。运用条形码自动识别技术,在仓库无线作业环境下,适时记录并跟踪从产成品入库、出库以及销售整个过程的物流信息,为产成品销售管理及客户服务提供支持,进一步提高企业整个仓库管理及销售的质量和效率。

如图3-6所示,货物入库时,首先由条码采集终端记录外包箱上的条码信息,选择对应采购信息和仓库及货位信息,然后批量把数据传输到条码管理系统中,系统会自动增加相应库存信息,并记录相应的产品名称、描述、生产和采购日期。

图3-6 零部件入库条码管理示意图

零部件入库上架作业过程中,系统均与采集终端进行自动校对和传入,实现自动化作业流程控制,如:自动生成拣货单并下载到终端,自动比对拣货数量,自动传送拣货信息到后台系统。自动化的作业流程可以极大限度地提高入库工作效率。

作为仓库管理重要的一步工作环节,每到一定时间都要进行盘库作业,以确保库存准确无误,防止资产流失。借助于条码管理系统,盘库作业将变得非常轻松。条码数据采集终端一个主要功能就是进行盘点作业,所以又称"盘点机"。盘点管理时系统会产生盘点单,可以根据仓库规模的大小,选择是全仓盘点还是分仓位盘点。因为本方案的编码方式,不但可以准确的计算出理论库存和实际库存的差距,还可以精确定位到出现差错产品的条码,继而可以有效追踪到单品和相关责任单位。

如图3-7所示,销售的配件可通过配件上的条码进行追溯,确定某一个配件的具体信息,确定其是否是销售到该地区,如果发现有窜货行为,显示该配件最初是销售给那个区域,并追溯到最初的经销商。

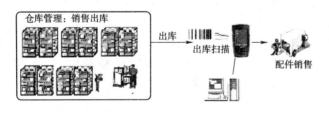

图3-7 零部件出库条码管理示意图

一、简答题

1. 简述汽车零配件的分类方法、零部件编号规则。
2. 简述进口零配件的辨认方法。

3. 简述零配件库存管理的主要内容。
4. 如何计算库存零配件的"储耗率"?
5. 简述汽车零配件仓库的基本要求。

二、选择题
1. 下列零件中,_____不属于易耗件。
   A. 离合器从动盘　　　　　B. 离合器盖
   C. 轮毂　　　　　　　　　D. 轮胎
2. 下列零件中,_____属于保安件。
   A. 活塞　　　　　　　　　B. 气门导管
   C. 柴油滤清器总成　　　　D. 输油泵总成
3. 按月、季、年度组织清仓盘点,并造出库存清册的,称为_____。
   A. 永续盘点　　　　　　　B. 定期盘点
   C. 循环盘点　　　　　　　D. 重点盘点
4. 汽车零部件编号表达式中汽车各功能系统分类代号用_____表示。
   A. 源码　　　　　　　　　B. 分组号
   C. 组号　　　　　　　　　D. 变更代号
5. 车辆零配件质量验收中_____不属于质量不符合要求。
   A. 变质　　　　　　　　　B. 数量不符
   C. 污染　　　　　　　　　D. 受损

三、判断题
1. 汽车上起安全作用的零件称为保安件。　　　　　　　　　　　　　　（　　）
2. 汽车零部件编号中的组号表示该零部件属于汽车某个功能系统。　　　（　　）
3. 对车辆零配件进货验收的主要内容是品种、数量和质量。　　　　　　（　　）
4. 对易挥发、溶化、散失、风化等物资,允许有一定储耗。　　　　　　（　　）
5. 保管员对所管物资按月计划逐日盘点称为"定期盘点"。　　　　　　（　　）

四、思考题
1. 为什么汽车配件仓库要采用条码管理系统?
2. 为什么库存盘点要分永续盘点、循环盘点、定期盘点和重点盘点等方式?
3. 为什么把汽车的总成、分总成、子总成、单元体和零件统称为零部件?

附录　汽车产品零部件编号中的组号和分组号

汽车产品零件编号中的组号和分组号如下表所示。

组号	分组号	名　　称	组号	分组号	名　　称
10		发　动　机		1105	燃油粗滤器
	1000	发动机总成		1106	输油泵
	1001	发动机悬置		1107	化油器
	1002	汽缸体		1108	油门操纵机构
	1003	汽缸盖		1109	空气滤清器
	1004	活塞与连杆		1110	调速器
	1005	曲轴与飞轮		1111	燃油喷射泵
	1006	凸轮轴		1112	喷油器
	1007	配气机构		1115	发动机断油机构
	1008	进排气歧管		1116	燃油电磁阀
	1009	油底壳及润滑组件		1117	燃油细滤器
	1010	机油收集器		1118	增压器
	1011	机油泵		1119	中冷器
	1012	机油粗滤器		1120	燃油压力脉动衰减器
	1013	机油散热器		1121	燃油分配器
	1014	曲轴箱通风装置		1122	燃油喷射泵传动装置
	1015	发动机起动辅助装置		1123	电控喷射燃油泵
	1016	分电器传动装置		1124	电控喷射喷油器
	1017	机油细滤器		1125	油水分离器
	1018	机油箱及油管		1126	冒烟限制器
	1019	减压器		1127	自动提前器
	1020	减压器操纵机构		1128	高压燃油管路
	1021	正时齿轮机构		1129	燃油喷射管路
	1022	曲轴平衡装置		1130	燃油蒸发物排放控制系统
	1023	发动机标牌		1131	燃油压力调节器
	1024	发动机吊钩		1132	进气系统
	1025	皮带轮与张紧轮		1133	释压阀
	1026	发动机电控单元执行装置		1134	怠速控制阀
	1030	发动机工况诊断装备		1136	燃气供给系装置
11		供　给　系		1140	储气瓶
	1100	供给系装置		1141	燃气管路
	1101	燃油箱		1142	蒸发器
	1102	副燃油箱		1143	过滤器
	1103	燃油箱盖		1144	混合器
	1104	燃油管路及连接件		1145	燃气空燃比调节阀

续上表

组号	分组号	名称	组号	分组号	名称
	1146	燃气压力调节器	16		离合器
	1147	气体流量阀		1600	离合器总成
	1148	气体喷射器		1601	离合器
	1149	充气口总成		1602	离合器操纵机构
	1150	充气(出气)三通总成		1603	液力耦合器
	1151	燃气减压阀		1604	离合器助力器
	1152	燃气安全装置		1605	储液罐
	1153	燃料选择开关		1606	离合器取力器
	1154	空气预滤器		1607	离合器操纵管路
	1156	供给系电控单元执行装置		1608	离合器主缸
12		排气系		1609	离合器工作缸
	1200	排气系装置	17		变速器
	1201	消声器		1700	变速器总成
	1202	谐振器		1701	变速器
	1203	消声器进排气管		1702	变速器换挡机构
	1204	消声器隔热板		1703	变速器换挡操纵装置
	1205	排气净化装置(催化转化器)		1704	变速器油泵
	1206	二次空气供给系统		1705	起动机构
	1207	排气再循环系统(EGR)		1706	变速器悬置
	1208	隔热板		1707	AMT电控单元执行装置
	1209	尾管		1708	同步器
13		冷却系		1709	油压调节器
	1300	冷却系装置		1710	油压开关总成
	1301	散热器		1711	润滑油滤清器
	1302	散热器悬置		1712	冷却器
	1303	散热器软管与连接管		1720	副变速器总成
	1304	散热器盖		1721	副变速器
	1305	放水开关		1722	副变速器操纵机构
	1306	调温器	18		分动器
	1307	水泵		1800	分动器总成
	1308	风扇		1801	分动器悬置
	1309	风扇护风罩		1802	分动器
	1310	散热器百叶窗		1803	分动器换挡机构
	1311	膨胀箱		1804	分动器操纵装置
	1312	水式热交换器		1805	分动器选择开关
	1313	风扇离合器		1806	换挡汽缸总成
	1314	冷却系电控单元执行装置		1807	分动器电控单元执行装置
15		自动液力变速器	20		超速器
	1500	自动液力变速器总成		2000	超速器总成
	1501	液力变矩器		2001	超速器
	1502	自动变速器总成		2002	超速器联轴器
	1503	冷却器		2003	超速器结合器
	1504	自动液力变速器操纵机构		2004	超速器操纵机构
	1505	液力变速器电控单元执行装置	21		电动汽车驱动系统
	1506	液力耦合器		2100	电动汽车驱动装置
	1507	锁止离合器		2101	电池组
	1508	单向离合器		2102	主开关

续上表

组号	分组号	名　　称	组号	分组号	名　　称
	2103	驱动电动机		2211	中桥第二中间传动轴
	2104	驱动控制系统		2212	传动轴保护架
	2105	电缆及连接器		2241	传动轴中间支承
	2106	断路器	23		前　　桥
	2107	充电器		2300	前桥总成
	2108	车辆控制器		2301	前桥壳及半轴套管
	2109	接线盒		2302	前桥主减速器
	2110	变压器		2303	前桥差速器及半轴
	2011	传感器		2304	转向节
	2120	燃料电池		2305	前桥轮边减速器
	2121	耦合器		2306	前桥差速锁
	2122	逆变器		2307	前桥差速锁操纵机构
	2123	AC/DC变换器		2308	变速驱动桥
	2124	电池过热报警装置		2309	前桥变速操纵机构
	2126	插头		2310	前桥轴头离合器
	2127	冷却系装置		2311	前桥限拉带
	2128	电动机过速报警装置	24		后　　桥
	2129	电动机过热报警装置		2400	后桥总成
	2131	电动机过电流报警装置		2401	后桥壳及半轴套管
	2132	整流器		2402	后桥主减速器
	2133	漏电报警装置		2403	后桥差速器及半轴
	2134	接触器		2404	转向节
	2136	运行显示装置		2405	后桥轮边减速器
	2137	电制动显示装置		2406	后桥差速锁
	2138	故障诊断装置		2407	后桥差速锁操纵机构
	2139	变流器		2408	变速驱动桥
	2141	锁止机构		2409	后桥变速操纵机构
	2142	电动机控制器	25		中　　桥
	2143	继电调整器与变向器		2500	中桥总成
	2144	联轴节		2501	中桥壳及半轴套管
	2146	变速系统		2502	中桥主减速器
	2147	传动系统		2503	中桥差速器及半轴
	2148	制动系统		2505	中桥轮边减速器
	2149	动力单元		2506	中桥差速锁
	2151	驱动单元		2507	中桥差速锁操纵机构
22		传　动　轴		2510	轴间差速器
	2200	传动轴装置		2511	轴间差速锁
	2201	后桥传动轴		2512	轴间差速锁操纵机构
	2202	中间传动轴		2513	中桥润滑油泵
	2203	前桥传动轴	27		支承连接装置
	2204	后桥第一中间传动轴		2700	支承连接装置
	2205	中桥传动轴		2701	挂车台架
	2206	中桥中间传动轴		2702	牵引装置
	2207	后桥第二中间传动轴		2703	连接机构
	2208	前桥第一中间传动轴		2704	挂车转向装置
	2209	前桥第二中间传动轴		2705	转向装置的止位机构
	2210	后桥第三中间传动轴		2706	挂车台架转向装置

续上表

组号	分组号	名称	组号	分组号	名称
	2707	牵引连接装置		2924	附加桥横向稳定器
	2720	挂车支承装置总成		2925	前横臂独立悬架系统
	2721	挂车支承装置		2926	后横臂独立悬架系统
	2722	挂车支承装置的轴及滚轮		2930	前空气悬架
	2723	支承装置升降机构		2935	后空气悬架
	2724	支承装置升降驱动机构		2940	第二前悬架总成
	2725	支承装置升降驱动机构操纵装置		2941	第二前悬架钢板弹簧
	2728	挂车自动连接机构		2942	第二前悬架减振器
	2730	鞍式牵引座		2945	悬架电控单元执行装置
	2731	铰接车转盘装置		2950	空气悬架电控单元执行装置
	2740	辅助支承装置总成		2955	液压悬架电控单元执行装置
	2741	辅助支承装置		2960	油气悬架
28		车架		2965	限位拉索
	2800	车架总成	30		前轴
	2801	车架		3000	前轴总成
	2802	发动机挡泥板		3001	前轴及转向节
	2803	前保险杠		3003	转向拉杆
	2804	后保险杠		3010	第二前轴总成
	2805	牵引装置		3011	第二前轴及转向节
	2806	前拖钩(拖拽装置)	31		车轮及轮毂
	2807	前牌照架		3100	车轮及轮毂装置
	2808	后牌照架		3101	车轮
	2809	防护栏		3102	车轮罩
	2810	副车架总成		3103	前轮毂
29		汽车悬架		3104	后轮毂
	2900	汽车悬架装置		3105	备轮架及升降机构
	2901	前悬架总成		3106	轮胎
	2902	前钢板弹簧		3107	备轮举升缸总成
	2903	前副钢板弹簧		3109	备轮举升手压泵
	2904	前悬架支柱及臂		3117	附加轴轮毂
	2905	前减振器		3112	联结凸缘
	2906	前悬架横向稳定装置		3113	轮辋
	2908	调平控制系统	32		附加桥(附加轴)
	2909	前推力杆		3200	附加桥总成
	2911	后悬架总成		3201	摆臂轴及摆臂
	2912	后钢板弹簧		3202	附加桥举升机构
	2913	后副钢板弹簧		3203	举升机构管路系统
	2914	后独立悬架控制臂	33		后轴
	2915	后减振器		3300	后轴总成
	2916	后悬架横向稳定装置		3301	后轴及转向节
	2917	侧向稳定后拉杆		3303	转向拉杆
	2918	平衡悬架	34		转向系统
	2919	后悬架反作用杆		3400	转向装置
	2920	限位器		3401	转向器
	2921	附加桥钢板弹簧		3402	转向盘及调整机构
	2922	附加桥附加弹簧		3403	转向器支架
	2923	附加桥减振器		3404	转向轴及万向节

续上表

组号	分组号	名　　　称	组号	分组号	名　　　称
35	3405	转向操纵阀		3550	ABS 防抱死装置
	3406	动力转向管路		3551	制动调整臂
	3407	动力转向油泵		3555	空气干燥器总成
	3408	动力转向油罐		3556	制动截止阀
	3409	动力转向助力缸		3561	制动软管及连接器
	3411	整体动力转向器		3562	制动带
	3412	转向附件		3565	车辆稳定性辅助装置
	3413	紧急制动转向装置		3567	车辆稳定性辅助装置电控单元执行装置
	3415	转向转换装置		3568	EBS 电控单元执行装置
	3417	助力转向控制滑阀	36		电　子　装　置
	3418	电子助力转向执行装置		3600	整车电子装置系统
		制　动　系		3601	车载电子诊断装置
	3500	制动系装置		3602	自动驾驶装置
	3501	前制动器及制动鼓		3603	防撞雷达装置
	3502	后制动器及制动鼓		3604	巡航装置
	3504	制动踏板及传动装置		3605	防盗系统
	3505	制动主缸		3606	IC 卡识读机
	3506	制动管路		3607	电子报站器
	3507	驻车制动器		3610	发动机系统电控装置
	3508	驻车制动操纵装置		3611	发动机系统电控用传感器
	3509	空气压缩机		3612	电子喷射电控单元及传感器
	3510	气压或真空增力机构		3613	化油器电控单元及传感器
	3511	油水分离器		3614	供给系电控单元及传感器
	3512	压力调节器		3615	EGR 电控单元及传感器
	3513	储气筒及支架		3616	冷却系电控单元及传感器
	3514	气制动阀		3621	自动液力变速器电控单元及传感器
	3515	保险装置		3623	AMT 电控单元及传感器
	3516	快放阀		3624	分动器电控单元及传感器
	3517	紧急制动阀		3629	空气悬架电控单元及传感器
	3518	加速阀(继动阀)		3630	ABS 电控单元及传感器
	3519	制动气室		3631	缓速器电控单元及传感器
	3520	气制动分离开关		3634	转向系电控单元及传感器
	3521	气制动管接头		3635	EBS 电控单元及传感器
	3522	挂车制动阀		3636	车辆稳定性辅助装置电控单元及传感器
	3523	感载阀		3658	安全气囊电控单元及传感器
	3524	缓速器		3665	集中润滑系统电控单元及传感器
	3525	制动压力调节阀		3682	卫生间电控单元及传感器
	3526	手制动阀	37		电　气　设　备
	3527	辅助制动装置		3700	电气设备
	3529	防冻泵		3701	发电机
	3530	弹簧制动气室		3702	发电机调节器
	3533	双路阀		3703	蓄电池
	3534	压力保护阀		3704	点火开关
	3540	真空助力器带制动泵总成		3705	点火线圈
	3541	真空泵		3706	分电器
	3548	发动机进气制动		3707	火花塞及高压线
	3549	发动机排气制动		3708	起动机

续上表

组号	分组号	名称	组号	分组号	名称
	3709	灯光总开关		3781	空挡开关
	3710	变光开关		3782	电动外后视镜开关
	3719	遮光罩		3783	冷风电动机
	3721	电喇叭		3784	逆变器
	3722	电路保护装置		3785	防爆电子设备
	3723	接线器		3786	天线电动机
	3725	点烟器		3787	中央门锁
	3728	磁电机		3788	火焰塞
	3730	挂车供电插座		3789	润滑泵电动机
	3735	各种继电器		3790	电子门锁
	3736	电源总开关		3791	遥控门锁及遥控器
	3737	搭铁开关		3792	翘板开关
	3740	微电机	38	仪器仪表	
	3741	刮水电动机及开关		3800	仪器仪表装置
	3742	中隔墙电动机及开关		3801	仪表板
	3743	座位移动电动机及开关		3802	车速里程表、传感器及软轴
	3744	暖风电动机及开关		3803	远光指示灯
	3745	空调电动机及开关		3804	电钟
	3746	门窗电动机及开关		3806	燃油表
	3747	洗涤电动机及开关		3807	机油温度表
	3748	后风窗除霜装置		3808	水温表
	3749	散热器风扇电动机及开关		3809	气体温度表
	3750	变换开关		3810	机油压力表
	3751	接触器		3811	电流表
	3752	爆震限制器		3812	电压表
	3753	行程电磁铁		3813	转速表
	3754	电磁开关		3814	真空表
	3755	制动位液面装置		3815	混合气点火器
	3757	气压警报开关		3816	空气压力表
	3758	车门信号开关		3818	警报器装置
	3759	座椅加热器及控制开关		3819	蜂鸣器
	3761	真空信号开关		3820	组合仪表
	3763	车辆限速装置		3822	燃气显示装置
	3764	ABS 系统调节电动机		3824	稳压器总成
	3765	电子节气门		3825	水位报警器总成
	3766	闪光器		3826	气制动储气筒压力表
	3767	燃油泵电动机		3827	发动机油压表
	3768	电子点火模块		3828	冷却液温度表
	3769	进气预热器		3832	变速器操纵信号显示装置
	3770	电预热塞		3833	举升信号装置
	3774	组合开关		3834	差速操纵信号显示装置
	3775	主副油箱转换阀		3850	车辆行驶记录仪
	3776	倒车监视系统		3853	挂车自动连接信号显示装置
	3777	分动器控制装置		3865	集中润滑系统显示装置
	3778	电子防盗装置		3871	预热温度开关及显示器总成
	3779	取力指示器及开关		3872	蓄电池欠压报警装置
	3780	电压转换开关	39	随车工具及组件	

续上表

组号	分组号	名称	组号	分组号	名称
	3900	随车工具及组件		4108	牌照灯
	3901	通用工具		4109	停车灯
	3903	说明牌		4111	转向灯及开关
	3904	铭牌		4112	投光灯
	3905	铲子		4113	倒车灯及开关
	3907	牵引钢绳		4114	示廓灯
	3908	防滑链		4116	雾灯及开关
	3909	备用桶		4117	侧标志灯（侧反射器）
	3910	灭火器及附件		4118	挂车标志灯
	3911	油脂枪		4119	防空灯及开关
	3912	轮胎气压表		4121	组合前灯
	3913	起重器		4122	壁灯
	3914	保温套		4123	顶灯
	3915	活动扳手		4124	阅读灯
	3916	特种工具		4126	踏步灯
	3917	轮胎充气手泵		4127	行李厢照明灯
	3918	拆卸工具		4128	应急报警闪光灯
	3919	工具箱		4129	警告灯
	3920	厚薄规及量规		4131	门灯
	3921	装饰标牌		4133	组合后灯
	3922	备品包箱		4134	制动灯及开关
	3923	车辆识别代号标牌		4135	回复反射器
	3924	发动机修理包		4136	闪光器
	3926	三角警告牌	42		特种设备
40		电线束		4200	特种设备
	4000	汽车线束装置		4201	机械打气泵
	4001	发动机线束		4202	一挡取力器（动力输出装置）
	4002	车身线束		4203	增压泵及减速器
	4003	仪表板及控制台线束		4205	二挡取力器
	4004	座舱线束		4207	三挡取力器
	4006	装货空间线束		4209	发动机拆卸器
	4010	车架线束		4210	特种设备气压操纵装置
	4011	前线束		4211	取力器
	4012	中间线束		4212	水下部件通气管
	4013	后线束		4221	轮胎充气系储气筒
	4014	空调线束		4222	轮胎充气系压力控制阀
	4016	线束固定器（线夹）		4223	轮胎阀体
	4017	线束插接器		4224	轮胎充气接头
	4018	灯具线束		4225	轮胎充气管路
41		汽车灯具		4240	车门自动开关机构
	4100	汽车灯具装置		4250	集中润滑系统
	4101	前照灯		4260	集中气动助力伺服系统
	4102	前小灯	45		绞盘
	4103	仪表灯		4500	绞盘总成
	4104	内部照明灯及开关		4501	绞盘
	4106	工作灯		4502	绞盘传动轴
	4107	尾灯		4503	绞盘操纵装置

续上表

组号	分组号	名　称	组号	分组号	名　称
	4504	绞盘钢索、链条及钩		5202	风窗铰链
	4505	绞盘鼓		5203	风窗侧面玻璃
	4506	绞盘驱动装置		5204	风窗升降装置
	4507	绞盘支架		5205	刮水器
	4508	液压泵、液压马达		5206	风窗玻璃及密封条
	4509	液压管路及连接器		5207	风窗洗涤器
50		车　身	53		前　围
	5000	车身总成		5300	前围总成
	5001	车身固定装置		5301	前围骨架及盖板
	5002	车身翻转机构		5302	前围护面
	5004	车身锁止机构		5303	杂物箱
	5005	放物台		5304	前围通风孔
	5006	车身外装饰		5305	副仪表板
	5010	车身骨架		5306	仪表板
	5012	伸缩棚装置		5310	前围隔热层
	5014	绞接棚及转盘机构		5315	高架箱
51		车身地板	54		侧　围
	5100	车身地板总成		5400	侧围总成
	5101	车身地板零件		5401	侧围骨架及盖板
	5102	车身地板护面		5402	侧围护面
	5107	车身地板盖板		5403	侧围窗
	5108	工具箱		5404	侧围升降机构
	5109	地毯		5405	中间支柱
	5110	地板隔热层		5406	三角窗
	5111	进风口罩		5409	内行李架
	5112	售票台		5410	侧围隔热层
	5120	驾驶区地板总成（后地板总成）		5411	行李舱门
	5121	驾驶区地板	55		车身装饰件
	5122	纵梁		5500	车身装饰
	5123	横梁		5501	顶盖装饰件
	5124	压条		5502	喷水口装饰件
	5130	乘客区地板总成（后地板总成）		5503	安全带装饰件
	5131	通道地板		5504	车身底部装饰件
	5132	侧面地板		5506	牌照及照明装置装饰件
	5133	后地板		5507	活动入口装饰件
	5134	纵梁		5508	中间支柱装饰件
	5135	横梁		5509	散热器护栅装饰件
	5136	压条		5511	前照灯、信号灯装置装饰件
	5140	前踏步总成		5512	轮罩装饰件
	5150	中间踏步总成		5513	排气口出口装饰件
	5160	后踏步总成		5514	散热器导流板装饰件
	5172	车身下防护装置		5516	变速杆装饰件
	5173	车身下防护板		5517	空调装饰件
	5174	车身下导流板		5518	行李厢装饰件
52		风　窗		5519	驾驶台装饰件
	5200	风窗总成		5521	地板装饰件
	5201	风窗框		5522	车壁装饰件

续上表

组号	分组号	名称	组号	分组号	名称
	5523	豪华座椅装饰件		5831	儿童安全座椅
	5524	行李架装饰件		5832	儿童安全门锁
	5526	乘客扶手装饰件		5833	儿童安全带
	5527	卧铺装饰件		5834	童车和轮椅约束装置
	5528	车门搁物袋	59		客车舱体与舱门
	5529	座椅背搁物袋		5901	大行李舱体
	5531	专用隔热、隔音装饰件		5902	大行李舱门
	5532	专用防尘、防雨密封装饰件		5903	蓄电池舱体
56		后围		5904	蓄电池舱门
	5600	后围总成		5907	除霜器舱体
	5601	后围骨架及盖板		5908	除霜器舱门
	5602	后围护面		5909	空调舱体
	5603	后围窗		5910	空调舱门
	5604	行李厢盖		5915	配电舱体
	5605	行李厢盖铰链及支柱		5916	配电舱门
	5606	行李厢盖锁及手柄		5918	小行李舱体
	5608	行李厢护面		5919	小行李舱门
	5610	后围隔热层		5920	其他舱体与舱门
	5611	刮水器	60		车篷及侧围
	5612	洗涤器		6000	车篷总成
	5613	隔栅		6001	车篷骨架及附件
	5614	导流板		6002	车篷及侧围
57		顶盖		6003	车篷后窗
	5700	顶盖总成		6004	车篷升降机构
	5701	顶盖骨架及盖板		6005	车篷座
	5702	顶盖内护面	61		前侧面车门
	5703	顶盖通风窗		6100	前侧面车门总成
	5704	顶盖外护面		6101	车门骨架及盖板
	5709	行李架总成		6102	车门护面
	5710	顶盖隔热层		6103	车门窗
	5711	顶盖升降机构		6104	车门玻璃升降机构
	5713	应急窗（安全窗）		6105	车门锁及手柄
58		乘员安全约束装置		6106	车门铰链
	5800	乘员安全约束装置		6107	车门密封条
	5810	安全带总成		6108	车门开关机构
	5811	前安全带		6109	车门滑轨及限位机构
	5812	后安全带		6110	车门气路
	5813	中间安全带		6111	车门气泵
	5814	安全带收紧器		6112	车门应急开启装置
	5820	安全气囊总成	62		后侧面车门
	5821	前气囊袋		6200	后侧车门总成
	5822	侧气囊袋		6201	车门骨架及盖板
	5823	气体发生器		6202	车门护面
	5824	安全气囊电控单元执行装置		6203	车门窗
	5825	微处理器		6204	车门玻璃升降机构
	5826	安全气囊触发器		6205	车门锁及手柄
	5830	儿童约束保护系统		6206	车门铰链

续上表

组号	分组号	名　称	组号	分组号	名　称
	6207	车门密封条		6707	车门密封条
	6208	车门开关机构		6708	车门开关机构
	6209	车门滑轨及限位机构		6709	车门滑轨限位机构
	6210	车门气路		6710	车门气路
	6211	车门气泵		6711	车门气泵
	6212	车门应急开启装置		6712	车门应急开启装置
63		后车门	68		驾驶员座
	6300	后车门总成		6800	驾驶员座总成
	6301	车门骨架及盖板		6801	驾驶员座骨架
	6302	车门护面		6802	驾驶员座骨架护面
	6303	车门窗		6803	驾驶员座软垫
	6304	车门玻璃升降机构		6804	驾驶员座调整机构
	6305	车门锁及手柄		6805	驾驶员座靠背
	6306	车门铰链		6807	驾驶员座支架
	6307	车门密封条		6808	驾驶员座头枕
	6308	车门开关机构		6809	驾驶员座扶手
	6309	车门助力撑开	69		前座
	6310	后门窗刮水器		6900	前座总成
	6311	后门窗洗涤器		6901	前座骨架
	6312	后门窗除霜器		6902	前座骨架护面
64		驾驶员车门		6903	前座软垫
	6400	驾驶员车门总成		6904	前座调整机构
	6401	车门骨架及盖板		6905	前座靠背
	6402	车门护面		6906	前座扶手
	6403	车门窗		6907	前座支架
	6404	车门玻璃升降机构		6908	前座头枕
	6405	车门锁及手柄		6930	前座中间座
	6406	车门铰链	70		后座
	6407	车门密封条		7000	后座总成
	6408	车门开关机构		7001	后座骨架
	6409	驾驶员车门（右）		7002	后座骨架护面
66		安全门		7003	后座软垫
	6600	安全门总成		7004	后座调整机构
	6601	安全门骨架及盖板		7005	后座靠背
	6602	安全门护面		7006	后座扶手
	6605	安全门锁及手柄		7007	后座支架
	6606	安全门铰链		7008	后座头枕
	6607	安全门密封条	71		乘客单人座
	6608	安全门开关机构		7100	乘客单人座总成
67		中侧面车门		7101	乘客单人座骨架
	6700	中侧面车门总成		7102	乘客单人座骨架护面
	6701	车门骨架及盖板		7103	座位软垫
	6702	车门护面		7104	座位调整机构
	6703	车门窗		7105	座位靠背
	6704	车门玻璃升降机构		7106	座位扶手
	6705	车门锁及手柄		7107	座位支架
	6706	车门铰链		7108	乘客单人座头枕

续上表

组号	分组号	名称	组号	分组号	名称
	7109	座椅附件		7605	卧铺扶手
72		乘客双人座		7606	卧铺靠背
	7200	乘客双人座总成		7607	卧铺调整机构
	7201	乘客双人座骨架		7608	卧铺搁脚架
	7202	乘客双人座骨架护面		7609	卧铺梯
	7203	座位软垫		7611	卧铺附件
	7204	座位调整机构	78		中间隔墙
	7205	座位靠背		7800	中间隔墙总成
	7206	座位扶手		7801	中间隔墙骨架及盖板
	7207	座位支架		7802	中间隔墙护面
	7208	乘客双人座头枕		7803	中间隔墙窗
	7209	座椅附件		7804	中间隔墙玻璃升降机构
73		乘客三人座		7805	中间隔墙门
	7300	乘客三人座总成	79		车用信息通信与声像设备
	7301	乘客三人座骨架		7900	车用信息通信与声像装置
	7302	乘客三人座骨架护面		7901	收放机
	7303	座位软垫		7902	无线电发报机
	7304	座位调整机构		7903	天线
	7305	座位靠背		7904	滤波器
	7306	座拉扶手		7905	车载电话
	7307	座位支架		7906	防干扰装置
	7308	乘客三人座头枕		7908	录放机
74		乘客多人座		7909	扩音机
	7400	乘客多人座总成		7910	车用视盘机
	7401	乘客多人座骨架		7911	车用音响装置
	7402	乘客多人座骨架护面		7912	显示器总成
	7403	座位软垫		7913	车用卫星定位导航装置
	7404	座位调整机构		7914	车载计算机
	7405	座位靠背		7917	车内监控摄像系统
	7406	座位扶手		7921	电源附件
	7407	座位支架		7922	声像附件
	7408	乘客多人座头枕		7925	信息通信附件
75		折合座		7930	交通信息显示系统
	7500	折合座总成	81		空气调节系统
	7501	折合座骨架		8100	空气调节装置
	7502	折合座骨架护面		8101	暖风设备
	7503	座位软垫		8102	除霜设备
	7504	座位调整机构		8103	制冷压缩机
	7505	座位靠背		8104	车身强制通风设备
	7506	座位扶手		8105	冷凝器
	7507	座位支架		8106	膨胀阀
76		卧铺		8107	蒸发器(制冷器)
	7600	卧铺总成		8108	空调管路
	7601	卧铺骨架		8109	储液干燥器
	7602	卧铺软垫		8110	吸气节流阀
	7603	卧铺支架		8111	冷气附件
	7604	卧铺骨架护面		8112	空气调节操纵装置

续上表

组号	分组号	名称	组号	分组号	名称
	8113	空气净化设备		8240	炊事间总成
	8114	空调电气设备	84		车前、后钣金件
	8115	加温设备		8400	车前钣金零件
	8116	冷、暖风流量分配器		8401	散热器罩
	8117	空气流量分配器		8402	发动机罩及锁
	8118	恒温调节器		8403	前翼板
	8119	进、送风格器		8404	后翼板
	8121	进气道与滤清器		8405	踏脚板
	8122	集液器	85		车厢
	8123	供暖和通风系统		8500	车厢总成
82		附件		8501	车厢底板
	8200	附件		8502	车厢边板
	8201	内后视镜		8503	车厢后板
	8202	外后视镜		8504	车厢前板
	8203	烟灰缸		8505	车厢板锁
	8204	遮阳板		8506	车厢座位
	8205	窗帘		8507	车厢工具箱
	8206	搁脚板		8508	车厢篷布及支架
	8207	各种用具、枪架		8509	车厢护栏
	8208	反光器		8511	车厢挡泥板
	8209	安全锤		8514	后门骨架总成
	8213	冰箱		8515	翼开启机构
	8214	饮水器		8516	顶棚外蒙皮总成
	8215	拉手	86		车厢倾斜机构
	8218	物品盒		8600	车厢倾斜机构总成
	8219	下视镜		8601	车厢底架
	8220	保险柜		8602	倾斜机构
	8221	杯架		8603	倾斜机构液压缸
	8222	书架、工作台		8604	倾斜机构油泵
	8223	药箱		8605	倾斜机构油泵管路
	8224	随车文件盒		8606	倾斜机构操纵装置
	8225	衣钩		8607	分配机构
	8226	行李挂钩		8608	举升机构油箱
	8227	告示牌		8610	举升机构传动轴
	8228	投币机		8611	油泵限位阀
	8230	卫生间总成		8613	举升节流止回阀
	8231	卫生间		8614	下降限位阀
	8232	卫生间储水箱		8615	下降节流止回阀
	8233	卫生间供排水装置		8616	滤清器
	8234	卫生间电控单元执行装置		8617	车厢保险支架总成
	8235	卫生间污物处理封装装置			

单元四 设备管理

学习目标

知识目标
1. 简述车辆维修生产设备种类、设备管理的原则、工作内容、管理水平考核指标等;
2. 正确描述车辆维修设备的合理使用,设备的故障规律,设备的维修制度以及设备更新与报废的全过程管理。

能力目标
1. 会做车辆维修企业的生产设备选型、安装验收、使用维护等工作;
2. 能解决车辆维修企业生产设备的经济评价、事故处理、预防维修等问题。

设备管理是以企业生产经营目标为依据,通过一系列技术、经济和组织措施,对生产设备的选购、安装、使用、维修、改造、更新直至报废的全过程进行管理,其目的是以最小花费、取得最佳投资效果,使汽车维修设备经常处于良好技术状况,充分发挥其效能,保证汽车维修质量和设备安全运行,促使汽车维修企业生产持续健康发展,为提高企业经济效益和社会效益服务。

1 车辆维修生产设备

车辆维修生产设备是汽车维修企业生产中必不可少的物质基础,是企业生产能力的基本构成要素。在这些生产设备中,能用以直接或间接测出被测对象量值的装置、仪器仪表、量具和用于统一量值的标准物质则称为计量设备(器具)。

计量设备(器具)对于正常生产数据的量值传递起着决定性的作用,它关系着企业的质量和效率。它是量值统一的载体,是管理部门监督管理的主要对象,更是企业提高质量和效率的抓手。根据有关规定,计量设备(器具)必须定期经有资质的计量检定(校准)机构检定合格后方可投入使用。

根据《汽车维修企业开业条件》,对一、二类企业要求具备通用设备、专用设备和主要检测设备。

1.1 通用设备

对一、二类企业通用设备要求见表4-1。

一、二类企业通用设备　　　　　　　　　　　　　　表 4-1

序号	设 备 名 称
1	钻床
2	电焊及气体保护焊设备
3	气焊设备
4	压力机
5	空气压缩机

上述设备中的压力表具等则属于计量设备(器具)的范畴。

1.2 专用设备

对一、二类企业专用设备要求见表 4-2。

一、二类企业专用设备　　　　　　　　　　　　　　表 4-2

序号	设备名称	大中型客车	大型货车	小型车	其他要求
1	换油设备	√	√	√	
2	轮胎轮辋拆装设备	√	√	√	
3	轮胎螺母拆装机	√	√	—	
4	车轮动平衡机			√	
5	四轮定位仪	—	—	√	
6	转向轮定位仪	√	√	—	
7	制动鼓和制动盘维修设备	√	√	√	
8	汽车空调冷媒加注回收设备	√	√	√	
9	总成吊装设备	√	√		
10	汽车举升机	—	—	√	一类应不少于 5 台
11	地沟设施	√	√	—	一类应不少于 2 个
12	发动机检测诊断设备		√		应具备示波器、转速表、发动机检测专用真空表的功能
13	数字式万用电表		√		
14	故障诊断设备	—	—	√	
15	汽缸压力表		√		
16	汽油喷油器清洗及流量测量仪	—	—	√	
17	正时仪		√		
18	燃油压力表	—	—	√	
19	液压油压力表		√		
20	连杆校正器		√		允许外协
21	无损探伤设备		√		修理大中型客车必备,其他允许外协

续上表

序号	设备名称	大中型客车	大型货车	小型车	其他要求
22	车身清洗设备	—	—	√	
23	打磨抛光设备	√	—	√	
24	除尘除垢设备	√		√	
25	型材切割机		√		
26	车身整形设备		√		
27	车身校正设备	—	—	√	
28	车架校正设备	√	√	—	二类允许外协
29	悬架试验台	—	—	√	二类允许外协
30	喷烤漆房及设备	√	—	√	
31	喷油泵试验设备		√		允许外协
32	喷油器试验设备		√		
33	调漆设备	√		√	
34	自动变速器维修设备（见 GB/T16739.2—2004 中 5.4.4）	—	—	√	
35	立式精镗床		√		
36	立式珩磨机		√		
37	曲轴磨床		√		
38	曲轴校正设备		√		
39	凸轮轴磨床		√		
40	激光淬火设备		√		
41	曲轴、飞轮与离合器总成动平衡机		√		

注：√——要求具备，———不要求具备。

其中万用表、四轮定位仪、车轮动平衡机以及有示值功能的工具设备均属于计量设备（器具）的范畴。

1.3 主要检测设备

对一、二类企业主要检测设备要求见表4-3。

一、二类企业主要检测设备　　　　　表4-3

序号	设备名称	其他要求
1	声级计	
2	排气分析仪或烟度计	
3	汽车前照灯检测设备	二类允许外协
4	侧滑试验台	二类允许外协
5	制动检验台	修理大型货车及二类允许外协
6	车速表检验台	二类允许外协
7	底盘测功机	允许外协

一、二类企业主要检测均属于计量设备(器具)的范畴。对于专项维修业户的设备要求请查阅《汽车维修企业开业条件》,这里不再详述。

2　车辆维修企业的设备管理

设备管理是通过一系列技术、经济、组织活动,使设备寿命周期费用最经济:一方面对设备的物质运动形态的全过程,即从设备的选购、进厂验收、安装调试、使用、维护、修理、更新改造、直到报废等环节进行技术管理;另一方面也包括对设备的价值运动形态全过程,即设备的最初投资、维修费用的支出、折旧、更新、改造资金的筹措、积累、支出等进行经济管理。

2.1　设备管理的内容

2.1.1　设备管理的切入点

2.1.1.1　对设备进行全过程管理。从选购设备或自行设计制造设备到设备在生产领域内使用、维护、修理,直至报废退出生产领域的全过程管理,如图4-1所示。根据企业的长期战略目标制订设备管理长期计划,根据企业的年、月生产目标制订设备管理的中期计划,以及制订更为具体的短期计划。另外,还要进行技术经济方面的综合平衡,与资金计划、利润计划、能源计划相协调,保证与企业生产计划相适应的技术先进、经济合理的设备管理措施。

图4-1　设备管理全过程

2.1.1.2　追求设备寿命周期费用最优化。设备的寿命周期费用是设备一生的总费用,在设备规划决策的方案论证中,应追求设备寿命周期费用最经济,而不是只考虑购买或使用某一阶段的经济性。当然,还要考虑设备的综合效率,完善设备的资产管理。设备的资产管理包括资产登记、闲置设备处理、封存保管、转让调剂、报废和相应的资金管理等。

2.1.1.3　及时引进先进的技术装备。随着社会主义市场经济的发展和科技的进步,企业生产服务均需及时提供适用、先进的技术装备。加快设备的更新改造,是提升企业装备水平、不断提高企业的经济效益的重要手段。

2.1.1.4　保证生产的连续性。搞好设备日常维护、检修工作,才能保证生产的正常性、连续性,维修工人才能选择经济合理、便于操作的维修方式,提高维修质量。企业设备管理的日常工作主要是维护和检修工作,如瑞典的制造工业,从业总人数减少6.8%,而维修人员增加了9.8%。

2.1.1.5　加强设备的经济管理和组织管理。实现设备的全员管理,须逐步建立保证质量、降低能耗、减少成本、便于执行的设备管理制度,使企业的设备始终处于最佳的技术状态。

2.1.2　设备管理的意义

2.1.2.1　保证企业生产的现代化。只有使用自动化程度比较高的设备,才能加速实现企业生产的现代化。随着工业技术的发展,还要及时做好设备的技术革新和技术改造及设备的更新换代。

2.1.2.2　保证企业取得良好的经济效益。社会化大生产促使机械化程度提高,设备的数量、投资、动力、油脂、配件的消耗不断增加,与设备有关的费用如折旧费、维修费、电费在产品成本中的比重也不断提高。设备的运行技术状况直接影响企业的产量和劳动效率,因此也直接影响着企业的经济效益。

2.1.2.3 保证操作人员的生命安全。在设备管理中除了保障设备高效运转外,还要有预见性,采取措施保证安全生产。如在设备周围加设护栏,在转动部件上加防护罩;教育操作人员遵守操作规范,保证设备安全、高效运转等;认真贯彻设备管理"安全、可靠、经济、合理"的八字方针,加强岗位责任制,认真执行操作规范、规程,保证设备安全正常运行。

2.2 设备使用技术经济分析

2.2.1 考核指标

在设备使用管理中,要提高设备的利用率,反映设备的利用程度主要有以下指标:

$$设备台数利用率 = \frac{设备使用台数}{设备在册台数} \times 100\%$$

$$设备工时利用率 = \frac{设备实际工作台时数}{日历台时数} \times 100\%$$

$$生产能力利用率 = \frac{单位台时的时间产量}{单位台时的额定产量} \times 100\%$$

其中,设备使用台数包括运行的、备用的、维修的设备台数;设备在册台数为使用台数加上已列入固定资产账目,但不包括尚未安装的设备及闲置的、待报废的设备。

为避免设备维修人员吃"大锅饭"现象,提高作业效率,可有以下考核指标:

$$设备开动率 = \frac{实际作业时间}{制度开动时间} \times 100\%$$

$$设备完好率 = \frac{完好设备数}{已安装使用数} \times 100\%$$

$$故障停机率 = \frac{故障停机时间}{制度工作台时} \times 100\%$$

$$维修费用率 = \frac{维修费用}{生产总值} \times 100\%$$

$$设备新度 = \frac{设备的净值}{设备的原值}$$

设备役龄(设备生产中服役的年限),一般设备的役龄为10～14年。

2.2.2 经济评价

2.2.2.1 投资回收期比较法。一般在其他条件相同的情况下,投资回收期最短的设备方案,就是经济上最优的方案。

$$设备投资回收期(年) = \frac{设备投资费用总额(元)}{采用该设备方案后年使用费用总额(元/年)}$$

其中,设备投资费用总额由设备原始费用和使用费用组成。原始费用包括外购设备原价、设备及材料运杂费、成套设备业务费、备品备件购置费、安装调试费等;对于自制设备,包括研究、设计、制造、安装调试等。使用费用是指设备在整个寿命周期内所支付的能源消耗费、维修费、操作工人工资及固定资产占用费、保险费等。

2.2.2.2 年费用比较法。 年费用比较法是从设备的寿命周期角度来评价和选择设备。采用这种方法是把不同方案的设备购置费用,根据设备的寿命周期,按一定的利率换算成相当于每年的平均费用支出,然后再加上每年的平均使用费而得出各方案设备寿命周期内平均每年支出的总费用,年平均总费用最低的方案为最优投资方案。计算式表示如下:

$$\text{设备的年度总费用} = \text{最初投资费} \times \text{资金还原系数}(F_pR) + \text{年维持费} - \text{设备残值} \times \text{资金存储系数}(F_pW)$$

其中,若已知利率、计息周期、系数种类,便可直接从复利系数表上查得需要的系数值。

例题 某企业要购买1台设备,现有两种同类的设备可供选择。设备A购价为50000元,经济寿命为10年,投产后年维持费为9000元,设备残值为10000元;设备B购价为120000元,经济寿命为20年,投产后年维持费为6000元,设备残值为20000元。根据以上资料对两种型号设备做出经济评价。

解 设备A的年度总费用 $= 50000 \times F_pR(n=10, R=8\%) + 9000 - 10000 \times F_pW(n=10, R=8\%) = 50000 \times 0.14903 + 9000 - 10000 \times 0.06903 = 15761.2$(元)

设备B的年度总费用 $= 120000 \times F_pR(n=20, R=8\%) + 6000 - 20000 \times F_pW(n=20, R=8\%) = 120000 \times 0.10185 + 6000 - 20000 \times 0.02185 = 17785$(元)

答:应选择设备A,因为设备A的年度总费用较低。

2.2.2.3 现值比较法。 现值比较法是把设备寿命周期平均每年支付的维持费,按现值系数换算成相当于设备初期费用,再和设备初期购置费相加,进行总现值比较。计算式表示如下:

$$\text{设备的总现值} = \text{最初投资费} + \text{年维持费} \times \text{定额序列现值系数}(F_sR) - \text{设备残值} \times \text{一次偿付现值系数}(F_sW)$$

其中,若已知利率、计息周期、系数种类,便可直接从复利系数表上查得需要的系数值。

现值比较法与年费用比较法相反,后者是把投资成本化为年值后与每年维持费相加组成设备的年度总费用,再进行比较;而前者则是在每年的维持费转化后与当初的投资费相加,组成总现值,再进行比较。现值比较法与年度比较法可以互相验证。

比如针对以上采用年费用比较法所做经济评价的例题,试用现值比较法进行设备选型。

解 设备A寿命周期总费用(现值) $= 50000 + 9000 \times F_sR(n=10, R=8\%) - 10000 \times F_sW(n=10, R=8\%) = 50000 + 9000 \times 6.7101 - 10000 \times 0.4632 = 105758.9$(元)

设备B寿命周期总费用(现值) $= 120000 + 6000 \times F_sR(n=20, R=8\%) - 20000 \times F_sW(n=20, R=8\%) = 120000 + 6000 \times 9.8181 - 20000 \times 0.2145 = 174618.6$(元)

答:设备A的费用总现值较低,故应选设备A。

2.3 合理使用

设备的合理使用是设备管理的重要内容,直接影响着设备的使用寿命和精度、性能的保持,进而影响设备产出的数量、质量、成本和企业的经济效益。正确、合理地使用设备,可以减轻设备的磨损,较长时间内保持设备应有的性能和精度,并能充分发挥其应有的效率。

2.3.1 设备使用前的准备工作

2.3.1.1 设备投入使用前应编制技术资料,这些技术资料是设备使用的依据和指导文件,它包括设备操作维护规程、设备润滑卡片、设备日常检查和定期检查卡片。

2.3.1.2　全面检查设备的安装、精度、性能及安全装置,向操作者点交设备附件。配备必需的各种检查及维护仪器工具。

2.3.1.3　对操作工人进行教育与技术培训,帮助操作者掌握设备的结构性能,使用维护的日常检查内容,安全操作等方面的知识,并明确各自的岗位技术经济责任,达到应知应会。

2.3.1.4　对检测设备(器具)应按规定经有资质的计量检定机构检定合格后方可投入使用。

2.3.2　设备使用中的管理工作

设备使用中的管理主要是对操作工人的管理,严格执行设备操作五项纪律和设备维护四项要求。

2.3.2.1　设备操作五项纪律。
①实行定人定机,凭操作证操作设备。
②经常保持设备整洁,按规定加(换)油。
③遵守安全操作规程和交接班制度。
④管好工具和附件,不损坏、不丢失。
⑤发现故障应停机检查,自己不能处理的应通知检查人员。

2.3.2.2　设备维护四项要求。
①整齐。工具、工件、附件放置整齐,安全防护装置齐全,线路管道完整。
②清洁。设备内外清洁,各滑动面、丝杆、齿轮、齿条无油污和碰伤,无泄漏、渣物除净。
③润滑。按时加(换)油,油质正确,油具、油杯、油毡、油线清洁齐全,油标明亮。
④安全。实行定人定机和交接班制度,熟悉设备结构,遵守操作规程,精心维护,防止事故。

对于大型、精密设备,还应"四定",即定人使用、定人检修、定操作规程、定维护细则。

2.3.2.3　严格贯彻岗位责任制。设备使用的各项规定是岗位责任制的主要组成部分,必须在岗位责任制中得到落实。操作工人的岗位责任制的内容包括四大部分,即基本职责、应知应会、权利、考核办法。

2.3.2.4　确保合适的工作环境。保持设备周围环境整齐、清洁,并根据设备本身的结构、性能、精度等特性,安装防振、防腐、防潮、防尘、防护、防冻、恒温、保暖等装置。有条件的还应配备必要的测量、检验、控制、分析及保险用的仪器、仪表、安全保护装置,这对精密、稀有、复杂的贵重设备尤为重要。

2.3.3　设备事故处理

2.3.3.1　设备故障与事故。设备或零件失去原有精度性能,不能正常运行,技术性能降低,造成停产或经济损失者为设备故障;设备故障造成停产时间或管理费用达到下列规定数额者为设备事故。

①一般事故。修复费用一般设备在500~1000元,关键设备在100~3000元,或因设备事故造成全厂供电中断10~30min。

②重大事故。修复费用一般设备达1000元以上,关键设备达3000元以上,或因设备事故而使全厂电力供应中断30min以上。

③ 特大事故。修复费用达 50 万元以上，或由于设备事故使全厂停产 2 天以上，车间停产 1 周以上。

2.3.3.2　设备事故处理。事故发生后应尽力保护好现场，并根据"三不放过"的原则（事故原因分析不清不放过，事故责任者与群众未受教育不放过，没有防范措施不放过），认真调查分析、严肃处理，从中吸取经验教训。所有事故都要查清原因和责任，按情节轻重和责任大小，分别给予责任者行政处分或经济处罚，触犯法律者要以法制裁。对修复费用低于 500 元或全厂供电中断 10min 以下的设备故障，也要查明原因，分清责任。

发生事故的单位，应在事故发生后 3 天内认真填写事故报告单，报送设备管理部门。一般事故报告单由设备管理部门签署意见，重大事故及特大事故则由厂主管领导批示，特大事故发生后，应报告上级主管部门。对设备事故隐瞒不报或弄虚作假的单位和个人应加重处罚，并追究领导责任。

2.4　设备维修

设备维修是为了保持或恢复设备完成规定功能而采取的技术和管理措施，措施包括检查、维护与修理。维修的目的是以最经济合理的费用（包括修理费、运行费和停产损失费等）使设备处于良好的技术状态，保证生产上有效地使用设备，提高设备的利用率。

2.4.1　设备维修制度

设备维修制度是指在设备的维护、检查、修理中，为贯彻预防为主而采取的一系列技术组织措施的总称。因习惯和国情不同，世界各国甚至各企业的设备维修制度也各不相同。我国目前实行的设备维修制度主要是计划预修制和计划保修制两种。此外，起源于美国的预防维修制也得到我国不少企业的重视与应用。

2.4.1.1　计划预修制。计算预修制是我国工业企业从 20 世纪 50 年代开始由前苏联引进并普遍推行的一种制度。这种制度是根据设备的一般磨损规律和技术状态，按预定修理周期及其结构，对设备进行维护、检查和修理，以保证设备经常处于良好技术状态的设备维修制度。

计划预修制的主要内容有以下三个方面：

①日常维护，也称日常保养；

②定期检查，通过定期外部观察、试运转或拆卸部分部件来确定设备精度、零部件磨损情况，并进行设备调整和消除小的缺陷；

③计划修理，按修理后设备性能的恢复程度可分为小修、中修和大修三种。

2.4.1.2　计划保修制。计划保修制是我国 20 世纪 60 年代在总结计划预修制的经验和教训的基础上建立的一种以防为主、防修结合、专群结合的设备维修制度，取得了较好的效果，但是这种制度尚不够成熟，还有待总结和提高。

所谓计划保修制，就是有计划地进行设备三级维护和大修理的体制和方法，即在搞好三级维护的同时有计划地进行大修。大修时，拆卸全部设备，修理基准零件，更换与修复磨损的零件及部件，恢复机器设备应有的精度、性能和生产效率，同时设备的大修还应与革新改造尽可能结合起来。大修后，由设备部门、设备所在车间的设备员、机修车间设备检查员，按国家规定的质量标准逐项进行验收。

实行计划保修制,对计划预修制中的修理周期结构,包括大修、中修和小修的界限和规定,进行了重大的突破,使小修的全部内容和中修的部分内容,在三级维护中得到解决,把一部分中修内容并入大修;同时,又突破了大修和革新改造的界限,强调"修中有改"和"修中有创",特别是对老设备,要把大修的重点转移到改造上来,这是适合我国具体情况的重要经验。

计划保修制是比较适合我国国情的一种新创立的设备维修制度,但还需要进一步做好以下工作,以求更臻完善。

①要根据各类设备的磨损规律、工作条件和技术状态,分别制订不同的维护间隔(重点设备还可以按部件制定),严格按规定的维护间隔进行计划维护。如果所有设备都按规定的时间间隔进行一级或二级维护,势必造成部分设备过分维护,而另一部分设备又维护不足。

②应根据设备特点、操作工人的技术水平和生产情况,为每台设备划分操作工人负责检查维护的内容和维修工人负责检查维护的内容。

③积极组织和开展群众性维修活动,发动全体人员开展设备维修课题研究活动。

④建立设备维护记录和故障分析报告制度,防止故障再次发生。

2.4.1.3 预防维修制。预防维修制是以设备故障理论和规律为基础,将预防维修和生产维修相结合的综合维修制度。预防维修是从预防医学的观点出发,对设备的异常进行早期发现和早期诊断。预防维修制是提高设备生产效能最经济的维修方法,预防维修制可减少故障次数,缩短修理时间。预防维修制主要有以下7种设备维修方式。

①日常维修:即设备的检查、清扫、调整、润滑、更换、整理等活动。

②事后维修:它包含两方面内容,一是非重点设备实行故障发生后的维修;二是对事先无法预测的突发故障的修理。事后维修属于非计划维修。

③预防维修:一般是指对重点设备及一般设备中的重点部位进行的预防性维修活动。

④生产维修:指事后与预防维修相结合的维修方式,即对重点设备进行预防维修与对一般设备实行事后维修。目的是在节约维修费用的前提下保证生产需要。

⑤改善维修:这是在设备修理时,同时进行设备的改装、改造。目的是提高设备的性能、效率、精度、节能等。

⑥维修预防:这指的是在进行新设备设计和制造时,就考虑到提高设备的可靠性、维修性和经济性。

⑦预知维修:这是在设备监测技术基础上产生的一种新的设备维修方式,表4-4所示为这种维修方式与预防维修的比较。

预防维修与预知维修的差异 表4-4

项目	预防维修	预知维修
分析方法	根据设备修理历史记录,估计零件使用期限	根据仪表指示,对设备进行全面评价,绘制零件的标准工作曲线图
异常现象的测定方法	定期检查,直观检查有关零件的情况,发生故障前很少有警报	用仪表在设备运行中连续监测,能早期测出即将发生的故障,故障发生前有警报信号
维修费用	更换零件数量大、费用多,但不用购置监测仪表	只对损坏零件进行更换,费用少;但要购置自动监测仪,投资较多,一般在化工装置、自动流水线等情况下才安装

2.4.2 设备维护

对设备进行清扫、检查、清洗、紧固、调整和防腐等一系列工作总称为设备维护或设备保养,目的是减缓设备的磨损,及时发现和处理设备运行中出现的异常现象。按维护工作的深度和广度,通常把设备维护分成不同的等级,我国目前多数企业采用的是"三级维护(保养)制",即"日常维护(保养)"(简称"日保")、"一级维护(保养)"(简称"一保")和"二级维护(保养)"(简称"二保")。

2.4.2.1 日常维护。 日常维护包括每班维护和周末维护两种。日常维护的项目较少,大多涉及设备外部,操作工人在交接班时将其作为交接的内容,它是设备维护的基础,是操作工人每天必须进行的例行维护,其内容概括如下。

①润滑:按润滑图表加油,并检查油标油位。
②清洁:擦拭设备的外表面与滑动位。
③紧固:拧紧松动的螺钉。
④调整:如手把的调整、活动部位的调整、保险装置的调整、皮带松紧的调整等。
⑤检查:如检查操作手柄、电气开关手柄、安全装置、搭铁线和紧固线的位置;检查操作是否灵活、低速空转声音是否正常、显示器是否灵敏等。

2.4.2.2 一级维护。 一级维护通常是在设备开动500~700h后进行一次。维护时,平均停机台时为4~8h,高、大、精、尖设备的停机台时可适当延长。一级维护完成后要做记录,由车间机械员验收。一级维护以操作工人为主,维修工人为辅,对设备进行定期维护,主要内容为:

①根据设备的使用情况,对部分零部件进行拆卸、清洗;
②对设备某些配合间隙做适当的调整;
③消除设备表面"黄袍"和油污;
④检查润滑油路,保持畅通不泄漏;
⑤清洗电器箱、电动机、电气装置,做到固定整齐,安全防护装置牢靠;
⑥清洗附件和冷却装置。

2.4.2.3 二级维护。 二级维护是以维修工人为主,操作工人为辅的维护,主要工作内容为:

①根据设备使用情况,对设备进行部分解体检查、清洗;
②对各传动部分、液压系统、冷却系统清洗换油,油质量要符合要求,保证正常润滑;
③修复或更换损件,部分摩擦面要研刮;
④检查电器箱,修整线路,清洗电动机;
⑤检查、调整、修复精度、校正水平。

2.4.3 设备修理

当设备由于磨损、断裂、老化或腐蚀出现故障或技术状况劣化到某一临界状态时,为恢复其功能而进行的技术活动称为设备修理。设备修理分为恢复性修理和改善性修理两种类型。改善性修理是结合修理对设备中故障率高的部位进行改进或改装,使设备故障发生率降低或不再发生,提高设备的技术寿命和使用效能。恢复性修理是通过更换或修复已经磨损、腐蚀或老化的零件,使设备的功能恢复,并延长其物质寿命。通常所说的设备修理,大多是指恢复性修理,是恢复设备性能、保证设备正常运行的主要手段。按修理后设备性能的恢复程度可分为小修、中修和大修三种。

2.4.3.1 小修。只对设备的局部实行解体、修复或更新少数零件,保证设备能正常运转到下一次计划修理时即可。

2.4.3.2 中修。对设备进行部分解体,但修复或更新零件较多。要求恢复设备的精度并校正设备基准坐标,对于个别难恢复精度的项目,在尚能满足产品质量的条件下,允许延至大修时解决。

2.4.3.3 大修。即对设备全部解体修理,争取全面恢复到设备出厂时规定的精度和性能。设备经历数次大修,其质量和可靠性都难以恢复到设备出厂时的水平。

小、中、大修都由专业修理人员进行,修前进行检查,修后要组织验收。由于设备修理往往要以设备的检查结果为依据,而且在实际工作中又常与检查相结合,因此又称为设备检修。

2.4.4 设备检查

事先由设备技术人员根据设备图样与类似设备的使用经验,制定各种设备的检查规程,作为执行检查工作的技术依据。规程中应详细规定检查部位、检查项目、周期、方法、检查工具、判断标准和处理方式等。

2.4.4.1 检查方式。有人工检查和状态监测两种。

①人工检查:用目视、耳听、嗅味、触摸等感官检查和用简单工具进行人工检查。

②状态监测:在设备的特定部位安装仪器仪表,对运行情况自动监测或记录,以便能全面、准确地把握设备的磨损、老化、劣化程度和其他情况。在此基础上进行早期预报和跟踪,有利于把设备的定期维护修理制度改变为有针对性的、比较经济的预防维修制度。它不仅可以避免因不了解设备磨损情况而盲目拆卸所带来的损伤和过剩维修,而且可以减少设备因停产而造成的经济损失。这对于大型、复杂、精密设备尤为有益。设备状态监测技术是在设备检查的基础上发展起来的一种动态检查方法,是设备维护和管理的新技术,是设备检查改进的方向。

2.4.4.2 检查周期。有日常检查、定期检查和维修前检查之分。

①日常检查:由操作工人和维修工人每天执行的例行工作,是预防维修的基础工作之一。实践证明约80%的故障是在日常检查中早期发现的。

首先给每台设备规定必要的检查项目,绘制日常点检卡。由操作工人负责(对于重点设备,还要责成专职的检修工人执行点检),每日或每个工作班按卡逐项检查,并用规定的判断标准符号将检查结果记入点检卡。事先规定好点检部位的顺序,以免交叉寻找,一般日常检查不要列入难度大、费时间的检查项目。日常检查发现的问题随时解决,疑难复杂问题应及时报告维修处理。

②定期检查:主要由专业的维修工人负责,操作工人参与检查。一般按计划规定的时间(3个月或6个月),全面地检查设备的性能和实际磨损程度,以便正确地确定修理时间和修理的种类。在检查中,可以对设备进行清洗和换油。

③修前检查:在临修之前进行的检查,小修前对重点部位的检查和中、大修前的全面检查,都应按规定的检查表做好记录。

2.4.4.3 检查内容。检查内容可分为功能检查和精度检查两类。

①功能检查是对设备的各项功能进行检查和测定,如检查设备的漏油、漏水、漏气、防尘密

封情况,以及检查和测定设备零件的耐高温、高速、高压的性能等状况。

②精度检查是对设备的精度指数进行检查和测定,它可以为设备的验收、修理和更新提供较为科学的依据。有关计算公式为:

$$T = \sqrt{\frac{\sum (T_p/T_s)^2}{n}}$$

式中:T——机床的精度指数;
T_p——机床某项精度的实际偏差值;
T_s——机床某项精度的允许偏差值;
n——实测项目数。

显然,T_p/T_s 的比值越小越好,$T_p/T_s = 1$ 为临界点:$T_p/T_s > 1$,表示超差。
一般金属切削机床的精度指数标准为:
$T \leq 0.5$,为新设备精度验收条件;
$0.5 < T \leq 1$,为大修后设备精度验收条件;
$1 < T \leq 2.0$,尚可继续使用;
$2 < T \leq 2.5$,设备需要大修或重点修理;
$2.5 < T \leq 3$,设备需要大修或更新。

2.4.5 计量设备(器具)的周期计量检定

根据《中华人民共和国计量法》、《汽车维修企业开业条件》和《机动车维修管理规定》等的要求,为使计量设备(器具)满足检测精度的要求、确保维修质量,车辆维修中所使用的计量设备(器具)应按规定经有资质的计量检定机构检定合格方能使用。

依照我国计量管理的相关规定,对在用的计量设备(器具)采用周期检定的方法进行管理,即按照规定的使用周期经检定合格后方可继续使用。周期一般为一年或半年。

表4-5 所示为部分计量设备(器具)检定参数和技术依据,以供参考。

部分计量设备(器具)检定参数和技术依据　　　　　表4-5

序号	工具名称	数量	检定周期	检定日期	下次检定日期	检定参数	检定技术依据	检定部门
1	扭力扳手					扭矩	JTG 707—2003《扭矩扳子检定规程》	
2	冷却系统测试仪					压力	JJG 52—2013《弹性元件式一般压力表、压力真空和真空表》	
3	便携式万用表					U、R、I	JJG 124—2005《电流表、电压表、功率表及电阻表》	
4	四轮定位系统					车轮定位	厂家标准	
5	轮胎动平衡机					平衡量	JJF 1151—2006《车轮动平衡机校准规范》	
6	大灯检测仪					光强	JJF 745—2002《机动车前照灯检测仪检定规程》	
7	尾气分析仪					五气体	JJF 688—2007《汽车排放气体测试仪检定规程》	
8	轮胎气压表					压力	JJG 52—2013《弹性元件式一般压力表、压力真空和真空表》	

续上表

序号	工具名称	数量	检定周期	检定日期	下次检定日期	检定参数	检定技术依据	检定部门
9	制动液充排设备					压力	JJG 52—2013《弹性元件式一般压力表、压力真空和真空表》	
10	带连接管路的气压表					压力	JJG 52—2013《弹性元件式一般压力表、压力真空和真空表》	
11	冷媒回收/再生/充注机					压力	JJG 52—2013《弹性元件式一般压力表、压力真空和真空表》	
12	电压测试仪					U	JJG 124—2005《电流表、电压表、功率表及电阻表》	
13	蓄电池测试仪					U	JJG 124—2005《电流表、电压表、功率表及电阻表》	
14	汽车检测线					振动吸收率 轴重 制动力 侧滑量	JJF 1192—2008《汽车悬架装置检测台校准规范》 JJG 1014—2006《机动车检测专用轴(轮)重仪检定规程》 JJG 9006—2009《滚筒反力式制动检验台检定规程》 JJG 908—2009《汽车测滑检验台检定规程》	
15	数字式深度卡尺					mm	JJG 30—2012《通用卡尺》	

2.5 设备更新与报废

2.5.1 设备更新

设备更新是指用技术先进或性能优良的新设备代替原有设备：汽车维修设备在使用中损耗，随时间延长，性能下降，虽经修理但仍满足不了工艺要求；随着汽车业发展，"四新技术"应用，陈旧落后的汽车维修设备已不适应现实生产的需要，必须对汽车维修设备进行更新。

设备更新是对设备损耗的完全补偿。设备凡有下列情况之一者，均可更新：

①经过大修已不能达到维修生产工艺要求的汽车维修设备；

②技术性能落后，经济效益很差的汽车维修设备；

③耗能大或严重污染环境，危害人身安全与健康，进行技术改造又不经济的汽车维修设备。

设备更新应选择最佳时期进行，即确定设备最佳更新期。确定设备的最佳更新期主要依据设备的经济寿命。

2.5.2 设备报废

汽车维修设备的报废有两种情况：一是在正常使用中受到磨损，年久而丧失使用价值；二是自然和意外事故造成无法修复的毁损。维修企业对汽车维修设备的报废，要严格掌握，谨慎处理。因技术进步或维修车型的改变，有些维修设备在本企业被淘汰不用了，但在其他维修企业尚可使用,就不应报废,而应作价转让。

汽车维修设备有下列情况之一者,可以申请报废:

①已超过使用年限,其主要结构和主要部件损坏无法修复或经济上不宜修复的;

②因灾害和意外事故,设备受到严重损坏,已无法修复和改造的;

③严重污染环境,已超过法定标准而又无法改造治理的;

④自制非标准的汽车维修设备,经维修生产验证和技术鉴定,确认已不能使用或无法使用,也无法修复、改装的;

⑤型号过于老旧,性能达不到最低使用要求,又失去修理与改造价值的。

汽车维修设备报废,须经设备管理部门检定,主管领导签字,上级主管部门批准。待批准报废已停止使用的设备,不允许在未批准之前拆卸零部件,以保持设备完整。

3 设备的寿命

3.1 设备的三种寿命

设备的磨损使其寿命有限,设备的寿命按其性质可分为物质寿命、经济寿命和技术寿命三种。

3.1.1 物质寿命

设备的物质寿命是根据设备的物质损耗确定的使用寿命,即指从设备投入使用到因损耗、老化而改造、更新直到报废为止的时间,物质寿命也称为自然寿命。

3.1.2 技术寿命

由于科学技术的发展,不断出现技术上更先进、经济上更合理的替代设备,使现有设备在物质寿命或经济寿命尚未结束之前就已达到报废条件。这种从设备投入使用到因技术进步而使其丧失使用价值所经历的时间称为设备的技术寿命。技术寿命的长短决定于设备无形损耗的速度。

3.1.3 经济寿命

根据设备的使用费(包括维持费和折旧费)来确定的设备使用寿命,通常取设备总成本的平均值最低的使用年份,即经济寿命。经济寿命用于确定设备的最佳折旧年限和最佳更新时机。在设备物质寿命的后期,因设备故障频繁而引起的损耗急剧增加。设备的使用年数越多,每年分摊的投资越少,但是设备的维护和使用费用越多。因此,经济寿命也称为费用寿命。

确定设备经济寿命一般采用低劣化数值法。假定汽车维修设备经过使用之后残值为 P(元),用 K_0(元)代表设备的原始值,T 代表已使用年数。随着设备使用年数增加,平均设备费用不断减少。设备使用时间越长,它的有形磨损和无形磨损越加剧,则每年的维修费、燃料动力费越高,这就叫设备的低劣化增长,用 λ(元/年)表示。低劣化数值 $b = \lambda/T$(元/年^2);设备使用经济寿命计算公式如下:

$$T = [2(K_0 - P)/\lambda]^{1/2}$$

式中:T——汽车维修设备的经济寿命,年;

K_0——汽车维修设备的原值,元;

P——汽车维修设备的净值,元;

λ——年低劣化增长值,元/年。

3.2 设备的两种磨损

设备在使用或闲置的过程中都会发生磨损,必须研究机器设备的磨损规律,然后根据规律进行合理地设计、购买、维护、淘汰设备。设备的磨损分为物质形态上和价值形态上损耗两种形式,即有形磨损与无形磨损。

3.2.1 有形磨损

有形磨损又称为物质磨损。机器设备在使用过程中,在外力的作用下零部件会发生摩擦、振动和疲劳,以致机器设备的实体发生磨损,这种磨损叫做第Ⅰ种有形磨损。机器设备在闲置或封存中,由于自然力的作用而发生诸如金属件生锈、腐蚀,橡胶件和塑料件老化等,也会使机器设备发生实体磨损,这称为第Ⅱ种有形磨损。不论哪一种有形磨损,都会造成机器设备物质技术状态的劣化。

从磨损的补偿角度看,设备的有形磨损可分为消除性的有形磨损与不可消除性的有形磨损两种。

3.2.2 无形磨损

无形磨损是指由于出现性能更加完善、生产效率更高的设备,而使原有设备价值贬值的现象。设备的无形磨损分为两种形式。第一种是由于设备生产厂劳动生产效率大幅度提高,原材料、动力消耗减少,生产相同结构设备的再生产价值降低,因而使原有设备价格低,这种形式的磨损对于设备生产厂更为突出。第二种形式是由于不断出现性能更加完善、生产效率更高的设备,而使原有设备无形中变得陈旧、落后,要提前报废。一般说来,技术进步越快,无形磨损也就越快。

3.2.3 磨损的规律

机器设备在使用过程中,由于摩擦、应力和化学反应的作用,各相对运动零件总会逐渐磨损。机器零件磨损过程大致分为以下三个阶段,其磨损曲线如图4-2所示。

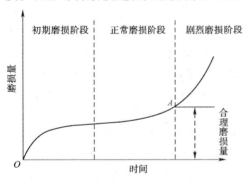

图4-2 零件磨损曲线图

初期磨损阶段,磨损速度虽快,但时间较短,故又称为跑合阶段。正常磨损阶段,如果零件的工作条件不变或变化很小,零件的磨损速度稳定,零件磨损非常缓慢,这一阶段的时间,就是机械零件的使用寿命。剧烈磨损阶段,当机器零件磨损到这个阶段,正常磨损关系就遭到了破坏,磨损急剧增加,从而使设备的精度、性能和生产效率明显降低。一般采用正常磨损阶段的终点A作为合理磨损极限,这时要求停止使用,及时进行修理,否则,会造成生产事故和设备事故。因此,需要掌握好时机,在设备进入急剧磨损阶段以前,就应进行修理。

由零件的三个磨损阶段及磨损曲线不难得出以下结论。

①在设备使用过程中,零件总是有磨损的,磨损达到一定程度,就会降低生产效率和产品

质量。例如,机床的某些零件磨损后,不能采用较高的切削用量工作,否则产品质量就不能保证;基础零件磨损后,会使工件几何形状改变,尺寸分布扩散。要使设备经常处于良好状态,必须做好维护和修理工作。

②如果设备管理得好,合理使用,经常维护,就会延长零件的正常磨损阶段,减少故障,提高生产率,延长设备的使用寿命。

③机器零件在正常磨损阶段的磨损是与时间成正比的。因此,在正常生产情况下,可通过试验和统计分析等办法,计算出机器的易损件在正常条件下的磨损率和期限,以便有效地组织技术措施,保证设备处于良好的技术状态,从而达到提高企业经济效益的目的。

3.3 设备寿命延长

3.3.1 设备故障规律

所谓设备故障规律,是指设备从投入使用直到报废为止的设备寿命周期内故障的发生、发展变化规律。

设备是由许多零件构成的,要掌握机器设备的故障规律,应首先研究零件的故障率与时间的关系。设备零件(元件)的故障发生形式比较简单,其故障率的类型一般属于图4-3所示的一种。

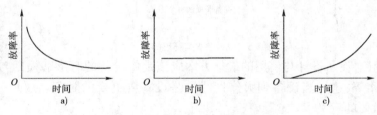

图4-3 设备零件(元件)故障率类型

图4-3a)表明故障率随时间增加而减少,特点是开始使用时故障容易发生,越到后来故障就越不易发生。图4-3b)表明故障发生的形式是随机的,故障率是常数,故障不能预测,即便更换零件,故障仍是按同样概率发生。图4-3c)表明故障率随时间增加而增加,对于这一类型故障的零件,在故障即将发生前把这些零件更换掉,就可避免故障。

设备是由许多零件构成的,设备故障常常由某个或某些关键机件失效引起。设备的典型故障率曲线如图4-4所示。曲线的形状似浴盆,故又称为浴盆曲线(Tub Curve)。浴盆曲线可以划分三个不同阶段。

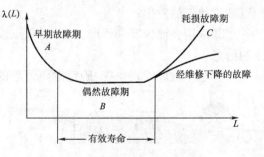

图4-4 设备的典型故障率曲线(浴盆曲线)

第一阶段叫做早期故障期。这个阶段的故障率较高,发生故障的原因一般是由于设备设计上的疏忽、制造质量欠佳和操作不习惯引起的。

第二阶段叫做偶然故障期(稳定阶段),在这个阶段内设备已进入正常运转阶段,故障率较低,基本上为一常数,一般情况下大部分故障属于维护不好和操作失误而引起的偶发故障。

第三阶段叫做磨损故障期(磨损阶段)。在此阶段,设备的某些零件已经老化,因而故障率剧增,若能事先知道或能事先预测到劣化开始的时间,在这个时间开始之前进行更换这些零件,就可以把故障率降下来,延长设备的有效寿命。

3.3.2 设备磨损补偿

设备磨损形式不同,所采取补偿的方式也就不同,一般补偿可分为局部补偿和完全补偿。设备有形磨损的局部补偿是修理,设备无形磨损的局部补偿是现代技术改造,有形磨损和无形磨损的完全补偿则是更新。设备磨损与补偿的相互关系如图4-5所示。设备的磨损经过补偿,才能保持良好的技术状态。

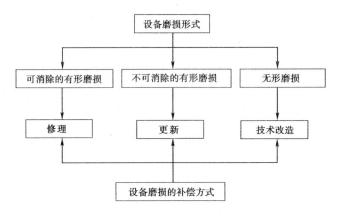

图4-5 设备磨损与补偿的相互关系

根据以上理论,设备设计与使用的最佳方案应该是使设备的有形磨损期与无形磨损期相互接近,最好是相等,这样当设备到大修期时恰是设备要更换的时刻。这是一种"无维修设计",显然具有重要的意义。

通过分析掌握设备故障的变化规律,及时采取有效补偿措施,是延长设备使用寿命的有效途径之一,已有不少成功的经验。例如:

①操作工人自觉配合,认真记录设备故障现象,分析设备故障频率、平均故障间隔期、单台设备动态,以及重复故障发生的原因,找出故障发生规律,以便采取相应的对策;

②结合本厂生产实际和设备状况特点,确定故障管理的重点设备,采取改善维修的对策,以减少故障的发生;

③采用监测仪器和诊断技术,对重点设备进行有计划的监测活动,以发现故障征兆和劣化的信息;

④建立故障管理系统,确定故障管理的合理程序。

思考与练习

一、简答题

1. 车辆检测维修设备有哪几大类?
2. 什么是设备全过程管理?
3. 什么是设备磨损?设备磨损有什么规律?

4. 计划预修制和计划保修制有什么区别？
5. 设备预防维修制有哪些主要维修方法？
6. 设备更新与报废条件有哪些？

二、选择题

1. 设备一级维护通常是在设备开动_____h后进行一次。
   A. 100～300   B. 300～500   C. 500～700   D. 700～900
2. 设备的技术寿命也称之为设备的_____，指从投入生产到被新技术淘汰为止所经历的时间。
   A. 使用寿命   B. 有效寿命   C. 费用寿命   D. 经济寿命
3. 设备的二级维护是以_____进行的维护。
   A. 操作工人   B. 维修工人为主、操作工人为辅
   C. 操作工人为主,维修工人为辅   D. 维修工人
4. 设备事故后维修费用一般达到_____元者，即为一般事故。
   A. 100～500   B. 500～1000   C. 1000～1500   D. 1500～2000
5. 发生设备事故的单位，应在事故发生后_____日内认真填写事故报告单，报送设备管理部门。
   A. 3   B. 5   C. 7   D. 10
6. 有计划地在进行设备修理的同时对设备实施改装或改造属于_____。
   A. 预防维修   B. 生产维修   C. 改善维修   D. 预知维修

三、判断题

1. 汽车补给设备按用途可分为加油、充电、清洗、充气等设备。（ ）
2. 侧滑试验台、汽车五轮仪、轮胎动平衡机均属汽车检测设备。（ ）
3. 零件磨损过程分为自然磨损、偶然磨损及剧烈磨损三个阶段。（ ）
4. 设备的寿命按其性质可分为自然寿命、技术寿命及经济寿命。（ ）
5. 机器设备在闲置或封存中，由于自然力作用而发生的实体磨损可称为无形磨损。（ ）
6. 从设备选购或自行设计制造到生产领域内使用、维护、修理、直到报废退出生产领域为止的管理称之为设备全过程管理。（ ）

四、思考题

1. 为什么说加强设备使用管理是企业运作正常的基础？
2. 为什么说状态监测技术是设备管理的方向？
3. 为什么说设备寿命可以延长？

单元五　汽车维修质量检验

学习目标

知识目标
1. 简述我国现行相关的法规和标准；
2. 简述汽车维修质量与检验的关系，汽车维修质量检验内容和方法；
3. 正确描述针对汽车性能检验的主要项目、检测方法和技术要求；
4. 正确描述针对汽车零部件检验的主要项目、检测方法和技术要求。

能力目标
1. 会运用相关法规和标准，从事有关汽车维修质量检验活动；
2. 能对汽车维修质量特征参数，做必要的检查、测量和技术状况判断；
3. 会分析汽车维修质量问题，选用合适方法检验汽车及其零部件的技术状况。

汽车维修质量检验是监督检查汽车维修质量的重要手段，是整个汽车维修业和汽车维修全过程中不可缺少的重要环节。

汽车维修企业的质量检验工作，从广义上讲，包括进行整车修理、总成修理、二级维护时应进行维修前的进厂诊断检验、维修过程检验、竣工质量检验等；从狭义上讲，主要是指汽车维修的竣工质量检验。

承担汽车维修竣工质量检验的企业（包括一类维修企业和机动车综合性能检测机构）应当使用符合有关标准并在检定有效期内的设备，按照有关标准进行检测，如实提供检测结果证明，并对检测结果承担法律责任。

1　质量检验

质量检验是指借助于某种手段或方法来测定产品的一个或多个质量特性，然后把测得的结果同规定的产品质量标准进行比较，从而对产品作出合格或不合格判断的活动。

质量检验是质量管理所不可缺少的一项工作，它要求企业必须具备三个方面的条件：足够数量合乎要求的检验人员，可靠而完善的检测手段，明确而清楚的检验标准。

1.1　检验人员

为了保证汽车维修质量，提高维修质量检验人员素质，根据 JT/T 425—2000《汽车维修质量检验人员技术水平要求》规定，汽车维修企业质量检验人员分为质量总检验员和质量检验员，均应具备相当的理论水平和操作技能。

1.1.1 质量总检验员

质量总检验员应具有实际检验工作经验,能解决汽车维修及质量管理工作中出现的疑难问题,指导质量检验员完成汽车维修质量检验工作。

1.1.1.1 主要岗位职责:

(1)严格贯彻执行汽车维修行业质量管理的有关政策法规、规章及质量检验的有关标准、规范。

(2)负责制定本企业汽车维修质量检验制度,建立健全质量保证体系以及配套的技术管理、计量管理及质量管理等制度。

(3)监督维修车辆实行进厂、过程、出厂检验制度,监督检查修竣出厂车辆执行汽车维修竣工出厂合格证制度,建立车辆维修技术档案。

(4)定期送检维修车辆,定期组织有关人员对维修出厂车辆进行质量回访,对维修出厂后的返修车辆进行技术分析。

(5)负责本企业汽车维修质量检验员的日常管理工作,秉公行使汽车维修质量总检验员职责,对本企业汽车维修质量全面负责。

1.1.1.2 基本素质要求:应具备高中以上文化水平,持质检员证从事质检工作三年,且具有汽车维修工高级技术等级证书或具有助理工程师以上技术职称,持有机动车驾驶证,并达到中级汽车驾驶员水平。

1.1.1.3 技术水平要求:

(1)系统了解有关汽车维修质量管理的法律、法规和标准(表5-1);

(2)熟知质量总检验员的岗位职责和职业道德规范;

(3)熟练掌握汽车维修质量检验的基本原理、技术标准、规范和方法;

(4)独立完成并可指导他人完成汽车维修全过程的各项质量检验工作;

(5)达到规定的理论水平要求和操作技能要求,如表5-2和表5-3所示。

相关质量管理的法律、法规和标准 表5-1

属 性	文 件 名 称	文 件 号
法律文件	中华人民共和国产品质量法	主席2000年第33号令
	中华人民共和国计量法	主席2009年第18号令
	中华人民共和国标准化法	主席1988年第11号令
	中华人民共和国合同法	主席2007年第65号令
	中华人民共和国消费者权益保护法	主席2013年第7号令
法规文件	汽车运输业车辆技术管理规定	交通部1990年第13号令
	机动车维修管理规定	交通部2005年第7号令
	道路运输车辆维护管理规定	交通部2001年第4号令
	机动车维修企业质量信誉考核办法	交公路发[2006]719号
国家标准	机动车运行安全技术条件	GB 7258—2012
	汽车道路试验方法通则	GB/T 12534—1990
	汽车大修竣工出厂技术条件	GB/T 3798.1—2005,GB/T 3798.2—2005

续上表

属 性	文 件 名 称	文 件 号
国家标准	商用汽车发动机大修竣工出厂技术条件	GB/T 3799.1—2005,GB/T 3799.2—2005
	汽车加速行驶外噪声限值及测量方法	GB 1495—2002
	点燃式发动机汽车排气污染物排放限值及测量方法(双怠速法及简易工况法)	GB 18285—2005
	车用压燃式发动机和压燃式发动机汽车排气烟度排放限值及测量方法	GB 3847—2005
	重型车用汽油发动机与汽车排气污染物排放限值及测量方法(中国Ⅲ、Ⅳ阶段)	GB/T 14762—2008
	装用点燃式发动机重型汽车燃油蒸发污染物排放限值及测量方法(收集法)	GB/T 14763—2005
	车用压燃式、气体燃料点燃式发动机与汽车排气染物排放限值及测量方法(中国Ⅲ、Ⅳ、Ⅴ阶段)	GB 17691—2005
	装用点燃式发动机重型汽车曲轴箱污染物排放限值	GB/T 11340—2005
	大客车车身修理技术条件	GB/T 5336—2005
	汽车用发动机净功率测试方法	GB/T 17692—1999
	汽车维修术语	GB 5624—2005
	汽车制动系统结构、性能和试验方法	GB/T 12676—1999
	机动车和挂车防抱制动性能和试验方法	GB/T 13594—2003
	声学 机动车辆定置噪声测量方法	GB/T 14365—1993
	汽车定置噪声限值	GB 16170—1996
	汽车修理质量检查评定方法	GB/T 15746—2011
	汽车维修业开业条件第一部分:一类汽车维修企业	GB/T 16739.1—2004
	汽车维修业开业条件第二部分:二类汽车维修企业	GB/T 16739.2—2004
	汽车维修业开业条件第三部分:三类汽车维修业户	GB/T 16739.3—2004
	道路车辆 汽车诊断系统 词汇	GB/T 17349.1—1998
	道路车辆 汽车诊断系统 图形符号	GB/T 17349.2—1998
	营运车辆综合性能要求和检验方法	GB 18565—2001
交通行业标准	营运车辆技术等级划分和评定要求	JT/T 198—2004
相关行业标准	汽车 油漆涂层	QC/T 484—1999
	汽车零部件编号规则	QC/T 265—2004

单元五 汽车维修质量检验

质检人员理论水平要求 表5-2

序号	项目	技术要求
1	汽车维修质量管理知识	了解汽车维修质量管理相关法律、法规；熟悉汽车维修质量管理的行业规章、管理制度和职能；了解汽车维修质量保证体系、汽车维修质量监督办法及汽车综合性能检测的主要任务
2	汽车维修质量检验员岗位职责与职业道德规范知识	熟悉汽车维修质量检验工作职能和质检员任职资格、岗位职责、职业道德规范
3	汽车维修质量检验基础知识	熟悉汽车维修技术标准、汽车维修质量检查评定标准、汽车维修质量检验的方法和内容；了解汽车常用金属材料、非金属材料和油料的性能；掌握主要配件及油料的质量鉴别知识；熟悉汽车电子电路主要元器件的结构原理；掌握汽车电路图的识读方法、电气线路检修一般程序
4	汽车维修检验及技术档案知识	熟悉汽车各级维护前、维护过程和竣工检验的项目和技术要求；掌握送修标准；熟悉发动机、底盘、汽车电气设备等系统主要零部件和总成修理检验的内容；熟悉汽车修理竣工的检验项目；熟悉组成汽车维修技术档案的各类文件类型
5	汽车整车检验与诊断知识	熟悉汽车整车检测与诊断项目和各项的要求以及相关检测仪器设备的结构原理及性能
6	发动机检测与诊断知识	熟悉发动机检测与诊断项目和各项目的要求以及相关检测仪器设备的结构原理及性能
7	底盘及车身检测与诊断知识	熟悉汽车传动系、转向系、制动系、行驶系及车身检测与诊断项目和各项目的要求及相关检测仪器的结构原理及性能
8	微机控制系统检测与诊断知识	熟悉发动机、自动变速器、制动、防滑和安全气囊等系统的微机控制、结构与原理；了解汽车故障诊断仪、故障自诊断系统的类型、特点和使用方法
9	汽军空调系统检测与诊断知识	熟悉汽车空调系统的结构原理、检测项目和各项目的要求以及检测仪器的结构原理
10	质量分析	能对生产中出现的主要质量问题，进行质量分析，并提出书面报告

质检人员操作技能技术要求 表5-3

序号	项目	技术要求
1	整车及总成检验常用检测仪器的使用维护	掌握车速表试验台、制动试验台、侧滑试验台等的使用方法；熟练掌握气体分析仪、烟度计、声级计、前照灯检验仪、车轮定位仪、电控汽车故障诊断仪、底盘测功机、发动机综合测试仪、汽车万用表等检测仪器及各种常规测量仪具的使用方法及维护要领
2	配件质量鉴定	能鉴定汽车零件是否可用、可修，识别常用汽车配件的优劣
3	底盘输出功率的测定	能应用底盘测功机进行底盘输出功率测定，并进行测试结果分析
4	汽车排气污染物的测定与分析	能应用气体分析仪(或烟度计)对汽车排气污染物进行测量，并结合测量结果进行相关故障分析，提出排放达标和降低排放的维修措施

续上表

序号	项　目	技　术　要　求
5	车速表的校验及前照灯的检验	能应用车速表试验台进行车速表校验;熟练应用前照灯检验仪进行前照灯检验,并根据检测结果进行调整
6	汽车防雨密封性试验和汽车外观检视	熟悉汽车防雨密封性试验和汽车外观检视的方法,并根据检验结果提出维修方案
7	汽车异响的检测与诊断	能利用仪器或凭经验对汽车发动机、底盘等总成的异响进行检测与诊断,确定异响类型和部位,并提出消除异响的维修措施
8	发动机功率与油耗的检测诊断	能应用发动机综合测试仪和油耗计进行发动机功率与油液的检测;能根据检测结果分析影响发动机功率的典型故障,提出故障排除方法
9	发动机汽缸密封性检测	掌握汽缸压缩压力、曲轴箱窜气量、汽缸漏气量、进气歧管真空度的检测方法,并能根据检测结果判断发动机汽缸密封性能
10	起动系统起动性能检测与诊断	能应用发动机综合测试仪或汽车电器万能试验器检测起动性能,并能根据检测结果进行起动系故障分析
11	点火系统点火性能的检测与诊断	能应用发动机综合测试仪或点火示波器进行点火系检测与诊断,进行点火波形分析,判断点火系故障,提出维修方案
12	燃油供给系统检测与诊断	能应用燃油系统检测仪,对燃油压力、流量和密封性能进行检测并能根据检测结果分析燃油供给系统的故障;能利用发动机综合测试仪检测柴油机燃油供给系统的供油提前角和压力波形,并能结合检测结果进行柴油机燃油供给系统的故障分析
13	润滑系统检测与诊断	应用润滑油质量检测仪检测润滑油的污染程度,并提出处理方案
14	汽车传动系统检测与诊断	能用仪器或凭经验对传动系统的工作状态进行检测,并提出调整维修方案
15	汽车转向系检测与诊断	能应用转向参数测量仪进行转向盘转向力、转向盘自由转动量的检测;能应用间隙检测仪进行转向系间隙检测,并提出调整维修措施
16	汽车制动系检测与诊断	能应用制动试验台进行汽车制动性能台县检测,并能通过道路试验检测制动距离和制动减速度;能利用检测结果进行制动性能分析,并提出改进制动性能的维修措施
17	汽车行驶系检测与诊断	能应用车轮定位仪进行前、后车轮定位参数的检测和诊断;能应用车轮平衡仪进行车轮动平衡检测;能应用间隙检测仪进行汽车悬架间隙检测,并能根据检测结果进行故障分析并作相应的调整
18	轿车车身整形定位检测	能根据车身矫正系统提供的测量数据和改样资料对整形后车身进行定位检测
19	发动机微机控制系统的检测与诊断	能应用电控汽车故障诊断、汽车自诊断功能对发动机电控系统进行检测诊断,并进行故障分析与排除
20	微机控制自动变速器的检测与诊断	能应用故障分析仪、汽车自诊断功能、液压系统检测仪对自动变速器进行各项性能检测,并进行故障分析与排除
21	微机控制防抱死系统和防侧滑系统检测与诊断	能进行 ABS 和 6R 系统故障自诊断测试;正确应用故障诊断表进行 ABS 和 ASR 系统的故障诊断;并进行故障分析与排除

续上表

序号	项目	技术要求
22	微机控制安全气囊系统的检测与诊断	能应用故障分析仪/汽车自诊断功能进行故障检测;并进行故障分析与排除
23	空调系统检测与诊断	正确进行空调系统工作压力、密封性测试;掌握空调系统故障检测与诊断的程序和常见故障的检测与诊断方法
24	二级维护前检测诊断与附加作业项目的确定	能完成规定的汽车二级维护前的检测诊断工作,并能根据检测诊断结果和二级维护竣工要求确定附加作业项目
25	汽车维护基本作业项目的检验	能完成汽车各级维护基本作业项目和二级维护附加作业项目的作业质量检验,并能承担汽车二级维护竣工上线检测的送检工作
26	汽车修理进厂检验	通过进厂检验,能确定汽车修理的作业项目
27	汽车主要零部件检验	正确应用常规测量仪表/量具进行主要零部件的检验
28	汽车电器与电子设备部件及总成检验	能正确进行蓄电池、发电机和调节器、起动机和起动继电器、仪表及辅助电器、微机控制系统主要传感器、执行器、ECU 的检验
29	车身面漆检验	能鉴别车身面漆色彩差异,发现喷漆缺陷
30	汽车修理竣工检验	能严格根据技术标准,按照相关的试验方法,对汽车修理质量进行全面检验,发现修理缺陷,正确填写检验单,检验合格后签发汽车维修竣工出厂合格证
31	汽车维修技术档案的建立	正确填写各种维修检验表格,做好检测诊断记录工作,建立完整的维修技术档案

1.1.2 质量检验员

质量检验员应能独立完成汽车维修质量检验工作,解决汽车维修及质量检验中存在的问题。

1.1.2.1 主要岗位职责。

(1)认真贯彻执行汽车维修行业质量管理的有关政策法规、规章及质量检验的有关标准、规范。

(2)执行企业汽车维修质量检验制度,负责汽车维修质量检验,包括进厂、过程和出厂检验;参与返修车辆或机件责任事故的原因分析和质量判断。

(3)认真执行汽车维修竣工出厂合格证制度,建立汽车维修技术档案,按时送检维修车辆。

1.1.2.2 基本素质要求。应具备高中以上文化水平,且具有汽车维修工中级技术等级证书,持有机动车驾驶证,并达到规定的中级汽车驾驶员水平。

1.1.2.3 技术水平要求。

(1)系统了解有关汽车维修质量管理的法律、法规和标准,如表5-1所示。

(2)熟知质量检验员的岗位职责和职业道德规范。

(3)掌握汽车维修质量检验的基本原理、技术标准、规范和方法。

(4)独立完成并可指导维修工进行相关工种或过程的质量检验工作。

(5)达到规定的理论水平要求和操作技能要求,如表5-2和表5-3所示。

1.1.3 检验人员管理

各地道路交通管理机构要加强对质量检验人员的管理,监督汽车维修企业按规定配齐检验人员。按照开业条件,一类汽车维修企业必须有不少于三名经过行业培训考核合格的质量检验员,其中一名经培训合格后担任质量总检验员。二类汽车维修企业至少有两名经过行业培训考核合格的质量检验员。

各区县交通管理机构负责对汽车维修质量检验人员资质检查、变更、补证等日常管理,负责组织和参与汽车维修质量检验人员培训、考核等工作,建立汽车维修质量检验人员的档案。若发现有下列情况的,将取消其汽车维修质量检验人员资格:

(1)机动车驾驶执照被吊销;
(2)发生重大汽车维修质量检验责任事故;
(3)培训考核不合格。

1.2 检验手段

检验手段是对检验方式和方法的统称,可以按不同的特征分类。

1.2.1 按检验的对象分类

就汽车维修而言,有对整车、总成、零部件(含外购、外协件)的检验,有对燃润料及耗材的检验,还有对设备工装等的检验。

1.2.2 按检验的人员分类

企业按岗位要求生产人员分别完成自检、互检和专职检验。自检是由工作的完成者按规定的规则对该工作进行的检验。互检是操作者之间对完成的工作进行的相互检验。专检是在生产过程中的关键点(维修质量控制点)上,安排专职检验人员进行预防性检验和竣工出厂前的把关性检验。

1.2.3 按检验的工序分类

企业按生产工序一般设置有进厂检验、过程检验和竣工检验。进厂检验是质量检验的第一道关,必须有专职检验员负责。过程检验是防止不合格品流入下道工序,而对影响产品质量的主要工序要素所进行的检验,必须有专职检验员负责。竣工检验是对工作全面考核,决定产品能否出厂的重要环节,必须由企业总检验员承担。

1.2.4 按检验的参数分类

汽车的参数可区分为静态检测参数和动态检测参数两大部分;汽车的静态参数大致有整车装备、车身外观、发动机运转和底盘悬架等组成;动态参数大致有安全及环保性能和综合性能等组成。

1.2.5 按检验的数量分类

1.2.5.1 全数检验。将送检批的产品或物料全部加以检验而不遗漏的检验方法,适用于以下情形:

(1)批量较小、检验简单且费用较低;
(2)产品必须合格;
(3)产品中如有少量的不合格,可能导致该产品产生致命性影响。

汽车维修企业对维修车辆的竣工检验,采取的就是全数检验。

1.2.5.2 抽样检验。从一批产品的所有个体中抽取部分个体进行检验,并根据样本的检验结果来判断整批产品是否合格的活动,是一种典型的统计推断工作。设计抽样方案是关键,可运应用 GB 2828《计数抽样检验程序》,具体步骤如下:

(1) 确定产品的质量判定标准;

(2) 选择检查水平,一般检查水平分Ⅰ、Ⅱ、Ⅲ;特殊检查水平分 S-1、S-2、S-3、S-4,一般情况下,采用一般水平Ⅱ;

(3) 选择合格质量水平(AQL),AQL 是选择抽样方案的主要依据,由生产方和使用方共同商定;

(4) 确定样本量字码,即抽样数;

(5) 选择抽样方案类型,如一次正常抽样方案,加严抽样方案,还是多次抽样方案;

(6) 查表确定合格判定数(AC)和不合格判定数(Re)。

各地道路交通管理机构组织抽检部分维修竣工车辆采取的应属抽样检验。

1.3 检验标准

标准是质量检验的主要判据。不同水平的质量标准对同一批产品,可能做出不同的判断。因此,可以说检验过程就是执行标准的过程,离开标准而言的质量检验是没有实际意义的。

质量检验标准属于技术性标准。相关汽车维修的质量标准见表5-1,其中 GB 3798《汽车大修竣工出厂技术条件》、GB 7258《机动车运行安全技术条件》和 GB 18565《营运车辆综合性能要求和检验方法》等是我国现行强制性标准。

1.3.1 检验流程

检验流程与生产工艺过程相适应,一个复杂的产品需要有一套检验流程图,而简单的产品可能只有一张检验流程图就足够了。在有些情况下,可以直接利用工艺流程图,在上面给出所需的检验标识,即可作为检验流程。图 5-1 所示为汽车维修过程中的整车检验流程。

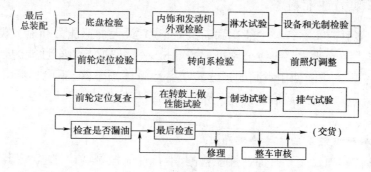

图 5-1 汽车整车检验流程

汽车维修整车检验的工作步骤如下。

(1) 明确汽车维修的质量要求。根据技术标准和考核汽车性能和技术状态的指标,明确检验的项目及其质量标准。

(2) 用一定的方法和手段测试维修车辆或总成的有关技术性能参数,得到质量特性值的结果。

(3) 将检测得到的反映质量特性值的数据同质量标准要求作比较,确定是否符合汽车维修质量要求。

（4）按比较的结果判定维修车辆或总成的质量是否合格,出具检验报告。对合格的车辆发放出厂合格证;对不合格的维修车辆查找原因,记录所得到的数值和判定的结果,并把数值和结果反馈给有关部门和人员,以便促使其改进质量。

1.3.2 检验报告

检验报告是鉴定产品质量达标的书面证明,是产品出厂合格数的统计,是保证产品质量的体系要求。

各地交通主管部门在实施 GB 18565—2001《营运车辆综合性能要求和检验方法》等强制性标准,规范管理,大力推行使用全国统一的汽车综合性能检测报告单,简称检测报告单。附录是汽车综合性能检测报告单样式。

检测报告单,是汽车综合性能检测站为所检车辆开具的书面凭证,是道路运政管理机构评定营运车辆技术等级、进行营运车辆年度审验和判定营运车辆进入或退出道路运输市场的重要依据。所有开展营运车辆年度检测业务的 A 级汽车综合性能检测站都必须使用统一式样、统一编号的检测报告单,任何单位和个人不得伪造、倒卖。各地交通主管部门要以科技进步和技术创新为动力,加速检测站的技术升级和计算机联网工作,全面规范检测站计算机控制系统,实现计算机自动生成检测报告单,全面提高汽车综合性能检测站的检测质量和服务质量,树立行业良好形象。

2 汽车性能检验

汽车性能检验是评价汽车维修质量最直接的手段。随着汽车技术进步,人们对其性能的认识也不断加深。目前我国相关法规和标准规定的汽车维修竣工质量检验主要是针对汽车安全性能检测和针对汽车综合性能(包括动力性、燃料经济性、安全性、可靠性和环保性等)检测两类。

2.1 汽车动力性能检验

汽车动力性能是汽车在行驶中能达到的最高车速、最大加速能力和最大爬坡能力,是汽车的基本使用性能。随着我国高等级公路里程的增长,公路路况与汽车性能的改善,汽车行驶车速越来越高,但在用汽车随使用时间的延续其动力性将逐渐下降,不能达到高速行驶的要求,这样不仅降低了汽车应有的运输效率及公路应有的通行能力,而且成为交通事故、交通阻滞的潜在因素。

2.1.1 汽车动力性能的主要检测项目

汽车动力性检测项目主要有加速性能检测、滑行性能检测、汽车底盘输出功率检测。

2.1.1.1 加速性能检测。通常检测汽车加速时间,加速时间是指汽车以厂定最大总质量状态在风速≤3m/s 的条件下,在干燥、清洁、平坦的混凝土或沥青路面上,由某一低速加速到某一高速所需的时间。

（1）原地起步加速时间,也称起步换挡加速时间,是指用规定的低挡起步,以最大的加速度(包括选择适当的换挡时机)逐步换到最高挡后,加速到某一规定的车速或距离所需的时间。一般常用 0~400m 或 0~100km/h 所需时间来描述汽车原地起步加速能力,起步加速时间越短,动力性越好。

(2)超车加速时间也称直接挡加速时间,指用最高挡或次高挡,由某一预定车速开始,全力加速到某一高速所需的时间,超车加速时间越短,其高速挡加速性能越好。

按 GB 3798《汽车大修竣工出厂技术条件》规定,大修后带限速装置的汽车以直接挡空载行驶,从初速 20km/h 加速到 40km/h 的加速时间,应符合表 5-4 规定。

直接挡加速时间　　　　　　　　　　　　　表 5-4

发动机比功率	马力(吨)	10～15	15～20	20～25	25～50	＞50
	kW(t)	7.36～11.03	11.03～14.71	14.71～18.39	18.39～36.78	＞36.78
加速时间(s)		＜30	＜25	＜20	＜15	＜10

2.1.1.2 滑行性能检测:用底盘测功机检测或路试检测时,测得的初速为 30km/h 的滑行距离,应符合表 5-5 的规定。

车辆滑行距离要求　　　　　　　　　　　　表 5-5

汽车整备质量 m(kg)	双轴驱动车辆的滑行距离(m)	单轴驱动车辆的滑行距离(m)
m＜1000	≥104	≥130
1000≤m≤4000	≥120	≥160
4000＜m≤5000	≥144	≥180
5000＜m≤8000	≥184	≥230
8000＜m≤11000	≥200	≥250
m＞11000	≥214	≥270

2.1.2 汽车动力性台架检测方法

汽车动力性台架检测方法采用汽车发动机在额定转矩(最大转矩)和额定功率(最大功率)时的驱动轮输出功率作为评价指标。检测参数是通过底盘测功机获取被测汽车的驱动轮输出功率。

室内台架检测方式,不受气候、驾驶技术等客观条件的影响,只受测试仪本身测试精度的影响,测试条件易于控制,所以汽车检测站广泛采用此方式。为了取得精确的测量结果,底盘测功机的生产厂家,应在说明书中给出该型底盘测功机在测试过程中本身随转速变化机械摩擦所消耗的功率,对风冷式测功机还需给出冷却风扇随转速变化所消耗的功率。另外,由于底盘测功机的结构不同,对汽车在滚筒上模拟道路行驶时的滚动阻力也不同,在说明书中还应给出不同尺寸的车轮在不同转速下的滚动阻力系数值。

2.1.2.1 汽车底盘输出功率的检测方法。通过底盘测功机检测车辆的最大底盘驱动功率,用以评定车辆的技术状况等级。

(1)在检测动力性之前,必须按汽车底盘测功机说明书的规定进行试验前的准备。台架举升器应处于升状态,无举升器者滚筒必须锁定;车轮轮胎表面不得夹有小石子或其他坚硬物。

(2)汽车底盘测功机控制系统、道路模拟系统、引导系统、安全保障系统等必须工作正常。

(3)在动力性检测过程中,控制方式处于恒速控制,当车速达到设定车速(误差±2km/h)并稳定 5s 后(时间过短,检测结果重复性较差),计算机方可读取车速与驱动力数值,并计算汽车底盘输出功率。

(4)输出检测结果,国产营运车辆的校正驱动轮输出功率的输出限值列于表 5-6,其他车辆可参照执行。

汽车驱动轮输出功率的限值　　表 5-6

汽车类型	汽车型号		额定转矩工况		额定功率工况	
			直接挡检测车速 V_m(km/h)	校正驱动轮输出功率/额定转矩功率的限值 η_{Ma}(%)	直接挡检测速度 V_p(km/h)	校正驱动轮输出功率/额定转矩功率的限值 η_{Ma}(%)
载货汽车	1010、1020 系列	汽油车	60	50	90	40
	1030、1040 系列	汽油车	60	50	90	40
		柴油车	55	50	90	45
	1050、1060 系列	汽油车	60	50	90	40
		柴油车	50	50	80	45
	1070、1080 系列	柴油车	50	50	80	45
	1090 系列	汽油车	40	50	80	45
		柴油车	55	50	80	45
	1100、1110 系列 1120、1130 系列	柴油车	50	45	80	40
	1140、1150、1160 系列	柴油车	50	50	80	40
	1170、1190 系列	柴油车	55	50	80	40
半挂列车①	10t 半挂列车系列	汽油车	40	50	80	45
		柴油车	50	50	80	45
	15t、20t 半挂列车系列	柴油车	45	45	70	40
	25t 半挂列车系列	柴油车	45	50	75	40
客车	6600 系列	汽油车	60	45	85	35
		柴油车	45	50	75	40
	6700 系列	汽油车	50	40	80	35
		柴油车	55	45	75	35
	6800 系列	汽油车	40	40	85	35
		柴油车	45	45	75	35
	6900 系列	汽油车	40	40	80	40
		柴油车	60	45	85	45
	6100 系列	汽油车	40	50	85	35
		柴油车	40	40	85	35
	6110 系列	汽油车	60	45	85	35
		柴油车	55	50	80	35
	6120 系列	柴油车	60	40	90	35
轿车	夏利、富康		95/65②	40/35②	—	—
	桑塔纳		95/65②	45/40②	—	—

注：5010~5040 系列厢式货车和罐式货车驱动轮输出功率的允许值按同系列普通货车的允许值下调2%；其他系列厢式货车和罐式货车驱动轮输出功率的允许值按同系列普通货车的允许值下调4%。
① 半挂列车是按载质量分类；
② 为汽车变速挡使用三挡时的参数值

底盘测功机是模拟汽车在道路上行驶时受到的阻力,测量其驱动轮输出功率大小,还可以测试汽车的加速、滑行等性能;有的底盘测功机还带有汽车燃料消耗量检测装置。

2.1.2.2 数据处理。底盘测功机显示的数值,有的是功率吸收装置的吸收功率的数值,有的则是驱动轮输出的最大底盘输出功率的数值。对于显示功率吸收装置所吸收功率数值的,在检测结果的数据处理时,必须增加汽车在滚筒上滚动阻力消耗的功率、台架机械阻力消耗的功率及风冷式功率吸收装置的风扇所消耗的功率,其计算式为:

汽车底盘最大输出功率 = 功率吸收装置所消耗的功率 + 滚动阻力所消耗的功率 + 台架机械阻力所消耗的功率 + 风冷式功率吸收装置冷却风扇所消耗的功率

2.2 汽车安全性能检验

汽车安全性是指其以最小的交通事故概率和最少的公害适应使用条件的能力,又称汽车行驶安全性。按 GB 3798《汽车大修竣工出厂技术条件》,对汽车的制动、转向、照明和信号等装置的规定要求,体现了国家对在用汽车安全性的重视。

2.2.1 汽车制动性能的主要检测项目

(1)对行车制动装置的要求。

①制动踏板的自由行程应符合该车原厂规定的有关技术条件。行车制动必须采用双管路或多管路。

②行车制动在产生最大制动作用时的踏板力,对于座位数小于或等于9的载客汽车应不大于500N,对于其他车辆应不大于700N。

③液压行车制动在达到规定的制动效能时,踏板行程(包括空行程,下同)不得超过全行程的3/4;制动器装有自动调节间隙装置的车辆的踏板行程不得超过全行程的4/5,且其座位数小于或等于9的载客汽车踏板行程不得超过120mm,其他类型车辆不得超过150mm。

(2)对驻车制动装置的要求。

①驻车制动应能使车辆在即使没有驾驶员的情况下,也能停在上、下坡道上。驾驶员必须在座位上就可以实现驻车制动。施加于驻车制动操纵装置的力:手操纵时,座位数小于或等于9的载客汽车应不大于400N,其他车辆应不大于600N;脚操纵时,座位数小于或等于9的载客汽车应不大于500N,其他车辆应不大于700N。

②驻车制动操纵装置必须有足够的储备行程,一般应在操纵装置全行程的2/3以内产生规定的制动力,驻车制动机构装有自动调节装置时,允许在全行程的3/4以内达到规定的制动效能。棘轮式制动操纵装置应保证在达到规定驻车制动效能时,操纵杆往复拉动的次数不得超过三次。驻车制动应通过纯机械装置把工作部件锁止。不允许利用液压、气压或电力驱动来获得规定的驻车制动效能。

(3)气压制动系统必须装有限压装置,确保储气筒内气压不超过允许的最高气压。采用气压制动系统的车辆,发动机在75%的额定功率转速下,4min(汽车列车为6min,城市铰接公共汽车和无轨电车为8min)内气压表的指示气压应从零开始升至起步气压(未标起步气压,按400kPa 计)。

(4)ABS、制动系统故障报警装置等有效,车辆运行过程中,不应有自行制动现象。当挂车与牵引车意外脱离后,挂车应能自行制动,牵引车的制动仍然有效。

2.2.2 汽车制动性台架检测

(1)汽车在制动试验台上测出的制动力应符合表5-7的规定。

台试制动力要求　　　　　　　　　　　　　　　　　　表5-7

制动力总和与整车重量的百分比(%)		轴制动力与轴荷的百分比(%)	
空载	满载	前轴	后轴
≥60	≥50	≥60①	—

注:①空载和满载状态下测试均应满足此要求。

(2)在制动力增长全过程中同时测得的左右轮制动力差的最大值(制动力平衡),与全过程中测得的该轴左右轮最大制动力中大者之比,对前轴不得大于20%;当后轴制动力大于或等于后轴轴荷的60%时,不得大于24%;当后轴制动力小于后轴轴荷的60%时,不得大于8%。

(3)汽车制动协调时间(指在急踩制动时,从踏板开始动作至制动力达到表5-4规定的制动力75%时所需的时间):对采用液压制动系的车辆不得大于0.35s;对于采用气压制动系的车辆不得大于0.56s。

(4)进行制动力检测时,车辆各轮的阻滞力均不得大于该轴轴荷的5%。

(5)制动完全释放时间(从松开制动踏板到制动消除所需要的时间)对单车不得大于0.8s。

(6)应急制动性能:

①应急制动应在行车制动系有一处管路失效的情况下,在规定的距离内将车辆停住。

②检查汽车是否具有有效的应急制动装置。如受检汽车没有应急制动装置或对应急制动性能有质疑时,应按规定检验其应急制动性能。

③应急制动性能要求:汽车在制动试验台上,应急制动起作用时,其测得的制动力应符合表5-8的规定。

汽车应急制动力要求　　　　　　　　　　　　　　　　表5-8

车 辆 类 型	应急制动力总和占整车重量百分比(%)	允许操纵力(N)	
		手操纵	脚操纵
座位数≤9的载客汽车	≥30	≤400	≤500
其他载客汽车	≥26	≤600	≤700
载货汽车	≥23	≤600	≤700

(7)驻车制动性能:当采用制动试验台检验车辆驻车制动的制动力时,车辆空载,乘坐一名驾驶员,使用驻车制动装置,驻车制动力的总和应不小于该车在测试状态下整车重量的20%;对总质量为整备质量1.2倍以下的车辆,限值为15%。

2.2.3 汽车转向轻便性主要检测项目

(1)转向盘的最大自由转动量。最大设计车速大于或等于100km/h的汽车为20°;最大设计车速小于100km/h的汽车为30°。

(2)转向轻便性。

①路试检测:在5s之内,汽车空载在平坦、干燥和清洁的硬路面上以10km/h的速度沿螺旋线从直线行驶过渡到直径为24m的圆周行驶,施加于转向盘外缘的最大切向力不得大于150N。

②原地检测:汽车转向轮置于转角盘上,转动转向盘使转向轮达到原厂规定的最大转角,在全过程中用转向力测试仪测得的转动转向盘的操纵力不得大于120N。

(3)转向轮的横向侧滑量。用侧滑仪(包括单、双板)检测时,前轴采用非独立悬架的汽车,转向轮的横向侧滑量值应不大于5m/km。前轴采用独立悬架的汽车,其前轮定位参数值符合原厂规定,则该车有关技术条件为合格。

(4)车轮定位值。车辆的前轮定位值应符合该车有关技术条件的规定。凡后轮有定位技术参数的汽车,后轮定位值应符合该车有关技术条件的规定。

(5)车辆的最小转弯直径。以前外轮轨迹中心线为基线测量,其值不得大于24m。转向轮的最大转向角应符合原厂规定的该车的有关技术条件。内、外轮转角应符合一定的几何比例关系。

(6)悬架特性。用悬架检测台方法检测时,受检车辆的车轮在受外界激励振动下测得的吸收率(被测汽车共振时的最小动态车轮垂直荷载与静态车轮垂直荷载的百分比值)应不小于40%,同轴左右轮吸收率之差不得大于15%。用平板检测台方法检测时,受检车辆制动时测得的悬架效率应不小于45%,同轴左右轮悬架效率之差不得大于20%。

(7)动力转向(或助力转向)的汽车,卸载阀的工作时刻应符合原厂规定的技术条件。

(8)汽车应具有适度的不足转向特性,以使车辆具有正常的操纵稳定性,曲线行驶时不得出现过度转向。

(9)转向轮转向后应能自动回正,在平坦、硬实、干燥和清洁的道路上行驶不得跑偏,其转向盘不得有摆振或其他异常现象。

(10)转向盘应转动灵活,操纵方便,无阻滞现象。车轮转向过程中不得与其他部件有干涉现象。

2.2.4 照明和信号装置主要检测项目

(1)前照灯光束照射位置。

①在检验前照灯的近光光束照射位置时,前照灯在距离屏幕前10m处,光束明暗截止线转角或中点的高度应为$0.6H \sim 0.8H$(H为前照灯基准中心高度),其水平方向位置要求向左向右偏均不得超过100mm。

②四灯制前照灯其远光单光束的照射位置,前照灯在距离屏幕10m处,光束中心离地高度为$0.85H \sim 0.90H$,水平位置要求左灯向左偏不得大于100mm,向右偏不得大于170mm;右灯向左或向右偏均不得大于170mm。

③汽车装用远光和近光双光束灯时以调整近光光束为主。对于只能调整远光单光束的灯,调整远光单光束。

(2)汽车每只前照灯远光光束发光强度要求。两灯制12000cd(坎德拉,发光强度的单位);四灯制10000cd。测试时,电源系统可处于充电状态。采用四灯制的汽车,其中两只对称的灯达到两灯制的要求时,视为合格。所有前照灯的近光都不得炫目。

(3)汽车的灯具应安装牢靠、完好有效,不得因车辆振动而松脱、损坏,失去作用或改变光照方向;所有灯光的开关应安装牢固、开关自如,不得因车辆振动而自行开关。

(4)汽车和挂车的外部照明和信号装置的数量、位置、光色、最小几何可见角度等应符合有关规定。

(5)全挂车应在挂车前部的左右各装一只红色标志灯,其高度应比全挂车的前栏板高出300~400mm,距车厢外侧应小于150mm。

(6)车辆应装置后回复反射器,车长大于10m的车辆应安装侧回复反射器,汽车列车应装有侧回复反射器。回复反射器应能保证夜间在其正面前方150m处用汽车前照灯照射时,在照射位置就能确认其反射光。

(7)装有前照灯的车辆应有远近光变换装置,并且当远光变为近光时,所有的远光应同时熄灭。同一辆车上的前照灯不允许左、右的远、近灯光交叉开亮。

(8)车辆的前位灯、后位灯、示廓灯、挂车标志灯、牌照灯和仪表灯应能同时启闭,当前照灯关闭和发动机熄火时仍能点亮。

(9)空载高为3m以上的车辆应安装示廓灯。

(10)车辆应安装一只或两只后雾灯,只有当远光灯、近光灯或前雾灯打开时,后雾灯才能打开。后雾灯可以独立于任何其他灯而关闭。后雾灯可以连续工作,直至位置灯关闭时为止,之后一直处于关闭状态,直至再次打开。车辆(挂车除外)可以选装前雾灯。

(11)车辆应装有危险报警闪光灯,其操纵装置应不受电源总开关的控制。危险报警闪光灯和转向信号灯的闪光频率为1.5±0.5Hz;起动时间应不大于1.5s。

(12)汽车及挂车均应安装侧转向灯,若汽车前转向灯在侧面可见时则视为满足要求。铰接式车辆每一刚性单元必须装有至少一对侧转向灯。

(13)车辆仪表板上应设置与行驶方向相适应的转向指示信号和蓝色远光指示信号灯。

(14)仪表板上应设置仪表灯。仪表灯点亮时,应能照清仪表板上所有仪表并不得炫目。

(15)各种客车应设置车厢灯和门灯。车长大于6m的客车应至少有两条车厢照明电路,仅用于进出口处的照明电路可作为其中之一。当一条电路失效时,另一条应能正常工作,以保证车内照明,但不得影响驾驶员的视线和其他机动车的正常行驶。

(16)车辆照明和信号装置的任一条线路出现故障,不得干扰其他线路的正常工作。

(17)车辆前、后转向信号灯、危险报警闪光灯及制动灯白天距100m可见,侧转向信号灯白天距30m可见;前、后位置灯、示廓灯和挂车标志灯夜间好天气距300m可见;后牌照灯夜间好天气距20m能看清牌照号码。制动灯的亮度应明显大于后位灯。

(18)车长大于6m的客车应设置电源总开关,分线路熔断器完善的客车除外。

(19)车速里程表、水温表、机油压力表、电流表、燃油表、气压表等各种仪表和信号装置应齐全有效。

(20)发电机技术性能应良好,蓄电池应保持常态电压,所有电气导线应捆扎成束、布置整齐、固定卡紧、接头牢固,并有绝缘套,在导线穿越孔洞时需设绝缘套管。

2.2.5 车速表指示误差检查

车速表允许误差范围为-5%~+20%,即当实际车速为40km/h时,车速表指示值应为38~48km/h。车速表指示误差的检验宜在滚筒式车速表检验台上进行。

2.3 汽车燃油经济性能检验

汽车燃油经济性是汽车的一个重要性能,也是人们最关心的指标之一。为了节约能源和减少消耗能源时产生的温室效应的副作用,国家标准规定了对汽车燃油经济性的要求。

2.3.1 汽车燃油经济性主要检测项目

我国规定采用每百公里燃料消耗量。GB 3798《汽车大修竣工出厂技术条件》规定每百公里燃料消耗量,在汽车大修走合期满后,不得大于该车型原设计规定的相应车速等速百公里燃料消耗量的105%。GB 18565《营运车辆综合性能要求和检验方法》规定每百公里燃料消耗量,不得大于该车型原厂规定的相应车速等速百公里燃料消耗量的110%。

2.3.2 汽车燃油经济性台架检测

使用底盘测功机检测汽车等速百公里燃料消耗量。

(1)准备。

①测量并记录环境温度、大气压力和燃料密度。要求:检测环境温度 0~40℃,环境湿度小于85%,大气压力 80~110kPa。

②测试前,车辆应预热至正常热状态,车辆轮胎规格和气压应符合该车技术条件的规定。

③底盘测功机应预热到正常工作温度,底盘测功机和油耗计应符合使用要求,工作正常。

(2)测试。

①在底盘测功机上设定检测车速:轿车为 60km/h;其他车辆为 50km/h。

②将被测汽车驱动轮平稳驶至底盘测功机滚筒上,起动汽车,逐步加速并换至直接挡(无直接挡至最高挡),使车速达到规定的车速。

③给测功机加载 P_{PAU},使其模拟汽车满载等速行驶在平坦良好路面时的行驶阻力功率 P:

$$P = P_{PAU} + P_{PL} + P_F$$

式中:P——汽车满载等速行驶在平坦良好路面时的行驶阻力功率;

P_{PAU}——底盘测功机吸收单元的吸收功率;

P_{PL}——测功机内部摩擦损失功率,由底盘测功机生产厂家给出;

P_F——汽车驱动轮、传动系等摩擦损失,由测功机使用者自行测定。

当 $P_{PL} + P_F \geq P$ 时,则车辆不能在该测功机上进行检测;当 $P_{PL} + P_F < P$ 时,则需调整 P_{PAU},使 $P_{PAU} + P_{PL} + P_F = P$。

待车速稳定后开始测量,要求测量不低于 500m 距离的燃料消耗量,连续测量两次并记录。

(3)计算等速百公里燃料消耗量和2次的算术平均值。

2.4 汽车排放及噪声检验

汽车排放包括废气排出、燃油蒸发和曲轴箱窜气等现象,其中废气排出是主要问题,污染物有 CO(一氧化碳)、HC + NO_x(碳氢化合物和氮氧化物)、PM(微粒,碳烟)等有害气体。汽车噪声是指汽车行驶在道路上时,内燃机、喇叭、轮胎等都会发出大量的人类不喜欢的声音。专家认为,汽车对环保最大的危害就是排放及噪声。

2.4.1 汽车排放主要检测项目

2.4.1.1 排气污染物检测。装配点燃式发动机的汽车,应进行双怠速试验或加速模拟工况(ASM)试验。表5-9是装配点燃式发动机的车辆双怠速试验排气污染物限值。

装配点燃式发动机的车辆双怠速试验排气污染物限值　　　　　表5-9

车 辆 类 型	怠 速		高 怠 速	
	CO(%)	HC/10^{-6}①	CO(%)	HC/10^{-6}①
2001年1月1日以后上牌照的M1②类车辆	0.8	150	0.3	100
2002年1月1日以后上牌照的M1③类车辆	1.0	200	0.5	150

注：①HC容积浓度值按正己烷当量。
　　②M1指车辆设计乘员数(含驾驶员)不超过6人，且车辆最大总质量不超过2500kg。
　　③N1还包括设计上乘员数(含驾驶员)超过6人，或车辆最大总质量超过2500kg但不超过3500的M类车辆

装配压燃式发动机的汽车，应进行自由加速排气可见污染物试验，表5-10是装配压燃式发动机的车辆自由加速试验排气可见污染物限值。

装配压燃式发动机的车辆自由加速试验排气可见污染物限值　　　　　表5-10

车 辆 类 型	光吸收系数/(m^{-1})
2001年1月1日以后上牌照的在用车	2.5
2001年1月1日以后上牌照的装配废气涡轮增压器的在用车	3.0

2.4.1.2　蒸发污染物检测。燃油蒸发污染物排放控制装置应在有效使用日期(或有效使用里程)内。连接管路应完好，胶管不得有断裂、老化、脱落等现象。

2.4.1.3　曲轴箱污染物检测。用U形水压计或微型压力计在机油标尺孔处检查急速、50%额定转速的曲轴箱压力，不得出现正压力。

2.4.2　汽车噪声主要检测项目

2.4.2.1　汽车定置噪声。按规定其限值如表5-11所示。汽车驾驶员耳旁噪声声级应不大于86dB(A)；客车车内噪声声级应不大于82dB(A)，中级以上营运客车车内噪声声级应不大于79dB(A)。

汽车定置噪声限值(dB)　　　　　表5-11

车 辆 类 型	燃料种类		车辆出厂日期	
			1998年1月1日以前	1998年1月1日及以后
轿车	汽油		87	875
微型客车、货车	汽油		90	88
轻型客车、货车越野车	汽油	$n_r \leq 4300$r/min	94	92
		$n_r > 4300$r/min	97	95
	柴油		100	98
中型客车、货车、大型客车	汽油		97	95
	柴油		103	101
重型货车	$N \leq 147$kW		101	99
	$N > 147$kW		105	103

注：N—汽车发动机额定功率；
　　n_r—发动机额定转速

2.4.2.2 汽车喇叭声级在距车前 2m、离地高 1.2m 处用声级计测量时,其值应为 90～115dB(A)。

2.5 空调检验

汽车空调是用于调节乘员舱内的温度、湿度、洁净度,并使其以一定速度在车室内定向流装置仅指动和分配,从而给驾驶员和乘客提供舒适的环境及新鲜空气的系统。汽车空调一般由暖气装置、制冷装置、通风装置、空气净化装置和加湿装置中的一个或多个部件以及必要的控制部件等构成。装备有空调系统的载客汽车空调性能应符合 JT/T 216—2006《客车空调系统技术条件》。

2.5.1 制冷装置检验

制冷装置的工作性能要求见表 5-12。

汽车制冷系统的工作性能要求　　　　表 5-12

项　目	单位	基本条件		性能要求			
				A 级	B 级	C 级	D 级
额定乘员数人均制冷量	kJ/h	设备额定制冷量,不小于		2000		1900	1800
人均送风量	m³/h	设备额定送风量,不小于		80		60	40
车内外温度	℃	外界温度35℃,车速50km/h,行驶 30min 时,不小于		9	8	7	7
供乘员使用的出风口风向、风速	m/s	—		可自由调节风向;出风口最大风速差的最大值不大于 1;出风口最大风速不大于 5			
车厢内温度分布	℃	前、中、后部走道地板上方1m高处最大温差,不大于		1		3	3
		乘员头部、足部温差		头部低于足部 2～5			
噪声 (制冷装置和换气设备满负荷工作)	dB(A)	停车状态	车内辅助发动机或汽车发动机和压缩机处,不大于	68	70	72	74
			车顶回风口或通风换气装置处,不大于	68	70	72	74
			车外辅助发动机或汽车发动机处,不大于	84			
		50km/h 行驶	车内噪声,不大于	70	72	74	75

汽车空调用制冷剂为 HFC-134a,充注量要符合产品设计的规定。制冷剂的年泄漏量不得大于充注量的 10%。

制冷量应不低于额定制冷量的 93%,压缩机的驱动功率应不大于设定值的 110%;系统耗电功率及风量要求应符合产品设计的规定;蒸发器、冷凝器的技术要求应符合产品设计的规定。

制冷装置在工作状态时,不应发生异常声音;稳定工作状态时,其噪声 dB(A)最大值不得超过产品设计的规定值。制冷装置应具有安全保护措施并符合产品设计的规定。

2.5.2 采暖装置检验

采暖装置的工作性能要求见表5-13。

采暖装置的工作性能要求　　　　　表5-13

项 目	单位	基本条件	性能要求			
			A级	B级	C级	D级
额定乘员数人均采暖热量	kJ/h	设备标称放热量,不小于	2000	1900	1900	1800
额定乘员数人均送风量	m³/h	设备标称送风量,不小于	20		15	
独立(空气)式暖风装置供乘员使用的出风口风量、风速	m/s	所有出风口	风量均匀,风速不大于4			
车内温度	℃	外界温度-10℃,车速50km/h,距地板高度400mm处,30min内达到,不小于	18	15	12	
车内温度分布	℃	在走道地板上方1m高度测量,前、中、后部温差,不大于	1	3	4	
		乘员头、足部温差	头部低于足部2~5			
车内噪声	dB(A)	客车停驶,主发动机不工作,仅采暖系统和通风装置工作,不大于	65	70	72	

(1)采用独立燃油空气式暖风装置的系统应满足下列要求。

①燃油空气加热器应符合规定:安装应保证燃烧废气排放畅通,防止废气进入车厢,并远离热源且保证新鲜空气进气充足。加热器的功率应与车内散热装置的功率相匹配,其废气排放指标应满足:CO的体积含量不大于200×10^{-6};NO_X的体积含量不大于75×10^{-6};烟度不大于1FSN;HC为微量。

②燃油箱及燃油管路应按使用说明书的要求确定并固定牢靠,不应因振动或冲击发生损坏和漏油现象,加油口和通气口应保证客车振动时不漏油。

③暖风管道应有隔热层,凡乘员易触及的暖风管道表面温度不得大于50℃;暖风装置的回风口应装设过滤网。

(2)采用余热式暖风装置的系统应满足下列要求。

①使用时对发动机动力性造成的影响不得超过3%。

②应确保废气和被加热气体及车厢的隔绝,不得有任何泄漏。

(3)采暖装置的各密封面结合处均不得有漏气、漏水、漏油等现象,并应设置检测有害气体含量的安全报警装置。

2.5.3 车身保温检验

空调客车的车身结构应采取有效可靠的隔热保温措施,整车隔热保温性能应达到表5-14的要求。

车身保温性能要求(单位:min)　　　　　　　　　　　　　　　　　　　　　　表 5-14

项　目		基本条件	性能要求			
			A级	B级	C级	D级
保温能力	夏季	车速 50km/h,空调关闭,车内气温由 28℃ 上升到 35℃ 的时间,不小于	18	15	15	10
	冬季	车速 50km/h,暖风关闭,车内气温由 18℃(A级)、15℃(B级)、12℃(其他级别)降到与外界温度相差 1℃ 的时间,不小于	15	10	8	

2.5.4　通风换气和空气净化检验

空调客车应安装通风换气装置,以保证车内空气质量符合规定。A级空调系统应保持车内湿度范围为 40%～70%,并可按设定值进行湿度的自动控制。当空调装置采用内循环工作方式时,应安装强制通风换气装置。通风换气装置的工作性能和空调系统正常工作时车内空气中有害气体与粉尘含量要求见表 5-15。

通风换气装置工作性能和车内空气中有害气体与粉尘含量要求　　　　　表 5-15

项　目	单位	基本条件	性能要求			
			A级	B级	C级	D级
人均通风换气量	m³/h	最大装机通风换气量,不小于	25			
车内气流速度	m/s	通风换气设备满负荷工作,不大于	0.5			
通风换气装置处的车内噪声	dB(A)	停车,汽车发动机不工作,空调系统仅通风换气装置满负荷工作,不大于	65			
CO	mg/m³	空调系统正常工作,不大于	10			
CO_2	%	空调系统正常工作,不大于	0.1		0.15	
粉尘	mg/m³	空调系统正常工作,不大于	2.0		3.0	

2.5.5　除霜(雾)性能检验

具有采暖功能的空调客车应设置前风窗玻璃除霜(雾)系统。除霜(雾)系统性能要求见表 5-16。

除霜(雾)系统性能要求　　　　　　　　　　　　　　　　　　　　　　表 5-16

项　目	单位	基本条件	刮水器刮片运动覆盖区域性能要求	
			驾驶员一侧(左)	非驾驶员一侧(右)
除霜面积	%	试验开始后 20min 时,不小于	80	—
		试验开始后 25min 时,不小于	—	80
		试验开始后 40min 时,不小于	95	
除霜喷口气流速度	m/s	除霜装置(采暖系统)满负荷工作	5～8	
除霜装置工作噪声	dB(A)	停车,汽车发动机不工作,空调系统仅除霜装置(采暖系统)满负荷工作,驾驶员头部位置,不大于	65	

2.6 整车检验

整车检查可分为静态检视和路试检验两种形式,静态检视是指汽车保持基本不动状态,重点检查其车身外观、车室内装、发动机舱及底盘悬挂等部分。路试检验是指通过汽车在各种工作状况(如发动机起动、怠速,汽车起步、加速、匀速、滑行、减速、制动、低速挡、高速挡等),检查汽车的操纵性能、加速性能、滑行性能、安全性能、排放和噪声情况,以鉴定汽车的技术状况,也称汽车动态检查。

2.6.1 静态检视

(1)外观应整洁、完好、周正,附属设施及装备应齐全、有效。

(2)主要结构参数应符合原设计规定,由修理改变的整备质量,不得超过新车出厂额定值的3%。

(3)左右轴距差不得大于原设计轴距的1/1000。

(4)各部运行温度正常,各处无漏油、漏水、漏电、漏气现象。

(5)各仪表运行正常,指示正确。

(6)发动机、底盘等各总成均应按原设计规定喷(涂)漆。

(7)润滑及其他工作介质的使用要求。

①各滑脂(油)嘴应装配齐全、功能有效,各总成应按原设计规定加足润滑剂。

②动力转向装置、变速器、分动器、主减速器、液力传动装置、发动机冷却系统、气压制动防冻装置、液压制动装置、空调冷媒、风窗清洗装置等均应按原设计要求,加注规定品质与数量的介质。

(8)各总成与车架联结部位的支撑座、垫应齐全,稳定可靠。

(9)全车所有螺栓、螺母应装备齐全,锁止可靠。关键部位螺栓、螺母的扭紧顺序和力矩应符合原制造厂维修技术要求;一般紧固件应牢固可靠,不得有松动、缺损现象。一次性锁止螺栓不得重复使用。

(10)各铆接件的结合面应贴合紧密;铆钉应充满钉孔、无松动;铆钉头不应有裂纹、缺损或残缺现象;不得用螺栓连接代替铆钉。

(11)各焊接部位应按规律焊接,焊缝应平稳、光滑;不应有夹渣、裂纹等焊接缺陷。

(12)影响汽车行驶安全的转向系、制动系和行驶系的关键零部件,不得使用修复件。

(13)对有关悬挂减振系统的大修作业,不应改变其原车的平稳性能指标。

2.6.2 路试检验

(1)制动系装有比例阀、限压阀、感载阀、惯性阀或制动防抱死装置的,在试验台上达不到规定制动力的车辆,应以满载路试的检验结果为准。装用ABS的汽车的制动性能应符合国家标准的规定。

(2)当车辆经台试后,对其制动性能有质疑时,可用路试进行复检,并以满载路试的结果为准。

(3)对于无法在车速表检验台上检验车速表指示误差的机动车(如全时四轮驱动汽车,具有驱动防滑控制装置的汽车等)可路试检验车速表指示误差。

(4)不能用底盘测功机检测汽车百公里燃料消耗量的,可采用路试进行检测,路试等速百公里燃料消耗量的检测值应按规定校正到标准状态下的数值。

3 汽车主要零部件检验

汽车由上万个组成。汽车维修的质量在很大程度上就取决于每个零件的质量和装配后的零部件质量。目前我国相关法规和标准对汽车维修后的发动机、底盘、电器和车身等主要零部件均有明确的检验要求。

3.1 发动机检验

发动机是汽车的心脏,为汽车行驶提供动力。目前汽车所用的发动机主要是汽油发动机和柴油发动机两大类。参照 GB/T 3799—2005《商用汽车发动机大修竣工出厂技术条件》,发动机维修后,须检验其外观、装备、性能等方面,以保证汽车具有符合规定的动力性、经济性和环保性。

3.1.1 发动机外观检验

(1)发动机的外观应整洁,无油污。发动机外表应按规定喷漆,漆层应牢固,不得有起泡、剥落和漏喷现象。

(2)发动机辅助起动、燃料供给、润滑、冷却和进排气系统的附件应齐全,安装正确和牢固。

(3)发动机各部位应密封良好,不得有漏油、漏水、漏气现象;电器部分应安装正确、绝缘良好。

3.1.2 发动机装备检验

(1)外购的零部件和附件均应符合原制造厂技术要求。修复的零部件装配前应经检验,其性能应达到规定的技术要求。汽缸体和汽缸盖、曲轴、凸轮轴等主要零部件,如经修理,应满足原厂技术要求。

(2)发动机应按工艺要求装配齐全;装配过程中应按要求进行过程检验,过程检验合格后再进行下一步装配。

(3)装配后的发动机应按原设计规定加注润滑油、润滑脂、冷却液。

(4)发动机装有的排气制动装置应可靠有效。

(5)喷油泵、喷油器、调速器均应进行调试、检测,其性能指标符合原厂技术要求。

(6)带有增压或中冷增压的发动机,增压装置应按原厂规定进行装配和检验,增压器工作应正常,转速应达到原设计规定。具有增压器旁通管道控制的发动机,旁通管道的开启与关闭应灵活可靠,开启及关闭的转速应符合原设计规定。

(7)对原设计规定需加装限速装置的发动机,维修人员应对限速装置作相应调整并加铅封。限速装置宜在发动机走合期满进行首次维护后拆除。

(8)电子控制燃油喷射系统装置应齐全有效。

(9)装配后的发动机如需进行冷磨、热试,应按工艺要求和技术条件进行冷磨、热试、清洗,并更换润滑油、机油滤清器或滤芯。原设计有特殊规定的按相应规定进行。

3.1.3 发动机性能检验

3.1.3.1 发动机运转状况及检查。

(1) 汽油发动机在各种工况下运转应稳定,不得有过热现象;不应有异常响声;突然改变工况时,应过渡圆滑,不得有爆震、回火、放炮等异常现象。进气歧管真空度符合原厂设计规定,在正常工作温度和标准状态下,发动机怠速运转时,进气歧管真空度波动范围对6缸汽油发动机一般不超过3kPa,对4缸汽油发动机一般不超过5kPa。

(2) 柴油发动机在各种工况下运转应稳定,不得有过热和异常燃烧、爆震等现象,不应有异常响声;改变工况时应过渡平稳。当发动机转速超过额定转速时,断油控制装置正常有效。紧急停机装置在发动机整个运转过程中可靠有效,不得出现失控现象。稳定转速调速率应符合原设计规定。

3.1.3.2 起动检查。发动机在正常环境温度和低温263K(-10℃)时,都能顺利起动,允许起动3次。

3.1.3.3 怠速运转检验。在正常环境温度条件下,发动机怠速运转稳定,怠速转速应符合原设计规定,并能保证向其他工况圆滑过渡。

3.1.3.4 机油压力检查。在规定转速下,发动机润滑系统工作正常,机油压力和机油温度应符合原制造厂维修技术要求,警示装置可靠有效。增压发动机的增压压力及温度应符合原设计规定。

3.1.3.5 额定功率和最大转矩检验。按规定在标准状态下,发动机额定功率和最大转矩不得低于原设计标定值的90%。

环境温度范围应为288~303K(15~30℃),海拔高度变化后,驱动轮输出功率可按以下公式进行修正:

$$P_{修正} = P_{输出}/k$$

式中:$P_{修正}$——修正功率,kW;

$P_{输出}$——驱动轮输出功率,kW;

k——不同海拔高度输出功率修正系数,见表5-17。

不同海拔高度的输出功率修正系数 表5-17

海拔高度(m)	1000	2000	3000	4000	5000
汽油机修正系数 k	0.87	0.77	0.67	0.57	0.47
柴油机修正系数 k	0.93	0.85	0.77	0.69	0.61

3.1.3.6 最低燃料消耗率和机油消耗量检验。按规定的检验方法进行。最低燃料消耗率不得大于原设计标定值的105%;机油消耗量符合原设计规定。

3.1.3.7 排放检验。发动机排放装置齐全有效,排放污染物限值应符合国家有关标准的要求。

3.1.3.8 噪声检验。发动机的噪声应符合国家有关标准的要求。

3.1.3.9 电子控制燃油喷射系统检验。电子控制燃油喷射系统技术参数与性能应符合原厂技术要求。

3.2 底盘检验

底盘是汽车的基础,形成汽车的整体造型,接受发动机的动力,并保证汽车正常行驶。对在用汽车维修后,须检验底盘外观、装备、性能等方面,以保证汽车具有符合规定的动力性、安全性和可靠性。

3.2.1 转向操纵机构检验

转向节及臂,转向横、直拉杆及球销应无裂纹和损伤;并且球销不得松旷。对车辆进行改装或修理时,横、直拉杆不得拼焊。

3.2.2 传动机构检验

(1)离合器接合平稳、分离彻底、操作轻便、工作可靠,不得有异响、打滑或发抖现象;踏板力不大于300N。

(2)离合器踏板的自由行程、有效行程应符合原设计规定;动作时不应与其他非相关件发生干涉,放松踏板能迅速回位。衬套与轴的配合应符合原制造厂维修技术要求。

(3)手动变速器及分动器应换挡轻便、准确可靠;互锁和自锁装置有效,不得有乱挡和自行跳挡现象;运行中无异响;正常情况下不过热。

(4)自动变速器的操纵装置除位于P、N外的任何挡位,发动机均应不能起动;当位于P挡时,应有驻车锁止功能;车辆行驶中能按规定的换挡点进行升、降挡;换挡平顺、不打滑,无冲击、无异响,正常情况下不过热。

按JT/T 720—2008《汽车自动变速器维修通用技术条件》,自动变速器维修后,根据实际情况进行常规检测、失速检测、时滞检测、液压检测等,必要时可进行道路试验。

(5)传动轴及中间轴承应正常工作,无松旷、抖动、异响及过热现象。装备有缓速器的车辆,缓速器应作用正常有效,缓速率应符合原设计要求。

(6)主减速器、差速器和轮边减速器应正常工作,无异响,正常工况下不过热。

3.2.3 行驶机构检验

(1)车轮总成的横向摆动量和径向跳动量:总质量不大于3500kg的汽车,该值不应大于5mm;其他汽车,该值不应大于8mm。

(2)最大设计车速不小于100km/h的汽车,车轮应进行动平衡试验,其动不平衡质量应不大于10g。

(3)汽车装用的轮胎应与其最大设计车速相适应。同轴上装用的轮胎型号、品种、花纹应一致;汽车转向轮不得装用翻新轮胎;轮胎气压应符合原设计规定;用滚型工艺制作的轮辋损坏后必须换装相同的轮辋。

(4)轮胎的胎面和胎壁上不允许有长度超过25mm或深度足以暴露出轮胎帘布层的破裂和割伤。

(5)轮胎胎冠上的花纹深度:乘用车、挂车,该值不允许小于1.6mm;商用车转向轮,该值不允许小于3.2mm;其余车轮胎,该值不允许小于1.6mm。

(6)转向节与衬套的配合及轮毂轴承预紧度应符合原厂技术要求。

①非独立悬架式车辆,其转向节与衬套的配合,轴颈与轴承的配合,轴承预紧度调整应符合原制造厂维修技术要求,无异响,正常工况下不发热;减振器、钢板弹簧,作用良好、有效,无异响;各部连接杆件不松旷。

②独立悬架式车辆,其转向节上下球销不松旷;轴承与轴颈的配合,轴承预紧度调整符合原制造厂维修技术要求,无异响,正常工况下不发热;减振弹簧、扭杆弹簧、气囊弹簧、减振器的作用正常有效,无异响;各部连接杆件衬套、球销、垫片,齐全不松旷。

3.2.4 制动机构检验

(1)装有排气制动的柴油车,当排气制动装置关闭3/4行程时,联动机构应使喷油泵完全停止供油;而当排气制动装置开启时,又能正常供油。

(2)制动踏板的自由行程、有效行程应符合原厂设计规定,动作时不应与其他非相关件发生干涉,放松踏板能迅速回位;衬套与轴的配合应符合原厂技术要求。

(3)驻车制动操纵杆的有效行程应符合原厂设计规定,动作时不应与其他非相关件发生干涉。衬套与轴的配合应符合原厂技术要求。

3.3 电器与电子设备检验

电器与电子设备是汽车的重要组成部分,是现代汽车技术进步的重要标志。为保证汽车具备良好的综合性能,须对汽车电器与电子设备进行检验。

3.3.1 全车线路检验

应布置合理、连接正确;线束包扎良好、牢固可靠;线束通过的孔洞处应有防护设施,且距离排气管不小于300mm;导线规格及线色符合规定,接头牢固、良好;熔断丝及继电器的使用应符合原设计规定;裸露的电气接头及电气开关应距燃油箱的加油口和通气口200mm以上。

3.3.2 电器元件检验

灯光、信号、电气设备等及其控制装置应齐全有效,各元器件性能良好,工作正常,符合原设计要求。装备有其他与制动、行车安全有关的电子控制系统的元器件,应按原设计装备齐全,监控有效、正常。电子控制装置(ECU)应无故障码显示。

3.3.3 蓄电池检验

应外观整洁、安装牢固,桩头完好、正负极标志分明,桩卡头及搭铁线连接牢固;电解液密度、液面高度及电压差应符合规定。

3.4 车身检验

车身是汽车用途的体现,一般可分为货车车身和客车车身两种。为保证汽车车身能有效保护乘员和货物安全,构成良好的空气力学环境,应按照GB/T 3798《汽车大修竣工出厂技术条件》要求对汽车车身检验。

3.4.1 货车车身检验

3.4.1.1 车架检验。

(1)车架纵梁上平面及侧面的纵向直线度公差,在任意1000mm长度上为3mm,在全长上为其长度的1‰。

(2)车架总成左、右纵梁上平面应在同一平面内,其平面度公差为被测平面长度的1.5‰。

(3)车架分段(前钢板前支架销孔轴线—前钢板后支架销孔轴线—后钢板前支架销孔轴线—后钢板后支架销孔轴线)检查,各段对角线长度差不大于5mm。

3.4.1.2 驾驶室、货厢等检验。

(1)驾驶室、货厢应平整完好,无变形、裂损、锈蚀等缺陷。货厢边板、铰链应铰接牢固、启闭灵活。

(2)驾驶室总成采用翻转机构的,行驶中应无异响,减振装置有效;翻转轻便灵活,翻转角度符合原设计规定;定位及锁止机构,可靠、完整、有效。隔热隔震措施有效,符合原设计规定。

(3)驾驶室座椅可调节部位,应调节灵活,锁止有效。

(4)驾驶室、货厢、保险杠及翼子板左右对称。各对称部位离地面高度差要求:货厢不大于20mm,其他不大于10mm。

(5)货厢边板和底板应平整完好;左、右边板应平行,其高度差不大于10mm,边板关闭后,各边缝隙不应超过5mm;货厢铰链支架及锁钩应按原设计修配齐全且有效。

(6)备胎架安装牢固可靠、操纵灵活。

(7)发动机罩应无裂损变形,盖合严密,附件齐全有效、灵活可靠,支撑牢固。

(8)后视镜成像清晰,调节灵活,支架无裂损及锈蚀,安装牢固;刮水器工作可靠,有效刮水面达到原设计要求。

(9)内、外装饰件外观应平顺贴合,紧固件整齐牢固;电镀、铝质装饰件应光亮,无锈斑、脱层、划痕。

(10)可开启式门窗应开闭轻便、关闭严密、锁止可靠、合缝均匀,不松旷;车门把手、玻璃升降器齐全完好、灵活有效。门窗及防尘、防雨密封设施应齐全、完好。

3.4.2 客车车身检验

3.4.2.1 静态检验。

(1)外观整洁周正,装备齐全,表面无玷污、漏漆及机械损伤。车窗玻璃清洁、完整、不松动,可开窗应开关灵活,锁止可靠,行程符合要求。各操纵机构的安装应符合原设计规定,各部连接牢固,密封良好,操纵灵活有效,无相互干涉碰撞现象。

(2)外形尺寸符合原设计规定。车身、保险杠及翼子板左右对称,各对称部位离地面高度差不大于10mm。经修理后,汽车整备质量及各轴负荷分配的最大值所增加的质量不得超过原设计质量的3%。

3.4.2.2 路试检验。
行驶时蒙皮不应有抖动声;顶窗应开启到位,行车时不自行落下;安全门应工作有效;电气设备及各种仪表运行中工作正常。

3.4.3 车身油漆检验

(1)车身骨架、底架及蒙皮内表面应进行除锈及防锈、防腐处理。对可利用的旧外蒙皮、零部件,涂漆前应清除旧漆皮、腻子、底漆及铁锈。不需涂漆的部位,不应有漆痕。整车的漆膜应完整,不允许有露底(包括焊缝、封闭内腔)和碰伤的表面。

(2)油漆涂层外观应色泽均匀,表面漆膜附着牢固,漆面和漆层无流痕、脱层、裂纹、起泡、皱纹和漏漆等现象。油漆涂层应符合QC/T 484《汽车油漆涂层》的有关规定,油漆涂层检验分别有涂膜外观、光泽度、厚度、硬度、柔韧性、附着力和耐腐蚀性等多项质量指标。

思考与练习

一、简答题

1. 简述汽车维修质量检验的基本含义。
2. 简述汽车维修质量检验分类。

3. 简述汽车维修质量检验的作用。
4. 简述汽车维修质量检验的工作步骤。
5. 针对汽车动力性能的主要检测项目有哪些？
6. 针对汽车安全性能的主要检测项目有哪些？
7. 针对汽车排放主要检测项目有哪些？
8. 针对客车空调系统主要检测项目有哪些？
9. 底盘测功机有哪些主要用途？
10. 汽车发动机大修竣工出厂应检验哪些性能？

二、选择题

1. 衡量汽车维修质量的一系列性能指标，可称为_____，是评定汽车维修质量的主要依据。

　　A. 质量特性参数　　B. 动力特性因数　　C. 可靠性参数　　D. 经济性因数

2. 在汽车维修过程的关键点上，安排专职检验人员进行_____及竣工出厂前的把关性总检验。

　　A. 自检　　　　　B. 预防性检验　　C. 专检　　　　D. 抽样性检验

3. 车辆返修的检测、判断工作应由_____负责。

　　A. 自检人员　　　B. 互检人员　　　C. 专职检验员　　D. 质量总检验员

4. 比功率大于50马力/吨的汽车以直接挡空载行驶，从初速20km/h加速到40km/h的加速时间，应不超过_____。

　　A. 10s　　　　　B. 15s　　　　　C. 20s　　　　　D. 25s

5. 驻车制动一般应在操纵装置全行程的_____以内产生规定的制动性能。

　　A. 4/5　　　　　B. 3/4　　　　　C. 2/3　　　　　D. 1/2

6. 设计车速大于或等于100km/h的汽车，转向盘的最大自由转动量为_____。

　　A. 40°　　　　　B. 30°　　　　　C. 20°　　　　　D. 10°

7. 当实际车速为40km/h时，车速表指示值应为_____km/h。

　　A. 32～42　　　B. 35～45　　　C. 38～48　　　D. 40～50

8. 汽车大修走合期满后，每百公里燃料消耗量不得大于该车型原设计规定的相应车速等速百公里燃料消耗量的_____。

　　A. 105%　　　　B. 110%　　　　C. 115%　　　　D. 120%

9. 按规定用声级计测量汽车喇叭声响时，其值应为_____dB(A)。

　　A. 80～105　　B. 90～105　　C. 90～115　　D. 100～115

10. 汽车空调用制冷剂的年泄漏量不得大于充注量的_____。

　　A. 5%　　　　　B. 10%　　　　C. 15%　　　　D. 20

11. 商用车转向轮轮胎胎冠上的花纹深度不允许小于_____mm。

　　A. 1.6　　　　　B. 2.0　　　　　C. 2.6　　　　　D. 3.2

12. 检查货厢对称部位离地面高度差不大于_____mm。

　　A. 25　　　　　B. 20　　　　　C. 15　　　　　D. 10

13. 客车修理后，其整备质量及各轴负荷分配的最大值所增加的质量不得超过原设计质量的_____。
A. 3% B. 5% C. 8% D. 10%

14. 汽油发动机怠速运转时,六缸汽油发动机进气歧管真空度波动范围一般不超过_____kPa。
A. 3 B. 4 C. 5 D. 6

15. 在标准状态下,发动机额定功率和最大转矩不得低于原设计标定值的_____。
A. 70% B. 80% C. 90% D. 100%

三、判断题

1. 收集有关汽车维修质量方面的证据是汽车维修质量检验目的之一。(　　)
2. 自检是汽车维修中最直接、最全面的检验。(　　)
3. 送检是对维修车辆安全性能检测,经检测合格方可发给出厂合格证。(　　)
4. 对台试制动性能有质疑时,须以空载路试进行复检。(　　)
5. 汽车加速性能检测,要求是以空载状态检测汽车加速时间。(　　)
6. 底盘测功机可以测试汽车的加速、滑行等性能。(　　)
7. 汽车安全性是指其以最小的交通事故概率和最少的公害适应使用条件的能力。(　　)
8. 制动力平衡测试,对前轴不得大于20%;对后轴制动力小于后轴轴荷的60%的,不得大于后轴轴荷的8%。(　　)
9. 各轮制动力的阻滞力均不得大于该轴轴荷的5%。(　　)
10. 驻车制动力的总和应不小于该车在测试状态下整车重量的10%。(　　)
11. 前轴非独立悬架的汽车,转向轮的横向侧滑量应不大于5m/km。(　　)
12. 采用余热式暖风装置的系统,使用时对发动机动力性的影响不得超过3%。(　　)
13. 用悬架检测台测试同轴左右轮吸收率之差不得大于15%。(　　)
14. 检验前照灯的近光光束照射位置,在距离屏幕前10m处,光束中点高度应为$0.6H \sim 0.8H$(H为前照灯基准中心高度)。(　　)
15. 汽车前照灯(两灯制)每只远光光束发光强度应达12000cd。(　　)

四、思考题

1. 为什么说企业的检验人员须对双方(承修方、托修方)负责?
2. 为什么汽车维修质量检验对建立质量体系具有积极作用?
3. 为什么当$P_{PL} + P_F \geq P$时,车辆不能在该测功机上进行检测?
4. 为什么检验汽车燃料经济性时,按GB 3798《汽车大修竣工出厂技术条件》规定,不得大于该车型原厂规定的相应车速等速百公里燃料消耗量的105%,而按GB 18565《营运车辆综合性能要求和检验方法》规定不得大于的110%?
5. 为什么当用路试方法复检车辆制动性能时,须以满载的结果为准?

附录　汽车综合性能检测

检测编号：

车辆单位		号码号牌		厂牌型号		车辆类别	
送检单位		营运证号		发动机号		车架识别码	

类别	序号	检测内容		检测结果		评价	类别	序号	检测内容	
发动机	1	怠速转速			r/min			17	发光强度	
	2	机油压力			MPa			18	近光光束上下偏移量	
驱动轮输出功率	3	(1)	校正驱动轮输出功率		%		前照灯	19	近光光束水平偏移量	
			额定转矩功率							
		(2)	校正驱动轮输出功率		%			20	远光光束上下偏移量	
			额定功率							
油耗	4	等速百公里油耗			L/100km			21	远光光束水平偏移量	
制动性	5	轴荷	一轴	左　N；右　N；共　N				22	怠速	
			二轴	左　N；右　N；共　N				23 (1)	双怠速	怠速
			三轴	左　N；右　N；共　N						高怠速
			四轴	左　N；右　N；共　N		排气污染物			
	6	行车制动	整车	N；	%			(2)	ASM工况法	5025
			前轴	左　N；右　N；	%					
	7	制动力平衡	一轴	左　N；右　N；						2540
			二轴	左　N；右　N；						
			三轴	左　N；右　N；				24	柴油车自由光吸收系数	
			四轴	左　N；右　N；						
	8	制动协调时间		s				25	加速工况	烟度
	9	车轮阻滞	一轴左　%；一轴右　%			噪声	26	定置噪声	
			二轴左　%；二轴右　%				27	客车车内噪声	
			三轴左　%；三轴右　%				28	喇叭声级	
			四轴左　%；四轴右　%						
	10	驻车制动		%			29	客车防雨密封性	
转向操纵性	11	转向轮侧滑量		m/km		其他	30	车速表示值误差	
	12	转向轮自由转动量		°			31	滑行性能	(1) 距离
	13	转向盘操纵力		N					(2) 阻力
	14	转向轮最大转角	左转	内　°；外　°					
			右转	内　°；外　°					
悬架效率	15	吸收率或悬架效率	前左　%；前右　%						
			后左　%；后右　%						
	16	同轴左右差值	前轴　%；后轴　%						

注：1．检测编号由系统自动生成，编号由年、月、日及被检测车累计上线数计16位数组成。
　　2．检测时间由系统自动生成，时间由年、月、日、时、分、秒(精确到0.1s)组成。

报告单式样

					检测时间：		
	载质量(座位数)				车辆登记日期		
				燃料		引车员	

检测结果		评价	类别	序号	检测内容	检视结果	评价
左		C_d		32	整车装备及标识		
右		C_d		33	车架、车身、驾驶室外形与连接		
左		mm		34	车门、车窗、刮水器		
右		mm		35	座椅		
左		mm		36	卧铺		
右		mm		37	行李架(舱)		
左		mm		38	安全出口、安全带		
右		mm		39	车厢、地板、挡泥板		
左		mm	整车装备及外观检测	40	车轮、轮胎		
右		mm		41	悬架装置		
CO		%		42	传动系、车桥		
HC		10^{-6}		43	转向节及臂、横直拉杆及球销		
CO		%		44	制动装置(行车、应急、驻车制动)		
HC		10^{-6}		45	螺栓、螺母紧固		
CO		%		46	灯光数量、光色、位置		
HC		10^{-6}		47	信号装置与仪表		
HC		10^{-6}		48	漏气、漏油、漏水、漏电		
CO		%		49	底盘异响		
NO		10^{-6}		50	发动机异响		
HC		10^{-6}		51	润滑		
CO		%		52	灭火器		
NO		10^{-6}		53	车内外后视镜,前下视镜		
		m^{-1}		54	汽车和挂车侧面、后下部防护装置		
		R_b	检测结论：				
		dB(A)					
		dB(A)					
		dB(A)	检测单位技术负责人(签名)			年 月 日	
		%	(检测专用章)				
		m				年 月 日	
		N					

参 考 文 献

[1] 人民交通出版社.交通行业标准汇编(汽车维修卷)[M].北京:人民交通出版社,2008.
[2] 屠卫星.汽车维修质量检验[M].南京:江苏科学技术出版社,2008.
[3] 人民交通出版社.机动车维修服务规范[M].北京:人民交通出版社,2011.
[4] 胡建军.汽车维修企业创新管理[M].北京:机械工业出版社,2011.
[5] 李美丽.汽车服务企业管理(理实一体化教程)[M].上海:上海交通大学出版社,2012.
[6] 李晓峰.机动车维修技术人员从业资格考试指南(模块A、B、C、H)[M].北京:人民交通出版社,2012.